E-Book inside

Mit dem Kauf dieses Buchs erhalten Sie das zugehörige E-Book gratis. Sie können dabei aus zwei Dateiformaten wählen: EPUB (gängiges Format für E-Reader und Tablets) und PDF (für PC und Laptop). So kommen Sie an Ihr kostenloses E-Book:

Rufen Sie im Internet diese Website auf:
↗ http://www.junfermann.de/ebook-inside

Geben Sie den unten stehenden Code in das dafür vorgesehene Feld ein und klicken Sie → Code einlösen. Nach Eingabe Ihrer E-Mail-Adresse und Auswahl des E-Book-Formats erhalten Sie sofort einen Download-Link für das gewünschte E-Book an Ihre E-Mail-Adresse.

Bitte beachten Sie, dass der Code für Sie personalisiert wird und nur einmal gültig ist. Die Datei müssen Sie zunächst auf Ihrem Computer speichern, bevor Sie sie auf ein mobiles Endgerät überspielen können.

U93DDAD3

Ulrike Hensel

Hochsensibel im Berufsleben

Begabungen nutzen, Herausforderungen meistern, Möglichkeiten ausloten

www.junfermann.de

planetpsy.de

blogweise.junfermann.de

www.facebook.com/junfermann

x.com/junfermann

www.youtube.com/user/junfermann

www.instagram.com/junfermannverlag

ULRIKE HENSEL

HOCHSENSIBEL IM BERUFSLEBEN

BEGABUNGEN NUTZEN, HERAUSFORDERUNGEN MEISTERN, MÖGLICHKEITEN AUSLOTEN

Junfermann Verlag
Paderborn
2024

Copyright © Junfermann Verlag, Paderborn 2024

Coverfoto © Tilo Dima, tilo-dima.de

Covergestaltung / Reihenentwurf JUNFERMANN Druck & Service GmbH & Co. KG, Paderborn

Satz & Layout JUNFERMANN Druck & Service GmbH & Co. KG, Paderborn

Bibliografische Information der Deutschen Nationalbibliothek

Die Deutsche Nationalbibliothek verzeichnet diese Publikation in der Deutschen Nationalbibliografie; detaillierte bibliografische Daten sind im Internet über http://dnb.d-nb.de abrufbar.

ISBN 978-3-7495-0599-9
Dieses Buch erscheint parallel als E-Book.
ISBN 978-3-7495-0600-2 (EPUB), 978-3-7495-0601-9 (PDF).

FSC www.fsc.org MIX Papier | Fördert gute Waldnutzung FSC® C013205

Inhalt

Vorwort

Zum Gebrauch der Abkürzung HSP:

HSP nutze ich als gängige Abkürzung für „Highly Sensitive Person" bzw. „Hochsensible Person" in der Einzahl und in der Mehrzahl. Dabei ist „die HSP" eine Person jeglichen Geschlechts.

Ich heiße Sie, liebe Leserin, lieber Leser, herzlich willkommen in diesem Buch! Ich freue mich, dass Sie mit mir in das Thema einsteigen! Gerne gebe ich Ihnen nach bestem Wissen Informationen, Erklärungen, Einblicke, Hinweise, Impulse, Bewältigungsansätze, Lösungsideen …

Sie sollen wissen: Mir liegt sehr an einer neutralen, sachlichen und differenzierten Themenbehandlung, sodass Sie eine vernünftige Grundlage für Ihre persönlichen Erkenntnisse, Überlegungen und Entscheidungen an die Hand bekommen.

Einfache Problemlösungen und Patentrezepte kann es angesichts der komplexen Thematik und der Individualität nicht geben. Betrachten Sie das Buch bitte vielmehr als einen Fundus an Anregungen für ein vertieftes Selbstverständnis, eine authentische Selbstentfaltung und eine einfühlsame Selbstfürsorge.

Wenn ich Empfehlungen gebe für einen guten Umgang mit der eigenen Hochsensibilität, möchte ich dies ausdrücklich nicht als Anleitung zur Selbstoptimierung verstanden wissen. Stattdessen möchte ich zu einer stimmigen persönlichen Entwicklung ermutigen, die auf das Ausschöpfen des hochsensiblen wie des individuellen Potenzials ausgerichtet ist und dabei jederzeit auch auf die Erhaltung der Arbeitsfreude und der Gesundheit achtet.

Ich habe schon einige Bücher über Hochsensibilität geschrieben, unter anderem das grundlegende Buch *Hochsensibilität verstehen und wertschätzen* (2018a), in dem ich die Hochsensibilität erkläre und ihre Auswirkungen in den verschiedenen Lebensbereichen (Familie, Freundeskreis, Partnerschaft und Beruf) beschreibe und mit Aussagen von HSP sowie Berichten über mich persönlich belege.

Zuletzt habe ich mich im Buch *Hochsensibel sein – 22 Impulse für einen guten Umgang mit der eigenen Hochsensibilität* (2023) mit relevanten Aspekten des Hochsensibelseins beschäftigt, die in meinen Coachings mit HSP und in meinen HSP-Gesprächsgruppen immer wieder angesprochen und diskutiert werden – und die sicher auch für Sie interessant sein können. Durch die Begrenzung des Umfangs hatte sich ergeben, dass darin die Themen, die ausdrücklich dem beruflichen Bereich zuzuordnen sind, ausgespart blieben. Der Wunsch, auch dieses wichtige Themenfeld zu behandeln, war der Ausgangspunkt zum vorliegenden Buch. Danke an meine Lektorin Katharina Arnold dafür, dass sie dieses Projekt von Anfang bis Ende so engagiert und kompetent begleitet hat!

Wie groß die Herausforderungen für HSP in der Berufswelt sind und wie dringlich dazu Rat gesucht wird, sehe ich auch daran, wie häufig berufliche Fragestellungen das Hauptanliegen in meinen Coachings sind.

Der Lebensbereich Beruf ist ganz allgemein von zentraler Bedeutung. Die berufliche Tätigkeit dient dem Broterwerb und sichert die Existenz. Darüber hinaus bietet sie die Gelegenheit, seine Stärken und Fähigkeiten auszuleben und auszubauen. Sie ist ein wesentlicher Teil von Selbstausdruck, bringt einen in regelmäßigen Kontakt mit anderen Menschen, verleiht einem einen Platz in einer Gemeinschaft und führt – wenn es gut geht – zu Arbeitsfreude, Selbstbestätigung und Sinnerleben.

Einen zu den eigenen Begabungen und Interessen und zum eigenen Naturell passenden Beruf an einem Arbeitsplatz mit stimmigen Rahmenbedingungen in einem als angenehm empfundenen Umfeld auszuüben ist für alle Menschen erstrebenswert. Jedoch sind HSP mit ihren speziellen Voraussetzungen und Erfordernissen und ihrem in vieler Hinsicht engen Wohlfühlbereich in noch höherem Maße auf eine passende Berufstätigkeit angewiesen. Und weil sie grundsätzlich sehr intensiv fühlen, empfinden sie eine etwaige berufliche Unzufriedenheit als besonders frustrierend und bedrückend.

Während des Schreibprozesses stand ich im Mail-Kontakt mit circa 40 hochsensiblen Menschen, die sich auf einen Aufruf in meinem Newsletter sowie auf meinem Facebook-Account hin bei mir gemeldet haben. HSP, die bereit waren, sich zu reflektieren und schriftlich etwas von sich zu erzählen. Diesen HSP stellte ich zu den einzelnen Kapitelthemen Fragen und sie schickten mir ihre Antworten. Das war für mich ungeheuer wertvoll, weil es mein Verständnis für hochsensible Sichtweisen und hochsensibles Erleben noch erweitert und vertieft hat und mir zugleich anschauliche Beispiele geliefert hat. Ich habe die ausdrückliche Erlaubnis bekommen, die Antworten bzw. Teile davon ins Buch zu übernehmen. Die angegebenen Vornamen sind von den Einzelnen selbst gewählte Pseudonyme. An dieser Stelle ein ganz herzliches Dankeschön an alle, die mitgemacht haben!

Eine Anmerkung darf in keinem meiner Bücher fehlen. Bitte beachten Sie, dass niemand mit dem Merkmal „hochsensibel“ auch nur annähernd vollständig charakterisiert ist. Reduzieren Sie sich und andere keinesfalls darauf und gehen Sie auch nicht davon aus, dass sich damit alles erklären und lösen lässt. Die Hochsensibilität ist zwar ein grundlegendes veranlagungsbedingtes Wesensmerkmal, aber bei jedem einzelnen Menschen kommen zahlreiche weitere Eigenschaften hinzu. Außerdem nehmen neben der Veranlagung die Lebensgeschichte und die Lebensumstände einen großen Einfluss. Alles zusammen formt die individuelle Persönlichkeit. Wenn ich also verallgemeinernd etwas über HSP sage, trifft das nicht gleichermaßen auf jede einzelne HSP zu. Bitte relativieren Sie alle Aussagen entsprechend! In erster Linie ist immer die einzigartige Persönlichkeit zu sehen und zu würdigen.

Nun wünsche ich Ihnen eine aufschlussreiche Lektüre! Machen Sie eine Bestandsaufnahme, lernen Sie sich mit Ihren Fähigkeiten, Wünschen und Bedürfnissen noch besser kennen, eruieren Sie Ihre Möglichkeiten, nutzen Sie Ihre Handlungsspielräume, machen Sie neue Entdeckungen und Erfahrungen und ziehen Sie dann wiederum Ihre Schlüsse daraus. Gehen Sie Ihren authentischen beruflichen Weg!

Ulrike Hensel — Aidlingen, im März 2024

↗ https://coaching-fuer-hochsensible.de/

Wichtiger Hinweis:

Dieses auf Selbsthilfe ausgerichtete Buch kann keine individuelle Beratung, kein persönliches Coaching und keine therapeutische Begleitung ersetzen. Bitte nehmen Sie anhaltende psychische Schwierigkeiten ernst und zögern Sie nicht, gegebenenfalls professionelle Unterstützung in Anspruch zu nehmen. Suchen Sie sich außerdem Rat und Hilfe bei geeigneten Stellen, wenn Sie am Arbeitsplatz schwerwiegenden Problemen welcher Art auch immer ausgesetzt sind.

1. Grundlegendes über Hochsensibilität

Schon zu allen Zeiten hat es eine Minderheit in der Population mit deutlich höherer Sensibilität gegeben. Aber vermutlich war es nie so herausfordernd wie in unserer heutigen eng getakteten, leistungsbezogenen, konkurrenzorientierten, multimedialen und reizerfüllten Welt, damit zurechtzukommen.

Ich lade Sie ein, sich über Hochsensibilität von Grund auf zu informieren. Über das Phänomen Hochsensibilität gut Bescheid zu wissen ist eine wesentliche Voraussetzung dafür, sich als hochsensibler Mensch selbst in seiner Wesensart tiefgreifend zu verstehen, sich mehr und mehr annehmen zu können, einen guten Umgang damit zu finden und das Beste daraus zu machen – privat wie beruflich.

1.1 Das psychologische Konzept „High Sensitivity"

Dr. Elaine N. Aron (* 1944), eine US-amerikanische klinische Psychologin, Psychologieprofessorin und Psychotherapeutin in eigener Praxis, begründete das Konzept „High Sensitivity" (Hochsensibilität), auf das sich alle Forschenden, Expert:innen und Autor:innen heute beziehen. Sie ist heute im Ruhestand, aber noch immer aktiv als Botschafterin für HSP und als Ansprechpartnerin für diejenigen, die aktuell dazu forschen.

Anfang der 1990er-Jahre begann Aron, sich eingehend mit dem genetisch bedingten Wesenszug hoher Sensibilität auseinanderzusetzen. Sie führte selbst umfangreiche wissenschaftliche Studien durch und wertete zudem zahlreiche vorliegende Forschungsarbeiten anderer Wissenschaftler aus, die sich ihrer Auffassung nach auf das Persönlichkeitsmerkmal „hohe Sensibilität" bezogen. Dabei kristallisierte sich durchgängig eine Gruppe von circa 15 bis 20 Prozent der Menschen heraus – zu der gleichermaßen Jungen / Männer und Mädchen / Frauen gehören –, die eine deutlich höhere Sensibilität aufweist als die Mehrheit. Für den „Trait" (angeborenen, unveränderlichen Wesenszug) der hohen Sensibilität prägte Elaine Aron den allgemeinsprachlichen Begriff „High Sensitivity" (Hochsensibilität) bzw. den präziseren wissenschaftlichen Terminus „Sensory Processing Sensitivity" (SPS, Reizverarbeitungssensibilität). Die Abkürzung HSP steht im Englischen für Highly Sensitive Person, im Deutschen für Hochsensible Person(en).

MYTHEN & MISSVERSTÄNDNISSE

Begriffswirrwarr

Die Mehrzahl derer, die sich im deutschsprachigen Raum seriös mit dem Thema Hochsensibilität befassen, verwenden den Begriff „Hochsensibilität“, so zum Bespiel auch der Informations- und Forschungsverbund Hochsensibilität e.V. (↗ https://hochsensibel.org/).

Dass man des Öfteren außerdem auf den Begriff „Hochsensitivität“ stößt, liegt zum einen daran, dass gelegentlich einfach direkt aus dem Englischen übersetzt wird. Obwohl sich in diesem Fall keine völlig andere Bedeutung ergibt, handelt es sich dabei dennoch um das, was man in der Sprachwissenschaft „False Friends“ nennt, d. h. „sprachliche Ausdrücke, Wendungen, Wörter unterschiedlicher Sprachen, die sich scheinbar entsprechen oder ähneln, aber unterschiedliche Bedeutung haben“ (Kleines linguistisches Wörterbuch 2024). Genau genommen kann „Hochsensibilität“ als die zutreffendere Übersetzung gelten.

Zum anderen gibt es Autor:innen, die mit „Hochsensivität“ die außergewöhnliche Wahrnehmungsbegabung in den Vordergrund stellen wollen. „Hochsensitive“ Menschen hätten, so heißt es in mancher Literatur, einen „sechsten“ oder „siebten“ Sinn, sie seien „hellsichtig“, „hellfühlig“ oder „medial“, sie hätten „Vorahnungen“ oder andere Empfindungen aus der „nichtalltäglichen Wirklichkeit“. Ihr ausgeprägtes Einfühlungsvermögen mache sie zu „Empathen“. Dieser einengenden und überhöhenden Sichtweise stimme ich nicht zu.

Meinem Eindruck nach greifen einige HSP „hochsensitiv“ unabhängig von dem zuvor dargelegten Verständnis für sich auf, weil ihnen dies im Gegensatz zu „hochsensibel“ positiver und unvorbelasteter erscheint. Womöglich sind sie in der Vergangenheit als „Sensibelchen“ verunglimpft worden und haben allzu oft Abwertungen in der Art von „Du bist (viel) zu sensibel!“ zu hören bekommen, sodass sie das Wort „(hoch-)sensibel“ mit einer Kränkung assoziieren. Ich habe dafür Verständnis. Es scheint mir dennoch geboten, auf der Basis einer im deutschen Sprachraum einheitlichen Nutzung des Terminus „Hochsensibilität“ für Anerkennung und Wertschätzung der hochsensiblen Minderheit einzutreten.

„Hochsensibilität“ kann meines Erachtens im Unterschied zu „Hypersensibilität“ (wobei von einer akzeptierten Norm bezüglich des Sensibilitätsgrads ausgegangen und alles darüber Hinausgehende in den Bereich des Krankhaften gerückt wird) als eine hilfreiche, angemessene und wertneutrale Bezeichnung gelten, mit der man sich bei Bedarf auch gut erklären kann.

Aron war es sehr wichtig, eine neutrale Bezeichnung für das Phänomen zu finden, die zum Ausdruck bringt, dass hier eine Normvariante in der Ausprägung des Nervensystems vorliegt, die einhergeht mit einer größeren Empfänglichkeit gegenüber Reizen aller Art, nicht aber eine Anomalie oder eine krankhafte Störung. Hochsensibilität sollte nicht länger falsch verstanden und verwechselt werden mit Gehemmtheit, Schüchternheit, Ängstlichkeit oder einer Sozialphobie, auch nicht mit Introvertiertheit und Neurotizismus. Aron wollte aufräumen mit der negativen Voreingenommenheit gegenüber HSP und diesen Aspekt der Persönlichkeit in einem positiveren Licht erscheinen lassen. Nach Arons Kurzdefinition hat eine HSP ein empfindliches Nervensystem, bemerkt Feinheiten in ihrem Umfeld und ist leichter überflutet von einer stark stimulierenden Umgebung.

Elaine Arons Wirken ist es zu verdanken, dass die Erkenntnisse über Hochsensibilität Beachtung in Wissenschaftskreisen gefunden haben. Der erste wissenschaftliche Artikel, den sie gemeinsam mit ihrem Mann Arthur Aron schrieb, erschien 1997 im renommierten *Journal of Personality and Social Psychology.* Weitere folgten. (Sie finden eine Liste wissenschaftlicher Arbeiten von Aron und anderen unter ↗ http://hsperson.com/research.)

Neben wissenschaftlichen Arbeiten veröffentlichte Elaine Aron eine ganze Reihe populärer Bücher. Das erste und bekannteste *The Highly Sensitive Person: How to Thrive When the World Overwhelms You* kam in den USA 1996 heraus, ist mittlerweile weltweit eine Million Mal verkauft und in über 30 Sprachen übersetzt worden. In deutscher Sprache erschien es im Jahr 2005 unter dem Titel *Sind Sie hochsensibel? Wie Sie Ihre Empfindsamkeit erkennen, verstehen und nutzen.*

Eines der heute weltweit führenden Forschungsteams, das sich mit Hochsensibilität beschäftigt und die Arbeit von Elaine Aron fortführt, ist das des Entwicklungspsychologen Prof. Michael Pluess an der Queen Mary University of London. Seit Ende 2021 gibt es deren Website, die die Öffentlichkeit über Forschungsergebnisse zur Hochsensibilität informiert, auch in deutscher Sprache: ↗ https://sensitivityresearch.com/de/ Bitte nicht wundern: Das Forschungsteam nimmt eine etwas andere Einteilung der Bevölkerung vor (Pluess, 2021) und geht von 30 Prozent Hochsensiblen aus und verwendet für sie die Blumenmetapher der Orchidee (versus 30 Prozent mit relativ geringer Sensibilität – Blume: Löwenzahn – und 40 Prozent mit durchschnittlicher Sensibilität – Blume: Tulpe).

1.2 Wissenschaftliche Erklärung

Zunächst etwas zur Sensibilität. Sensibilität ist die Fähigkeit des Körpers, mithilfe von Sinneszellen unterschiedliche Reize – das meint Informationen über die Umwelt und den eigenen Organismus – aufzunehmen, zu verarbeiten und auszuwerten und daraufhin entsprechende lebensdienliche Reflexe und Reaktionen auszulösen. Die Reizbarkeit oder auch Irritabilität des Nervensystems ermöglicht es jedem mit einem Nervensystem ausgestatteten Lebewesen, sich auf Gegebenheiten und Geschehnisse in der Umwelt einzustellen, sich von Gefahren fernzuhalten bzw. sie abzuwehren und Nützlichem (z. B. Nahrung, Schutz, Partner) entgegenzustreben.

Dann zur Hochsensibilität: Offenbar hat es sich im Laufe der Evolution für den Erhalt einer Art bewährt, dass ein kleinerer Teil einer Gesamtpopulation eine überdurchschnittlich hohe Sensibilität aufweist. Das ist bei Menschen so, und es wurde von Forschenden auch bei zahlreichen Tierarten festgestellt.

Die hohe Reizempfindlichkeit bei HSP liegt nicht in den Strukturen der Sinnesorgane selbst begründet, sondern in der Art der neuronalen Verarbeitung der Sinneseindrücke. Hierbei spielt das gesamte Sensorium, das heißt die Gesamtheit des Wahrnehmungsapparats, eine Rolle.

Beginnen wir bei den Sinnesorganen. Sinnesorgane sind komplexe Strukturen zur Wahrnehmung von Reizen von außerhalb und von innerhalb des Körpers. Als wichtigstes Element enthalten die Sinnesorgane Sinneszellen, spezialisierte Zellen, die als Rezeptoren für die betreffenden Reize fungieren. Neben den fünf Hauptsinnen, dem Sehen, dem Tasten, dem Hören, dem Riechen und dem Schmecken, gibt es eine Reihe weiterer Sinne zur Wahrnehmung der Außenwelt (Druck, Vibration, Temperatur, etc.) und zur Eigenwahrnehmung (Schmerz, Stellung des Körpers im Raum, Bewegung, Kraft etc.).

Die von den Sinneszellen der Sinnesorgane aufgenommenen sensorischen Informationen werden über Nervenfasern an die zuständigen Bereiche des Gehirns (sensorische Areale) weitergeleitet. Im Gehirn werden sämtliche eingehenden Informationen miteinander verbunden und verarbeitet. Das Einordnen und Bewerten geschieht größtenteils unbewusst durch den Abgleich der Sinnesempfindungen mit abgespeicherten Informationen. Einzelinformationen werden dabei zu sinnvollen Gesamteindrücken zusammengeführt und so wird Sinngebung erreicht. Erst mit dieser Leistung des Gehirns werden die Sinne umgesetzt.

Einem neurowissenschaftlichen Erklärungsansatz zufolge laufen die Reizverarbeitungsvorgänge bei HSP insofern anders, als mehr Reize an die Großhirnrinde weitergeleitet und damit bewusst werden. Untersuchungsreihen mithilfe der Magnetresonanztomografie liefern Hinweise darauf, dass bei HSP eine erhöhte Aktivität im Zwischenhirn vorliegt, was man mit der Funktion des Thalamus in Verbindung bringt. Der Thalamus, der den größten Teil des Zwischenhirns bildet, enthält Umschaltzentren für Informationen auf dem Weg von den Sinnesorganen, aus dem Körper und vom emotionalen Empfinden zur Großhirnrinde. Der Thalamus entscheidet, welche Informationen aktuell so relevant sind, dass sie über die Weiterleitung an die Großhirnrinde bewusst werden sollen. Daher wird er auch „Tor zum Bewusstsein“ genannt. Irrelevantes wird ausgeblendet, damit das Bewusstsein, das im Vergleich zum Unbewussten eine wesentlich geringere Verarbeitungskapazität hat, funktionsfähig bleibt und nicht überlastet wird. „Neurologische Filter“ nennt man die Filter, die durch das Nervensystem realisiert werden. Bei HSP werden also weniger Informationen aus der Wahrnehmung herausgefiltert.

In der Praxis bedeutet das: Während es Nicht-HSP relativ gut gelingt, Störreize wie zum Beispiel Nebengeräusche nur zu Beginn bewusst wahrzunehmen und anschließend weitgehend auszublenden, bleiben HSP permanent aufmerksam für derartige Reize aus ihrer Umgebung und sind weit weniger fähig, diese als unbedeutend abzuhaken und anschließend zu ignorieren.

MYTHEN & MISSVERSTÄNDNISSE

Wahrnehmungsfilter

Im Zusammenhang mit Hochsensibilität geistert schon mal der Begriff „Wahrnehmungsfilterstörung“ durch den Raum. Und in manchen Artikeln über Hochsensibilität in populären Medien findet sich die Aussage, HSP würden über keine Filter verfügen („Leben ohne Filter“). Diese journalistische Übertreibung führt in die Irre. Wahrnehmung ist immer gefiltert. Und selbstverständlich verfügen auch HSP über neurologische Filter, nur sind sie bei ihnen durchlässiger.

1.3 Wie sich Hochsensibilität äußert

Grundlegende Kennzeichen von Hochsensibilität liegen in der Art und Weise wahrzunehmen (die sensorische Komponente), zu denken (die kognitive Komponente) und zu fühlen (die emotionale Komponente) sowie in einer allgemeinen Übererregbarkeit. Diese Kennzeichen will ich gleich näher besprechen. Auf hochsensible Begabungen und Stärken gehe ich in einem extra Kapitel ein (siehe Kapitel 2).

MYTHEN & MISSVERSTÄNDNISSE

Empfindsam und empfindlich

Ich höre ab und an, dass jemand sagt, er oder sie sei besonders empfindsam (stark spürend), nicht aber besonders empfindlich im Sinne von leicht irritierbar. Nach meiner Logik jedoch bedingt eine höhere Empfindsamkeit unweigerlich auch eine höhere Empfindlichkeit. Ich empfinde beispielsweise einen Wollpullover oder ein T-Shirt-Etikett auf der Haut als kratzig. Ich spüre das aber nicht nur, sondern es bereitet mir zugleich Unbehagen, es stört mich. Ich bin also auch empfindlich. Ebenso bin ich emotional empfindsam und empfindlich (verletzlich), was sich zeigt, wenn zum Beispiel jemand in unwirschem Ton mit mir spricht.

1.3.1 *Die hochsensible Art wahrzunehmen*

HSP sind ständig wachsam und in geradezu seismografischer Weise empfindsam. Sie nehmen optische Eindrücke, Geräusche, Gerüche, Geschmacksempfindungen, Einwirkungen auf die Haut (in aktiver Form beim Tasten und passiv bei Berührung, Temperatur, Druck, Zugluft) sowie Signale aus dem eigenen Körper intensiver, detailreicher, nuancierter und in einer größeren Bandbreite wahr als Nicht-HSP. Sie registrieren subtile Feinheiten in ihrer Umgebung, die anderen nicht auffallen. Hinzu kommt ein feines Gespür für Befindlichkeiten, Stimmungen und nonverbale Mitteilungen anderer Menschen.

Die höhere Reizempfindlichkeit betrifft in der Regel alle Sinne, jedoch ist es individuell unterschiedlich, welche Sinneseindrücke vor allem als störend empfunden werden. Die HSP, die ich kennengelernt habe, berichten vorrangig von einer Beeinträchtigung durch Geräusche und Lärm. Andererseits können Töne und Klänge natürlich auch eine Quelle für genussvolles Erleben sein (z. B. Naturgeräusche, Musik).

1.3.2 *Die hochsensible Art zu denken*

Die gründliche Verarbeitung von Informationen ist eine ebenso grundlegende Eigenheit von HSP wie die Sinnessensibilität. Auf ein aufmerksames und detailliertes Beobachten folgt ein vertieftes und verzweigtes Nachdenken. Meist erfolgen Entscheidungen und Handlungen erst nach reiflicher Überlegung.

HSP verarbeiten Eindrücke, Gedanken und Gefühle intensiver und vernetzter als Nicht-HSP. Sie sind generell sehr denkaktiv, kommen gedanklich selten zur Ruhe. Es ist ihnen überaus wichtig, etwas zu verstehen, den Dingen auf den Grund zu gehen, verschiedenste Aspekte ins Denken miteinzubeziehen, Ursachen zu ergründen, Zusammenhänge herzustellen, das übergeordnete Prinzip zu erkennen.

HSP fällt es leicht, Dinge zu erfassen und zu analysieren, Schlussfolgerungen zu ziehen, übergreifend und über den Tellerrand hinaus zu denken. Auf der anderen Seite geraten sie leicht ins Grübeln und verfangen sich in Gedankenschleifen, brauchen Zeit, etwas zu durchdenken, und tun sich oft auch schwer mit der Entscheidungsfindung.

1.3.3 *Die hochsensible Art zu fühlen*

HSP haben ein intensives und reiches Gefühlsleben. Insgesamt sprechen sie mit ihren Emotionen stärker als andere auf Geschehnisse in ihrem Umfeld an, sind schnell tief beeindruckt, werden von ihren Gefühlen oftmals geradezu überwältigt. Nicht nur Liebe, Glück und (Vor-)Freude werden intensiv gefühlt, sondern auch Gefühle wie Angst, Ekel, Sorge, Trauer und Ärger, wobei alle Gefühlszustände lange nachhallen. HSP erleben starke Höhen und Tiefen. Sie sind besonders berührbar, begeisterungs- und genussfähig und zugleich besonders verletzlich. Überdurchschnittlich intensives Fühlen bedingt starke emotionale Reaktionen, die mehr oder weniger nach außen gezeigt werden.

Was ebenfalls zum emotionalen Bereich gehört: HSP sind sehr empathisch, das heißt, sie gehen stark mit anderen Menschen in gefühlsmäßige Resonanz. Entsprechend schwer tun sie sich damit, sich emotional abzugrenzen.

1.3.4 *Die Übererregbarkeit*

HSP sprechen einerseits schon auf schwache Reize an, die für andere noch unter der Wahrnehmungsschwelle bzw. unter der Grenze für ein Störgefühl liegen, und erreichen anderseits bei anhaltenden und / oder starken Reizen deutlich eher als andere den Punkt, an dem sie überreizt sind – und oft auch sichtlich „gereizt“ reagieren. Außerdem dauert es bei ihnen länger, bis nach dem Wegfall des auslösenden Ereignisses die nervliche Erregung wieder abgeklungen ist und sie sich wieder beruhigt haben.

In einer turbulenten Umgebung, im längeren Zusammensein mit (mehreren) Menschen, bei mehrerlei gleichzeitigen Anforderungen geraten HSP relativ schnell in die Überforderung. Sie sind unter denselben Umgebungsbedingungen im Vergleich zu Nicht-HSP deutlich eher überstimuliert und übererregt, früher erschöpft und ruhebedürftig. Ein hoher Erregungsgrad geht einher mit allen Anzeichen von akutem Stress.

MYTHEN & MISSVERSTÄNDNISSE

Nicht belastbar?

Die Feststellung, HSP seien wenig belastbar, stimmt nur im direkten Vergleich mit Nicht-HSP. Macht man sich klar, dass sie deutlich mehr Reize zu verarbeiten haben, da viel mehr Einzelheiten in ihr Bewusstsein gelangen, erkennt man, dass sie erstaunlich viel aushalten und bewältigen.

In Ausnahmesituationen sind sie oft diejenigen, die einen kühlen Kopf bewahren und wissen, was zu tun ist. Meine Erklärung: Sie sind darin geübt, trotz Aufregung handlungsfähig zu bleiben.

1.4 Wie man Hochsensibilität feststellt

Das Interesse an einem Test kann ich sehr gut nachvollziehen, dennoch will ich an dieser Stelle eine gewisse Skepsis gegenüber Tests zum Ausdruck bringen. Der Punkt ist: Es gibt kein objektives, allgemeingültiges, einheitliches Testverfahren, mit dem man Hochsensibilität zweifelsfrei feststellen kann.

Auch ein Online-Test, bei dem am Ende eine Auswertung mit einer bestimmten Punktezahl herauskommt, liefert allem Anschein zum Trotz kein gesichertes Ergebnis, sondern nur einen Anhaltspunkt. Zum einen unterliegt die Beantwortung der Fragen einer sehr subjektiven und auch situativen Einschätzung, zum anderen ist das Prinzip der Fragestellungen so offensichtlich, dass das Ergebnis leicht zu beeinflussen ist.

MYTHEN & MISSVERSTÄNDNISSE

„Diagnose“

Bei der Feststellung von Hochsensibilität haben wir es nicht mit einer medizinischen Diagnose zu tun. So gibt es dafür auch keine Laborparameter. Bitte beachten: Hochsensibilität ist keine Störung und hat keinen Krankheitswert. Man kann dafür kein „Attest“ bekommen.

Allerdings ist es schon so, dass es manchen HSP wie eine gewaltige Einschränkung hinsichtlich ihres Leistungsvermögens und ihres Wohlbefindens vorkommt. Und man weiß, dass HSP unter der Last ungünstiger Umstände ein erhöhtes Risiko für psychische Erkrankungen haben. Dann ist es wichtig, nicht alle Probleme allein mit Hochsensibilität erklären zu wollen, sondern sich professionelle therapeutische Hilfe zu suchen.

Die größte Bekanntheit hat der von Elaine Aron ausgearbeitete Test mit 27 Fragen, der von Forschenden und Psycholog:innen zur Erfassung der Hochsensibilität genutzt wird (die sogenannte HSP-Skala). Eine vereinfachte Version davon (ohne Abstufungen) findet man als Selbsttest „Are You Highly Sensitive?“ in englischer Sprache auf Arons Website: ↗ http://hsperson.com/test/highly-sensitive-test. Diese 27 Fragen können helfen, Sensibilität festzustellen, sind aber laut Aron nicht dafür gedacht, alleiniger Maßstab zu sein.

Einen kürzeren, inhaltlich sehr ähnlichen Test auf Deutsch finden Sie auf der Seite der Londoner Forschungsgruppe: ↗ https://sensitivityresearch.com/de/selbsttests/erwachsenen-selbsttest/

Ich rate Ihnen, sich nicht nur an Tests zu orientieren, sondern sich näher mit dem Phänomen Hochsensibilität zu beschäftigen, verschiedene Bücher zum Thema zu lesen und die ganze Zeit aufmerksam nachzuspüren, ob sich im Ganzen ein Gefühl von Stimmigkeit einstellt. Auf die Frage, wie man denn sicher sein könne, dass man hochsensibel ist, gibt der Informations- und Forschungsverbund für Hochsensibilität (IFHS) auf seiner Website unter der Rubrik „Regelmäßig gestellte Fragen“ (2015) die in meinen Augen sinnvolle Empfehlung, „eine Weile den Gedanken, eine HSP zu sein, quasi versuchsweise ‚mit sich herumzutragen‘ und nach einiger Zeit zu prüfen, ob sich die Lebensqualität gebessert hat oder man nach anderen Erklärungen für das besondere Lebensgefühl suchen muss“.

Ich habe mich entschieden, statt eines Tests mit Punkteauswertung einen Fragenkatalog für die Selbsteinschätzung zu entwickeln und anzubieten. Der umfangreiche Fragenkatalog, der zugleich den Facettenreichtum von Hochsensibilität aufzeigt, wurde erstmalig im Fachbuch *Hochsensible Menschen im Coaching. Was sie ausmacht, was sie brauchen und was sie bewegt* (2015) veröffentlicht. Sie finden ihn auf meiner Website unter dem Menüpunkt „Fragenkatalog": ↗ https://coaching-fuer-hochsensible.de/fragenkatalog/

1.5 Verschiedenheiten bei HSP

Niemand ist mit der Eigenschaft „hochsensibel" auch nur annähernd vollständig charakterisiert, und niemand sollte darauf reduziert werden oder sich selbst darauf reduzieren. Hochsensibilität mischt sich mit anderen Merkmalen. Jeder Mensch – und ebenso jeder hochsensible Mensch – ist in erster Linie eine einzigartige Persönlichkeit. Ich habe schon so viele HSP kennengelernt und konnte erleben, wie mannigfaltig sie trotz der Gemeinsamkeit sind.

Im Folgenden will ich auf einige andere Kategorien eingehen, die in Verbindung mit Hochsensibilität meiner Erfahrung nach eine wichtige Rolle spielen: Männer / Frauen, Extravertierte / Introvertierte, Sensation Seeker, „Scanner" und Hochbegabte.

1.5.1 Geschlechterunterschiede

Männer sind genauso häufig hochsensibel wie Frauen, nur nähern sich Männer dem Konzept der Hochsensibilität zumeist deutlich zurückhaltender. Es fällt ihnen in der Regel schwerer, ihre Hochsensibilität anzunehmen, nach außen zu ihrem Naturell zu stehen und ihr Leben im Einklang damit zu gestalten. Am ehesten bezeichnen sie sich als „sensibel" (ohne „hoch-"). Nach dem immer noch vorherrschenden Ideal im westlichen Kulturkreis hat ein Mann schnellentschlossen, unerschrocken, belastbar, unerschütterlich, draufgängerisch, kampfeslustig usw. zu sein. Häufig wird es Männern als Schwäche ausgelegt, wenn sie nicht hart im Nehmen sind, nicht durchsetzungsstark auftreten und nicht konkurrenzorientiert agieren. Das hat zur Folge, dass Männer häufiger noch als Frauen versuchen, ihre Hochsensibilität zu überspielen und gegen sie anzugehen.

Dabei sind hochsensible Stärken in bestimmten Kontexten durchaus gefragt. Beispielsweise wird es vielfach geschätzt, wenn HSP ihr Umfeld und Entwicklungen aufmerksam beobachten und auf Auffälligkeiten hinweisen, wenn sie intuitiv erfassen, welcher Handlungsbedarf besteht, Hilfe hinzuziehen oder selbst eingreifen, wenn sie auf Ganzheitlichkeit und Nachhaltigkeit achten und hinwirken. Hochsensible Männer können, wenn sie sich mit ihren natürlichen Gaben einbringen, in der Gemeinschaft als wichtiges Korrektiv fungieren und einen wertvollen Beitrag in der Berufswelt leisten. Sie sind mit ihren Gaben und Fähigkeiten fraglos konkurrenzfähig, sofern sie ein geeignetes Betätigungsfeld für sich wählen und ihre ureigene Form von Männlichkeit entfalten.

Buchempfehlung: *Hochsensible Männer: Mit Feingefühl zur eigenen Stärke,* Tom Falkenstein, Junfermann Verlag, 2017.

Frauen haben es in gewisser Hinsicht leichter, weil eine hohe Sensibilität bei ihnen weitaus eher sozial akzeptiert ist. So wird es beispielsweise zumeist begrüßt, wenn Frauen ein feines Gespür für die Befindlichkeiten und Bedürfnisse anderer haben, sich einfühlsam, verständnisvoll, hilfsbereit und verantwortungsvoll verhalten. Die Schwierigkeiten beginnen für sie dann, wenn von ihnen im privaten wie im beruflichen Bereich erwartet wird, dass sie allzeit zugewandt, kontaktfreudig und gesellig sind, über eine große Menge Energie verfügen und sich von belastenden Situationen schnellstens wieder erholen. Denn genau das können sie nicht leisten. Bemühen sie sich dennoch unentwegt, den Erwartungen zu entsprechen, bringt sie das nicht selten an den Rand der Erschöpfung oder mitten in einen Erschöpfungszustand (siehe auch Kapitel 5).

Ein besonderes Frauenthema ist die Mutterschaft. Dabei sehe ich es als besonders heikel an, wenn junge hochsensible Frauen sich dem Zeitgeist entsprechend allzu selbstverständlich die Mehrfachbelastung Beruf, Haushalt und Kind(er) zumuten, und das mit dem hohen Anspruch an sich selbst, jede dieser Rollen perfekt auszufüllen. Nur weil etwas die Regel ist, heißt es nicht, dass es einfach zu bewältigen ist.

MYTHEN & MISSVERSTÄNDNISSE

Herausforderung Mutterschaft

Kinder machen glücklich, so ist das Idealbild. Die Realität hingegen sieht, zumindest wenn die Kinder noch klein sind, in Teilen anders aus. Ein Baby oder Kleinkind zu versorgen ist eine nicht zu unterschätzende Aufgabe. Hochsensible Frauen mit ihrer hohen Irritabilität, ihrem engen Wohlfühlbereich und ihrem großen Ruhebedürfnis werden von den Belastungen einer Mutterschaft oftmals geradezu überrollt. Sie erleben Überforderung, Selbstzweifel und Ratlosigkeit. Hier braucht es viel Verständnis, Mitgefühl und Nachsicht mit sich selbst und ganz viel Unterstützung von außen.

Ein Kind zu bekommen bedeutet eine enorme Veränderung im Leben. Nichts ist mehr, wie es war. Der gesamte Tagesablauf verändert sich, man hat 24-Stunden-Bereitschaftsdienst. Es bleibt kaum noch Zeit für sich selbst und eigene Interessen. Kommt dann noch eine Berufstätigkeit hinzu, wird es physisch und emotional eng. Zumal es in vielen Fällen immer noch die Frauen sind, die den Großteil der Care-Arbeit zu Hause stemmen, trotz bester Absichten, diese Aufgaben in der Partnerschaft fair aufzuteilen.

Ich habe keine Patentlösungen, finde es aber auf jeden Fall wichtig, die schwierige Lage ernst zu nehmen. Wichtig: Keine Vergleiche anstellen mit anderen Müttern (gar auf Social Media), die scheinbar alles so mühelos und perfekt schaffen und dabei noch strahlend aussehen.

1.5.2 Introvertierte, Extravertierte und Ambivertierte

Der Schweizer Psychiater C.G. Jung (1875–1961), Begründer der analytischen Psychologie, entwickelte eine Typologie, nach der die Unterscheidung von Introversion und Extraversion grundlegend war. Als introvertiert bezeichnete er Menschen, die bevorzugt auf die innere Welt der Gedanken, Empfindungen, Fantasien und Träume ausgerichtet sind, als extravertiert Menschen, die sich vor allem der äußeren Welt der Dinge, Menschen und Aktivität zuwenden. Das Konzept der Introversion und Extraversion wurde seither in der Persönlichkeitsforschung verschiedentlich aufgegriffen und weiterentwickelt und auch in spätere Typenmodelle integriert.

Nach neuerer Auffassung handelt es sich bei Introversion und Extraversion um ein Kontinuum (etwas Ineinander-Übergehendes), nicht um ein Gegensatzpaar. Interessant finde ich, dass es auch eine Bezeichnung für Menschen gibt, die weder dem einen noch dem anderen Verhalten klar zuneigen: Man nennt sie „ambivertiert" (mitunter findet man auch den Begriff „zentroveriert"). Sie sind weder eindeutig gesellig und mitteilungsfreudig noch eindeutig zurückhaltend und ruhig, sie sind mal so und mal so. Ambivertierte Menschen beziehen ihre Anregung sowohl aus dem Kontakt mit anderen Menschen als auch aus Beschäftigungen für sich allein.

MYTHEN & MISSVERSTÄNDNISSE

Nicht immer still und in sich gekehrt

Dem Klischeebild zufolge sind HSP still, leise, in sich gekehrt und zurückhaltend, also das, was man gemeinhin mit introvertiert assoziiert. Manche Beschreibungen von Hochsensibilität gehen in die Richtung einer Gleichsetzung. Das ist jedoch so nicht zutreffend. Obwohl Introvertierte den Großteil der HSP ausmachen (nach Angaben von Elaine Aron ca. 70 Prozent), sind längst nicht alle HSP introvertiert und auch nicht alle Introvertierten hochsensibel.

Die 30 Prozent der HSP, die im sozialen Verhalten extravertiert sind, erkennen sich oftmals zunächst nicht als hochsensibel, da es ihnen viel bedeutet, im Kontakt mit Menschen zu sein. Allerdings – und hier unterscheiden sie sich von nicht hochsensiblen Extravertierten – brauchen sie relativ viel Rückzug aus dem sozialen Leben, um Übererregung zu vermeiden und sich wieder zu regenerieren. So gesehen sind HSP entweder introvertiert oder ambivertiert.

1.5.3 *Sensation Seeker*

Der amerikanische Psychologe Marvin Zuckerman prägte den Begriff „Sensation Seeking", der auch im Deutschen verwendet wird. Er fand damit eine Bezeichnung für ein hauptsächlich anlagebedingtes Persönlichkeitsmerkmal, das durch das starke Streben nach Abwechslung, nach neuen und starken Eindrücken, nach spannenden Erlebnissen gekennzeichnet ist. (Elaine Aron spricht von „High Sensation Seeker" und kürzt das mit HSS ab.)

Sensation Seeker fühlen sich bei einem deutlich höheren Stimulations- und Aktivationsniveau wohl als der Durchschnitt der Menschen. Um zu neuen Reizen und aufregenden Empfindungen zu kommen, sind sie auch bereit, gewisse Risiken einzugehen. Obwohl Sensation Seeking als das Gegenteil von Hochsensibilität erscheint, können die beiden Persönlichkeitszüge in Kombination auftreten.

Hochsensible Sensation Seeker finden sich in der gängigen Beschreibung von Hochsensibilität nicht oder nur teilweise wieder, da sie eben nicht generell eine reizarme Umgebung bevorzugen und sich auch nicht immer vorsichtig verhalten, wie es für die Mehrzahl der HSP typisch ist. Vielmehr sind sie aufregenden Erfahrungen durchaus zugeneigt, haben einen Hang zum Abenteuer und sind besonders schnell gelangweilt.

Hochsensible Sensation Seeker bewegen sich ständig auf einem schmalen Grat zwischen Langeweile und Reizüberflutung. Phasen, in denen sie auf starke Reize und aufregende neue Erfahrungen aus sind, wechseln sich ab mit Zeiten, in denen sie Ruhe und Erholung suchen, wobei der Umschwung von einer Bestrebung zur anderen von einem Moment auf den anderen erfolgen kann. Diese Menschen verstehen sich in der Widersprüchlichkeit oft selbst nicht, und die Menschen um sie herum sind ebenso überrascht angesichts so unterschiedlicher Seiten. Ist doch die übliche Vorstellung die, dass man entweder so oder so ist. Beiden Persönlichkeitsmerkmalen Rechnung zu tragen bedeutet, sowohl die ruhebedürftige, besonnene Seite als auch die reizhungrige, abenteuerlustige Seite zum Zuge kommen zu lassen, nicht im Sinne eines goldenen Mittelwegs, sondern im Sinne von „mal so, mal so“ bzw. „alles zu seiner Zeit“.

1.5.4 „Scanner“

Die amerikanische Erfolgsratgeber-Autorin Barbara Sher (1935–2020), die auch als Zielfindungs-Coach tätig war, prägte den Begriff „Scanner“ (der ebenfalls nicht übersetzt wird) und meinte damit begeisterungsfähige, aktive Menschen mit besonders vielseitigen und wechselhaften Interessen und jeder Menge Ideen.

Im Buch *Du musst dich nicht entscheiden, wenn du tausend Träume hast* (Sher, 2012) informiert der innere Klappentext: „Es gibt Menschen, die sich nicht auf ein einziges Lebensthema beschränken wollen und denen es schwerfällt, sich für einen Weg zu entscheiden, weil sie sich so vieles vorstellen können. Barbara Sher nennt diesen Menschentypus ‚Scanner‘. Scanner sind neugierige, aufgeweckte Zeitgenossen, die gerade unter der Fülle ihrer Interessen leiden.“ Ein anderes Buch von ihr hat den bezeichnenden Titel *Ich könnte alles tun, wenn ich nur wüsste, was ich will* (2011).

Dies ist kein wissenschaftliches Konstrukt, aber eines, in dem sich viele Menschen wiederfinden. Auch HSP, die nicht selten auf einen eher unsteten Lebens- und Berufsweg zurückblicken und diesbezüglich Selbstzweifel haben. Übereinstimmungen in der Beschreibung von Scannern und der von HSP liegen zum Beispiel in der stets wachen Aufmerksamkeit, in der Schwierigkeit, Entscheidungen zu treffen, sowie in der Tendenz, schnell gelangweilt zu sein. Dennoch sind weder alle HSP Scanner noch alle Scanner HSP.

Für die, die sich als Scanner sehen, geht es darum, sich in ihrer Vielseitigkeit und Wechselhaftigkeit zu akzeptieren und einen praktikablen Umgang mit ihren vielen unterschiedlichen Interessen und Ideen zu finden. Begreift man die Scanner-

Charakteristik als etwas Positives, könnte man auch an Begriffe wie Allrounder, Generalisten, Universaltalente denken.

1.5.5 Hochbegabte

Hochbegabung ist von Hochsensibilität zu unterscheiden. Hochbegabung ist ein Begriff aus der Intelligenzforschung (ein Teilgebiet der wissenschaftlichen Psychologie), der eine sehr weit über dem Durchschnitt liegende intellektuelle Begabung bezeichnet. Als hochbegabt gelten nach diesem Konstrukt Menschen, die in einem standardisierten Intelligenztest (IQ-Test) einen Intelligenzquotienten (IQ) erreichen, der von höchstens 2,27 Prozent der Mitmenschen erreicht oder übertroffen wird. Auf der in Deutschland verwendeten Skala entspricht der Grenzwert einem IQ-Wert von 130. Hochbegabte sind also der Definition nach sehr selten.

Wissenschaftler:innen haben den IQ als Maßstab für Intelligenz definiert. Ein IQ-Test untersucht bestimmte Aspekte der geistigen Leistungsfähigkeit wie logisches Denken, räumliches Vorstellungsvermögen und Erinnerungsvermögen. Andere Aspekte wie etwa künstlerische oder handwerkliche Begabungen oder „emotionale Intelligenz“ bleiben dabei außen vor.

Der amerikanische Erziehungswissenschaftler Howard E. Gardner (* 1943) ist einer derjenigen, die die Zuspitzung von Intelligenz auf abstrakt-kognitive Leistungen kritisieren. Nach seiner Überzeugung reichen die klassischen Intelligenztests nicht aus, um Fähigkeiten zu erkennen und in den Schulen zu fördern, die über den Erfolg im Leben entscheiden. In den 1980er-Jahren entwickelte Gardner die Theorie der multiplen Intelligenzen. Seine Ideen regen bis heute weltweit Diskussionen an. Allgemein durchgesetzt hat sich seine Theorie nicht, zumal er kein Testverfahren für die multiplen Intelligenzen geliefert hat.

Zurück zur Unterscheidung von hochsensibel und hochbegabt. Hochsensible können zwar ähnlich wie Hochbegabte recht gut komplex, differenziert und abstrahierend denken, haben auch ein gutes episodisches Gedächtnis. Das ist allerdings nicht vergleichbar mit der Denkgeschwindigkeit, der Auffassungsgabe, dem Maß der Denkaktivität, dem gedanklichen Vernetzungsgrad, der Abstraktionsfähigkeit und der Gedächtnisleistung von Hochbegabten.

MYTHEN & MISSVERSTÄNDNISSE

Besser kein Vermischen der Begriffe

Gelegentlich begegnet man den Begriffen Hochsensibilität und Hochbegabung im Doppelpack, was leicht Verwirrung stiftet. Nach allem, was ich recherchiert und verstanden habe, sind Hochbegabung und Hochsensibilität zwei getrennte Phänomene, obwohl sie einige Ähnlichkeiten aufweisen (z. B. umfangreiche Wahrnehmung und stark vernetztes Denken) und auch gemeinsam vorkommen können.

Schon von den Zahlen her passt es nicht. Hält man sich an die klassische Definition von Hochbegabung und geht von 2,27 Prozent Hochbegabten und von 15–20 Prozent Hochsensiblen aus, dann können rein rechnerisch nicht alle Hochsensiblen zugleich hochbegabt sein. Umgekehrt wäre es von den Prozentzahlen her zwar möglich, dass alle Hochbegabten auch hochsensibel sind, aber auch das ist eine irrige Annahme. Zum Beispiel sind hohe Empathiefähigkeit und emotionale Verletzlichkeit, typische Merkmale für Hochsensibilität, keine generellen Kennzeichen von Hochbegabung.

Nun mag man sich entscheiden, den Begriff Hochbegabung sehr weit auszulegen und die hohe Wahrnehmungsbegabung Hochsensibler einfach als eine Art von „Hochbegabung" zu deklarieren. Das scheint mir aber letztlich weder für das allgemeine Verständnis von Hochsensibilität dienlich noch für die Identitätsfindung von HSP. Nach einem anfänglichen Höhenflug („Wie toll, ich bin in Wirklichkeit hochbegabt!") kann es passieren, dass HSP aufs Neue an sich zweifeln, wenn sie feststellen, dass sie mit tatsächlich Hochbegabten in der kognitiven Leistung nicht mithalten können.

Ich plädiere also sehr dafür, den Begriff „Hochbegabung" nur im etablierten engen Sinn aus der Hochbegabtenforschung (IQ-Wert ab 130) zu verwenden. In derselben Weise bezieht der Informations- und Forschungsverbund Hochsensibilität in seinem Mitgliedermagazin *Intensity* vom Dezember 2014 Position: „Der IFHS vermutet nun ganz offiziell, dass zwischen Hochsensibilität und Hochbegabung – im Sinne eines IQ ≥130 – keine besondere Korrelation besteht" (Jack, 2014).

1.6 Nutzen durch die Erkenntnis, hochsensibel zu sein

Von klein auf haben HSP immer wieder feststellen müssen, dass sie irgendwie „anders" sind, und haben sich oftmals als Außenseiter erlebt – in der Ursprungsfamilie, der Schulklasse, der Freundesclique, später in der Ausbildung, im Studium, im Kollegenkreis. Eine schmerzliche Erfahrung, ist es doch ein elementares menschliches Bedürfnis, sich zugehörig zu fühlen. Wiederkehrend sind HSP auf Unverständnis gestoßen und haben abwertende Kommentare über ihre Wesensart zu hören bekommen. Ihnen hat die selbstverständliche Akzeptanz ihrer Gesamtpersönlichkeit gefehlt.

Das Selbstbild von HSP ist über die Zeit entscheidend geprägt worden durch Zuschreibungen wie „Du bist eigenartig!“, „Du bist viel zu empfindlich!“, „Du bist ein Sensibelchen“, „Du bist schwierig!“. HSP haben gedacht, etwas sei mit ihnen nicht in Ordnung, was zu einer beträchtlichen Verunsicherung geführt und ihr Selbstwertgefühl geschwächt hat.

Den Terminus Hochsensibilität zu entdecken, auf sich zu beziehen und das Phänomen umfassend zu verstehen ermöglicht HSP einen ganz neuen Blick auf sich selbst, auf andere und auf die Herausforderungen im Miteinander. Zuvor unzusammenhängende Einzelerscheinungen fügen sich nun zu einem schlüssigen Gesamtbild. Ein neues Selbstverständnis ergibt sich, wenn sich Benennungen wandeln, weg vom Problematischen oder gar Pathologischen hin zur neutralen Beschreibung: Hochsensibilität statt Hypersensibilität, Wahrnehmungsbegabung statt Wahrnehmungsstörung, Normvariante statt Anomalie, Besonderheit statt Unzulänglichkeit.

Die Erkenntnis bringt zumeist ein Gefühl der Erleichterung, Beruhigung und Rehabilitation, sie beschert zudem das wohltuende Gefühl der Zugehörigkeit zur Minderheitsgruppe der HSP. Die Schwierigkeiten, die mit dem Hochsensibelsein verbunden sind, lösen sich natürlich nicht auf einmal auf, können aber dingfest gemacht werden und sind somit leichter handhabbar. Mit dem neuen Wissen können vergangene und gegenwärtige Erfahrungen neu eingeordnet und neu bewertet werden, was neue Perspektiven eröffnet und einen Entwicklungsprozess in Gang setzt.

Das Selbstbild kann zurechtgerückt, die Selbstakzeptanz erhöht, die Selbstfürsorge gezielter und entschiedener ausgeübt werden. Durch das Erstarken des Selbstwertgefühls können HSP nach außen sicherer auftreten, besser für sich einstehen, sich nötigenfalls besser abgrenzen. Sich selbst neu zu begreifen bildet auch die Ausgangsbasis für konstruktive Begegnungen und eine Kommunikation auf Augenhöhe mit anderen Menschen. Viele HSP fühlen sich ermutigt, immer mehr Authentizität zu wagen und einen ihnen gemäßen Lebensweg – einschließlich der beruflichen Stationen – zu beschreiten.

Buchempfehlung: *Hochsensibel sein: 22 Impulse für einen guten Umgang mit der eigenen Hochsensibilität,* Ulrike Hensel, Junfermann Verlag, 2023.

1.7 Eine Frage der Haltung

Am besten betrachtet man den Wesenszug neutral. Jede einseitige Betrachtungsweise ist unangebracht – auch die einseitig positive. Hochsensibilität hat nun einmal untrennbar beides: sowohl Licht- als auch Schattenseiten, sowohl Vor- als auch Nachteile. Ob Hochsensibilität eher als Vorteil oder eher als Nachteil empfunden wird, hängt sehr stark von der aktuellen Situation, der Lebenslage, den Umgebungsbedingungen und den persönlichen Zielsetzungen ab. Belastung ist die eine Seite der Medaille, Bereicherung die andere.

MYTHEN & MISSVERSTÄNDNISSE

Auf die Wortwahl achten

Mir fällt auf, wie oft im Zusammenhang mit Hochsensibilität von „Fluch und Segen" gesprochen wird, auch von HSP selbst. So sehr es passt, auf die zwei Seiten, die es hat, hochsensibel zu sein, hinzuweisen, so wenig nützlich finde ich eine solche Dramatisierung in der Wortwahl. Worte sind wirkmächtig. „Fluch" hat eine bedrohliche Ausstrahlung. Schauen wir uns die Definition von Fluch bei Wikipedia an: „Ein Fluch oder eine Verfluchung ist ein Spruch, der ursprünglich auf ritualisierte (magische) Weise einer Person oder einem Ort Unheil bringen oder zur Sühne bewegen bzw. zwingen soll." Wer um Himmels willen sollte HSP verflucht haben? Ich schlage vor, wir bleiben doch lieber bei „Vor- und Nachteilen" oder „Licht- und Schattenseiten".

Im Laufe der Zeit habe ich die Erfahrung gemacht, dass HSP, die darauf beharren, hochsensibel zu sein sei einfach nur belastend, ein Leben führen, das in grundsätzlicher Weise ihrer hochsensiblen Bedürfnislage widerspricht. Solange diese HSP nicht über ihre gesamte Lebensgestaltung – einschließlich ihres Berufsalltags – prüfend nachdenken und im Rahmen des Machbaren notwendige Veränderungen in Angriff nehmen, werden sie weiterhin unter ihrer Hochsensibilität vornehmlich leiden und logischerweise auch keine andere Einstellung gewinnen können.

Ohne Zweifel stellt die Hochsensibilität gerade im beruflichen Bereich eine beträchtliche Herausforderung dar. Dennoch ist eine insgesamt neutrale Sichtweise empfehlenswert, die die positiven Aspekte ebenso in den Blick nimmt wie die negativen. Nur so wird man den Gegebenheiten gerecht und kann auf konstruktive Weise taugliche Strategien zur Alltagsbewältigung und Potenzialentfaltung finden.

1.8 Über die eigene Hochsensibilität sprechen

Für die eigene Besonderheit die Erklärung Hochsensibilität gefunden zu haben bedeutet für HSP, sich selbst viel besser zu verstehen und sich nicht mehr so verkehrt zu fühlen. Das tut gut. Häufig taucht dann sogleich der Impuls auf, diese Erkenntnis auch im beruflichen Umfeld mitzuteilen, aus dem sehnlichen Wunsch heraus, endlich verstanden zu werden. Wobei verstanden werden häufig gleichgesetzt wird mit ernst genommen, respektiert und akzeptiert werden. Ich empfehle allerdings Zurückhaltung.

1.8.1 Chancen und Tücken

Das Ansprechen der Hochsensibilität kann zu bereichernden Dialogen und zu einer Vertiefung von Arbeitsbeziehungen führen. Im Gespräch können auf konstruktive Weise gute Lösungen für kleine und größere Probleme gefunden werden. Vielleicht trifft man dabei auch noch auf andere HSP, die sich dann ebenfalls zu erkennen geben und mit denen man sich solidarisch fühlen kann.

Wenn man sich als hochsensibler Mensch zeigt und erklärt, besteht die Chance, mehr Verständnis, Anerkennung und Rücksichtnahme zu erfahren sowie Missverständnisse, Irritationen und Disharmonien im Miteinander zu reduzieren. Aber es gibt keine Garantie dafür.

Es kann einem auch passieren, dass man in eine fruchtlose, frustrierende Diskussion über die Gültigkeit des Konzepts Hochsensibilität gerät. Und bedauerlicherweise gibt es häufig Schubladendenken, vorgefasste negative Meinungen oder Voorannahmen über Hochsensibilität (z. B. „Das ist nur so eine Modeerscheinung“, „Da will jemand eine Sonderbehandlung“), gegen die man nicht so leicht ankommt.

Die Mitteilung wird keine Wunder bewirken. Darum zu wissen, was HSP stört, was sie sich wünschen und brauchen, wird für die anderen nicht per se bedeuten, sich permanent in die HSP einzufühlen oder eigene Wünsche und Bedürfnisse hintanzustellen. (Es ist ja auch durchaus legitim, dass sie ebenfalls ihre Interessen vertreten.)

Mit Unmut, Abwehr und womöglich Abwertung reagieren andere, sobald sie merken oder auch nur vermuten, dass HSP mit dem Argument „Ich bin so sensibel“ ihre Wünsche rigoros durchsetzen und einseitige Zugeständnisse erreichen wollen oder eine Ausrede für eigenes unsensibles Verhalten liefern. Auch das ist nachvollziehbar. Am Ende sind nur ausgewogene und fair ausgehandelte Vereinbarungen tragfähig.

Weil das Sprechen über die eigene Hochsensibilität seine Tücken hat, möchte ich Ihnen dazu einige wie ich hoffe hilfreiche Empfehlungen geben, die ich im Laufe der Jahre entwickelt habe.

1.8.2 Empfehlungen

- *Überlegen Sie es sich gut!*

  Wie weit sind Sie in Ihrer Selbstakzeptanz? So, wie Sie sich selbst begreifen, so werden Sie die Hochsensibilität darstellen. Je selbstverständlicher Sie sich selbst in Ihrem So-Sein – mit allen Licht- und Schattenseiten – annehmen, desto wahrscheinlicher tun dies auch die Menschen in ihrem Umfeld. Oftmals ist es klüger, das neue Verständnis für sich selbst zunächst zu festigen, bevor man im beruflichen Umfeld mit einer Mitteilung nach außen geht.

  Was denken Sie: Können Sie davon ausgehen, bei Kolleg:innen und Vorgesetzten auf ein offenes Ohr, ernsthaftes Interesse und respektvolle Reaktionen zu treffen? Wenn ja, mit wem möchten Sie darüber sprechen?

  Vielleicht brauchen Sie für notwendige Gespräche auch gar nicht den Terminus „Hochsensibilität“. Sie haben immer die Möglichkeit, konkret das anzusprechen, was Ihr Wohlbefinden und Ihre Leistungsfähigkeit beeinträchtigt, was Sie brauchen und worum Sie die anderen bitten (z. B. wegen Ihrer Geräuschempfindlichkeit das Radio abzuschalten oder die Bürotür zum Gang zu schließen), und dann für den jeweiligen Einzelfall über Lösungsmöglichkeiten zu diskutieren.

  Evi (Lehrerin): Einige meiner Kolleginnen sind auch sehr gute Freundinnen, die wissen von meiner Hochsensibilität. Davon abgesehen thematisiere ich das im beruflichen Bereich prinzipiell nicht. Ich schaue vielmehr, wie ich durch meine Selbstorganisation Konfliktpotenzial meide bzw. Überforderungssituationen vorbeuge.

  Svenja (Grafikdesignerin): Im Arbeitsumfeld rede ich nicht über meine Hochsensibilität. Ich muss gestehen, dass ich mir hier ab und zu schon mal eine Notlüge einfallen lasse, wie z. B., dass ich schon etwas vorhabe oder ich gesundheitlich angeschlagen bin und deswegen einen Termin nicht wahrnehmen kann.

- *Werden Sie sich klar über Ihre Motivation!*

  Gehen Sie in die Selbstklärung: Welche Absicht verbinden Sie mit der Mitteilung über Ihre Hochsensibilität? Was wollen Sie konkret erreichen? Was genau wünschen Sie sich von Ihrem Gegenüber?

  Für eine gelingende Kommunikation ist es erfahrungsgemäß sehr hilfreich, wenn Sie auch die konkrete Bitte (Achtung: keine Forderung!), die Sie an Ihr Gesprächsgegenüber haben, zum Ausdruck bringen. Liefern Sie diese Information nicht mit, wird Ihr Gegenüber über Ihre Erwartungen unweigerlich Mutmaßungen anstellen (z. B. dass Sie umfängliche einseitige Rücksicht erwarten) und entsprechend reagieren (eventuell aus einem Gefühl der Überforderung heraus abwehrend).

  Einen Satz von Friedemann Schulz von Thun führe ich gern immer wieder an: „Selbstklärung ist die Voraussetzung für eine klare und kraftvolle Kommunikation."

- *Finden Sie die richtigen Worte!*

  Ganz wichtig ist, gleich dazuzusagen, dass es sich bei Hochsensibilität nicht um eine Krankheit oder Störung handelt, sondern um eine Wesensart, die auf einer stärkeren Ausprägung der Eigenschaft Sensibilität beruht.

  Welche Auffassung Ihr Gegenüber über Hochsensibilität gewinnt, hängt auch sehr davon ab, welche Formulierungen Sie verwenden, um das Phänomen und Ihr persönliches Erleben zu beschreiben. Zeichnet man ein Bild von einem leidgeplagten „Opfer", das den Härten der „unsensiblen" Umwelt ausgesetzt ist, wird das vielleicht Mitleid erregen, noch wahrscheinlicher aber Widerstand, weil darin ein Vorwurf mitschwingt. Ganz anders wird die Wirkung sein, wenn man in neutraler Weise ein Bild von sich als einer Person vermittelt, die detailreich wahrnimmt, intensiv fühlt, verzweigt denkt und durchweg überdurchschnittlich empfindsam und empfindlich ist, mit allen Vor- und Nachteilen, die das mit sich bringt.

  Wenn Sie Vorgesetzten von Ihrer Hochsensibilität erzählen, empfiehlt es sich, beides zu benennen: die Belastungen und Einschränkungen sowie die Begabungen und Befähigungen. Um dann auf Rahmenbedingungen zu sprechen zu kommen, die es Ihnen ermöglichen, das hochsensible Potenzial bestmöglich auszuschöpfen.

  Erwähnen Sie Ihre Stärken, aber stellen Sie die hochsensiblen Begabungen nicht übertrieben dar (z. B. „HSP verfügen über Superkräfte", „HSP entgeht nichts", „HSP spüren einfach alles"), damit würden Sie logischerweise Skepsis und Ablehnung hervorrufen.

Achten Sie in allen Gesprächen darauf, freundlich, respektvoll, ruhig und friedlich zu bleiben. Fangen Sie nicht an, Ihr Gegenüber zu beschuldigen. Sprechen Sie beschreibend (nicht wertend) bestimmte Sachverhalte oder Situationen an, berichten Sie von Ihren Empfindungen und Ihren Bedürfnissen. Benennen Sie konkret Ihre Bitten in positiven Formulierungen (sagen Sie, was Sie sich wünschen, nicht, was Sie nicht wollen). Wenn Sie so vorgehen, erhöht sich die Wahrscheinlichkeit, Verständnis und die Bereitschaft für ein Entgegenkommen zu erfahren. Finden Sie die passende Länge Ihrer Ausführungen (Achtung: HSP neigen zu Weitschweifigkeit). Geben Sie Ihrem Gegenüber Gelegenheit für Rückfragen. Bedanken Sie sich für das Gespräch.

Evi (Lehrerin): Ich achte bei solchen Gesprächen darauf, relativ nüchtern Aspekte meiner Hochsensibilität zu benennen. Ich möchte nicht, dass beim anderen der Eindruck entsteht, dass ich Mitleid erhaschen möchte.

Rike (Ergotherapeutin): Ich finde, man muss aufpassen, dass die anderen nicht denken, man will sagen, sie seien unsensibel.

- *Hegen Sie keine zu hohen Erwartungen!*

Bleiben Sie realistisch. Auch nach noch so vielen klärenden Gesprächen wird vieles übrig bleiben, das Sie sich idealerweise anders wünschen würden. Man darf auch nicht vergessen: Üblicherweise ist es nun einmal die nicht hochsensible Mehrheit der Menschen um Sie herum, die das Geschehen prägt. Und: Andere kommen ebenso wenig aus ihrer Haut heraus wie Sie aus Ihrer. Jeder Mensch ist, wie er ist. Erwarten Sie keine vorauseilende Rücksichtnahme und umfassende Fürsorge. Es bleibt Ihre Aufgabe, gut auf sich aufzupassen, situativ immer wieder für das einzutreten, was Sie brauchen, und entschlossen abzuwenden, was Ihnen schadet.

Was Sie generell tun können: Tragen Sie Ihren Teil zu einem von Aufgeschlossenheit, Wohlwollen und Nachsicht geprägten Miteinander bei.

Evi (Lehrerin): Manchmal spüre ich beim Gegenüber die Begrenztheit im Nachvollziehen und Berücksichtigen. Zum Beispiel spricht die Person weiterhin extrem laut, obwohl ich signalisiert habe, dass mich die Lautstärke anstrengt.

Miriam (Sozialpädagogin): Für mich ist es ein wichtiger Prozess, mir deutlich zu machen, dass es mir wehtut, nicht verstanden zu werden, und mir gleichzeitig einzugestehen, dass ich mein Gegenüber eben oft auch nicht verstehe, und wegzukommen von der Schuldfrage und den Schuldzuweisungen.

- *Bieten Sie vielleicht ein passendes Buch zur Lektüre an!*

  Unter Umständen kann es hilfreich sein, anderen ein Buch über Hochsensibilität an die Hand zu geben. Nehmen Sie dafür keines, das für HSP selbst geschrieben ist, denn da passt der Blickwinkel nicht. Weil mir das klar wurde, habe ich extra ein Buch geschrieben, das sich speziell an die Menschen im unmittelbaren Umfeld von HSP richtet und auch deren Schwierigkeiten im Umgang mit HSP anerkennt. Kolleg:innen und Vorgesetzten ist ein eigenes Kapitel gewidmet. Ich bin überzeugt davon, dass das Buch wechselseitig das Verständnis erhöhen und Brücken bauen kann.

Buchempfehlung: *Hochsensible Mitmenschen besser verstehen – Unterstützung für Partner, Familienangehörige, Freunde, Kollegen und Vorgesetzte,* Ulrike Hensel, Junfermann Verlag, 2018b.

HSP berichten ... zum Thema „Sich selbst als HSP erkennen"

Miriam (Sozialpädagogin)

Es war ungefähr 2012, als ich zum ersten Mal ganz konkret mit dem Thema Hochsensibilität in Kontakt kam – ich bin bei einer beruflichen Recherche auf das Grundlagenwerk von Elaine Aron *[Sind Sie hochsensibel? Wie Sie Ihre Empfindsamkeit erkennen, verstehen und nutzen]* gestoßen. Erst etwas später habe ich begonnen, mich sehr viel intensiver mit der Hochsensibilität als Konzept zu befassen, mich selbst in dieser Hinsicht stärker zu reflektieren und Zusammenhänge herzustellen. Ich denke heute, ich habe mich zunächst nicht wirklich getraut, das alles auf mich zu beziehen, und brauchte etwas Zeit. Dann habe ich aber intensiv und umfassend im Internet recherchiert und auch nach weiterer Literatur gesucht. Das Vertiefen in das Buch von Ulrike *Mit viel Feingefühl* [in der 2. Aufl. ist der Titel *Hochsensibilität verstehen und wertschätzen*] war ein wirkliches Schlüsselerlebnis für mich. Es war so entlastend, dass diese Eigenschaft, die ich immer schon in mir gespürt hatte, die so sehr zu mir gehört und mit der ich mich immer irgendwie „falsch" gefühlt hatte, nun einen klaren Namen hatte, keine Krankheit und auch keine Störung war (beides hatte ich immer wieder zu hören bekommen!), sondern ein Wesensmerkmal, das ich mit anderen teile. Ich habe alle Informationen aufgesaugt wie ein Schwamm und war so erleichtert und dankbar!

Ich konnte dann immer besser zu meiner Hochsensibilität stehen, aber das war ein langer Prozess, das erforderliche „Standing" anderen gegenüber zu entwickeln. Ich denke, er dauert immer noch an. Aber für mich selbst habe ich viel Sicherheit entwickelt und bin auch stolz auf die besonderen Fähigkeiten, die ich durch meine Hochsensibilität habe.

Die Online-Gesprächsgruppen mit anderen HSP waren und sind für mich eine große Bereicherung und stärken mich auch im Alltag ungemein.

Im beruflichen Kontext habe ich mich durch die Erkenntnis, hochsensibel zu sein, sehr bestätigt gefühlt, schon lange genau das Richtige zu tun (ich arbeite als Sozialpädagogin selbstständig in der Eltern- und Familienbildung und -begleitung), das war eine sehr wertvolle Erkenntnis für mich. Ich denke, ich habe da intuitiv all die Jahre meine Fähigkeiten und Begabungen als HSP schon immer gut eingesetzt.

Heute tue ich es sehr viel bewusster und gehe auch im beruflichen Setting achtsamer, wohlwollend und auch angemessen kritisch mit mir und meiner Wesensart um.

Andrea (Organisationsentwicklerin)

„Sei doch nicht immer so empfindlich!“ – an diese Schlagzeile in einer Zeitschrift kann ich mich sehr gut erinnern. Ich saß im Wartezimmer meines Zahnarztes und lächelte. Das ist nun ungefähr 20 Jahre her und war das erste Mal, dass ich mit dem Begriff „Hochsensibilität“ in Berührung kam. Mein Lächeln war ein Ausdruck der Befreiung und auch des Verstehens meiner selbst. Schon als Kind habe ich immer wieder gespürt, dass ich tiefere Emotionen habe als meine Freunde, ein Mehr an Freude und Ärger, Zufriedenheit und Trauer. Der Umstand, dass ich als Erwachsene diese Wesensart nun im wahrsten Sinne des Wortes benennen konnte, verschaffte mir ein Gefühl der Gelassenheit und ermöglichte mir, einen zielgerichteten Umgang mit dem Thema zu entwickeln. Nach einschlägiger Literatur lässt sich einfacher recherchieren, wenn man ein passendes Schlagwort kennt.

Ella (kaufmännische Angestellte)

Eine Bekannte hatte mich vor circa zehn Jahren mal darauf angesprochen und mir einen Buchtipp zum Thema gegeben. Daraufhin habe ich im Internet recherchiert und einen Online-Test gemacht. Das Ergebnis war sehr eindeutig. Es hat mich überrascht, dass es doch so ausgeprägt bei mir ist. Es hat sehr gutgetan zu erfahren, dass ich damit nicht alleine bin und noch viele andere Menschen so empfindsam sind.

Beruflich hat es mir insofern geholfen, als dass ich nun besser darauf achte, wie ich meine Kräfte einteile, meinen Tagesablauf und meine Arbeitsumgebung so gestalte, dass ich mich nicht überfordert und gestresst fühle. Das ist natürlich nicht immer möglich, aber das Bewusstsein hilft mir auch schon enorm.

Verändert hat sich vor allem, dass ich nun einen Beruf mit selbstbestimmteren Aufgaben und Abläufen gewählt habe. (Ich mache eine Weiterbildung zur Personalfachkauffrau.)

Matilda (Verwaltungsleiterin)

Eine Freundin verfasste im Jahr 2008 ihre Masterarbeit über Hochsensibilität, und sie bat mich damals, weil sie meine Gewissenhaftigkeit schätzt, die Arbeit Korrektur zu lesen. Ich erkannte mich allerdings damals in dem Thema Hochsensibilität nicht wieder. Ich hatte mich und mein Leben damals überhaupt noch nicht reflektiert.

Klar wurde mir meine Hochsensibilität erst durch einen myMonk-Blogbeitrag von Ulrike Hensel im Jahr 2016. Ich recherchierte dann ein bisschen im Internet, machte Tests und ein Coaching bei Ulrike, was mich im Hinblick auf meinen Umgang mit meiner Hochsensibilität sehr unterstützt hat.

Ich war damals seit ein paar Jahren als Teamleiterin Personalplanung in der Vorstandsabteilung eines großen Konzerns tätig. Fachlich war ich in dem Job top (auch Jahre nach meinem Weggang bekomme ich noch Nachrichten, die dies bestätigen), aber persönlich litt ich stark darunter, mich dort absolut fehl am Platz zu fühlen. Ich fühlte mich wie ein Alien. Das Arbeitsklima war rau, Aufgaben kamen ad hoc, obwohl sie vorhersehbar und planbar gewesen wären, hätte man sich die Zeit dafür genommen. Überstunden waren die Regel. Zu enge Deadlines wurden nicht zurückgewiesen, was der Vorstand wollte, bekam er, auch wenn dies zulasten der Qualität ging. Passierten unter all dem Druck Fehler, wurden diese vertuscht. Anscheinend war ich in meiner Abteilung mit meinem Leidensdruck alleine, alle anderen stöhnten auch hin und wieder, kamen im Allgemeinen aber ganz gut klar.

Mit der Benennung der Hochsensibilität eröffnete sich für mich ein Erkenntnisprozess. Ich wusste nun, was mit mir los war. Ich bin kein Alien, ich bin hochsensibel. Das war für mich damals sehr entlastend, weil ich nicht mehr das Gefühl hatte, „falsch" zu sein. Mit dem Erkennen wurde mir klar, dass ich nicht einfach so weitermachen konnte wie bisher, weil ich mich sonst völlig verausgaben würde. Dass ich einfach andere Dinge benötige als Normalsensible, sowohl in meinem Arbeitsalltag als auch sonst in meinem Leben.

Ich dachte aber zunächst, wenn ich bestimmte Rahmenbedingungen ändern würde, würde ich besser mit meinem Arbeitsumfeld klarkommen. Ich versuchte es anfangs mit Homeoffice-Tagen und einem freien Tag in der Woche, was aber nur zu einer kleinen Verbesserung der Situation führte. Die Erkenntnis, dass ich mich dort in einem für Hochsensible völlig falschen Umfeld befand und dieses verlassen musste, dauerte einen Burn-out und weitere drei Jahre.

Nach meinem Ausstieg aus dem Konzern bin ich in den kirchlichen Bereich gewechselt, in dem ich mich deutlich wohler und „richtiger" am Platz fühle. Ich arbeite daran, mich nicht mehr mit meinem alten Ich zu vergleichen, das eine unglaubliche Energie besaß, sondern zu akzeptieren, dass es okay ist, einfach auch mal fünfe gerade sein zu lassen.

Luise (Sozialpädagogin)

Im Jahr 2007 entdeckte ich in einer Buchhandlung das Buch von Elaine Aron [*Sind Sie hochsensibel – Wie Sie Ihre Empfindsamkeit erkennen, verstehen und nutzen*, Sonderausgabe 2007]. Titel und Cover sprachen mich magisch an (Schmetterlinge auf einem Zweig). Ich kaufte es und verschlang den Buchinhalt. Endlich fühlte ich mich gesehen und verstanden. Das Buch beschrieb in vielen Punkten das, was mich ausmachte bzw. was bei mir oft anders war als bei anderen. Ich war dankbar, dass ich auf das Buch gestoßen war. Dann las ich weitere Bücher und irgendwann auch Berichte von anderen hochsensiblen Menschen im Internet.

Erst allmählich öffnete ich mich gegenüber Freundinnen. Aber nur, wenn ich glaubte, dass sie Verständnis aufbringen oder selbst hochsensibel schienen. Mittlerweile habe ich einige gute Freundinnen, mit denen ich sehr tiefgehend über das Thema sprechen kann.

Heute bin ich situationsbedingt vorsichtig, wie viel meiner Sensibilität ich zeige, muss mich aber nicht mehr so anstrengen, mich zu verstellen, weil ich nicht mehr anders sein will. Mir ist bewusst, dass es nichts zu reparieren gibt an meiner Hochsensibilität. Vergleiche mit anderen, gerade im Kolleg:innenkreis, versuche ich zu vermeiden.

Beruflich erkenne ich nun eher, an welchen Stellen meine Reaktionen und mein Handeln mit meiner Hochsensibilität zusammenhängen. Ich lasse mich immer mehr von Selbstfürsorge leiten, um mich nicht zu überfordern. Eigene Grenzen zu erkennen und zu wahren ist ein Lernfeld, dem ich mich immer wieder bewusst stelle. Ich habe an Selbstbewusstsein gewonnen. Ich bringe immer stärker und sicherer meine Spür- und Sichtweise der Dinge mit ein und sehe meine hochsensiblen Anteile meistens als Bereicherung.

Lasse (Berater für Energieversorger)

Das Konzept der Hochsensibilität ist mir aufgrund meiner hochsensiblen Frau schon länger ein Begriff. Dass ich selbst auch davon betroffen bin, wurde mir erst klar, als meine Frau mir Ende letzten Jahres einen Test vorlegte. Aufgrund dieser Einstufung erkannte ich, dass ich eine besondere Wesensart habe. Dass ich hierzu gleich eine Benennung erhalten habe, ist hilfreich. Seitdem habe ich mich vor allem mit meiner Frau dazu ausgetauscht und ein Buch darüber gelesen. Durch die Erkenntnis habe ich nun eine Erklärung dafür gefunden, warum andere Menschen sich in manchen Situationen grundsätzlich anders verhalten als ich.

Ich sehe meine Hochsensibilität eher als Stärke. Zum Beispiel fällt es mir leicht, Schlussfolgerungen zu ziehen und Zusammenhänge herzustellen. Da ich einen Beruf habe, in dem insbesondere das Finden von Verknüpfungen erfolgskritisch ist, trete ich an der einen oder anderen Stelle seitdem selbstbewusster auf. Mein Vorgesetzter weiß es zu schätzen, dass ich Probleme erkenne und anspreche, bevor sie auftreten.

Früher hatte ich immer die implizite Erwartung an meine Kolleg:innen, dass diese über kurz oder lang die gleichen Schlüsse ziehen wie ich. Diese Erwartung habe ich nicht mehr. Ich bin deshalb im Umgang mit ihnen ein wenig entspannter geworden. Auch nehme ich es nicht mehr persönlich, wenn Kolleg:innen meine Schlüsse hinterfragen, sondern erläutere diese stattdessen eher einmal mehr.

2. Hochsensible Begabungen und Stärken

Für die Überlegung, welche berufliche Orientierung für Sie infrage kommt und wie Ihr beruflicher Weg aussehen bzw. weitergehen könnte, ist es – jenseits erworbener Ausbildungsabschlüsse und Qualifikationen – überaus wichtig, dass Sie ein klares Bild von Ihren grundlegenden Begabungen, Stärken und Neigungen haben. Wie viel leichter fällt es und wie viel erfreulicher ist es, einen Beruf auszuüben, für den Sie die passenden Begabungen und persönlichen Vorlieben mitbringen.

Wenn Sie sich Ihrer Stärken bewusst sind, hat das zudem den Nutzen, dass Sie diese bei passenden Gelegenheiten anführen können, zum Beispiel um geeignete Arbeitsaufgaben übertragen zu bekommen. Sie können über Ihre Begabungen und Stärken sprechen, ohne auf Ihre Hochsensibilität zu verweisen.

2.1 Zusammenhang zwischen Stärken und Schwächen

Als ich mich für mein erstes Buch daranmachte, getrennte Listen für Stärken und Schwächen von HSP auszuarbeiten, fiel mir auf, dass die Stärken und Schwächen, die ich da notierte, gar nicht wirklich unabhängig voneinander zu betrachten waren. Häufig erwiesen sich die Schwächen bei genauerem Hinsehen jeweils als Übersteigerung bestimmter Stärken bzw. als deren unmittelbare Schattenseite. Also legte ich die Listen zusammen und brachte die Stärken und Schwächen in einen Zusammenhang. Ich will gleich ein Beispiel bringen: Die Stärke Einfühlungsvermögen bedingt die Schwäche, sich nur schwer emotional abgrenzen zu können.

„Wo Licht ist, ist auch Schatten", heißt es. Umgekehrt könnte man mit ebenso viel Berechtigung sagen: „Wo Schatten ist, ist auch Licht." Denkt man so herum, kann man den in der „Schwäche" verborgenen wertvollen Kern finden. Zum Beispiel liegt in der Übererregbarkeit die Berührbarkeit. Für mich war diese Sichtweise, die ich in den Büchern von Friedemann Schulz von Thun fand, wie eine Offenbarung. Sehr gern möchte ich Ihnen diese Einsicht ebenfalls eröffnen.

Jede „gute" Eigenschaft, jede menschliche Qualität kann, wenn sie einseitig überbetont wird, ab einem bestimmten Punkt von erfreulich zu unerfreulich kippen (z. B. Gründlichkeit zu Perfektionismus). Friedemann Schulz von Thun nennt das „des Guten zu viel", was ich sehr anschaulich ausgedrückt finde. Es kommt also darauf an, dass man eine begrüßenswerte Eigenschaft lediglich in einem moderaten, erfreulichen Maße auslebt, was am besten gelingt, wenn man sie mit einer ausgleichenden anderen Eigenschaft ausbalanciert (z. B. Gründlichkeit mit Fehlertoleranz).

Zum Nachlesen: Auf der Website von Friedemann Schulz von Thun unter ↗ https://www.schulz-von-thun.de/die-modelle/das-werte-und-entwicklungsquadrat

Buchempfehlung: *Kommunikation als Lebenskunst,* Bernhard Pörksen, Friedemann Schulz von Thun, Carl-Auer-Verlag, 2014.

Dabei ist noch zu beachten, dass die Bewertung von Eigenschaften sehr subjektiv ist. Was der / die eine schätzt (z. B. Ordnungsliebe), sieht jemand anderes vielleicht schon als störend an (nennt es z. B. Pedanterie). Darüber hinaus kann jede Eigenschaft von Vor- oder Nachteil sein, je nach Situation, aktueller Anforderung, konkretem Vorhaben und gesetzten Zielen (z. B. führen Genauigkeit und Detailliebe wahrscheinlich zu einem sehr guten Arbeitsergebnis, sind aber zeitaufwändig und deshalb hinderlich, wenn etwas eilig ist). Das heißt: Alles ist relativ.

2.2 Wesentliche Begabungen und Stärken differenziert betrachtet

Bevor ich mit Ihnen auf die typischen Begabungen und Stärken von HSP schaue, will ich nochmals die vorrangige Bedeutung der Individualität betonen. Übersehen Sie auf keinen Fall die persönlichen Stärken, die hier keine Erwähnung finden.

Bitte bedenken Sie: Selbstverständlich verfügen nicht nur HSP über die aufgeführten Begabungen und Stärken, nur sind sie bei ihnen in aller Regel in höherem Maße anzutreffen. Was als typisch gelten kann, ist auch nicht bei jeder HSP in gleicher Weise ausgeprägt, entwickelt und abrufbar. Spüren Sie hin, womit Sie in Resonanz gehen und was für Sie bedeutsam ist. Vielleicht sind Sie die Ausnahme zur Regel oder bei Ihnen sind bestimmte Begabungen (noch) nicht kultiviert worden sind, weil sie bisher eher brachgelegen haben. Begabung allein reicht nicht für eine Meisterschaft, es bedarf der Aktivierung und der Übung.

AM RANDE

Begabung versus Talent

Im allgemeinen Sprachgebrauch werden Begabung und Talent weitgehend synonym genutzt. Interessant finde ich die Unterscheidung, die Aljoscha Neubauer in seinem Buch *Mach was du kannst – Warum wir unseren Begabungen folgen sollten – und nicht nur unseren Interessen* (2018) vornimmt. Er schreibt: „In Abgrenzung zur Begabung beschreibt der Begriff Talent die schon manifeste, also beobachtbare hohe oder gar Höchstleistung. Talent ist gleichsam die realisierte Begabung, also das (zumindest teilweise) entwickelte Potenzial. Um ein Talent zu formen [...] bedarf es zwar einer Begabung als eine notwendige Voraussetzung, aber von allein wird aus einer Begabung kein Talent werden. Dazu braucht es Lernen, Trainieren, Übung. [...] Niemand wird als Einstein oder Mozart geboren, immer braucht es ein Zusammenwirken von einem grundlegenden Potenzial und einem intensiven, harten Training, welches wiederum ein hohes Maß an Motivation und Selbstdisziplin voraussetzt. [...] Und natürlich gehören auch ein wenig Glück, gewissen Zufälle, charismatische Mentoren etc. dazu" (Seite 38 f.).

Im Folgenden nun eine Aufzählung und Besprechung von Begabungen und Stärken, die typischerweise mit Hochsensibilität einhergehen. Die differenzierte Betrachtung besteht darin, dass ich nicht nur die Begabung beschreibe und daraus die besondere berufliche Eignung ableite, sondern auch damit verbundene etwaige Einschränkungen und Schwierigkeiten und mögliche Kehrseiten benenne sowie eine Entwicklungsperspektive aufzeige.

Grundsätzlich gilt, dass es günstig ist, die eigenen Stärken zu stärken. Der Blick auf die möglichen Schwachpunkte soll daher keine Aufforderung sein, diese mit viel Aufwand auszumerzen, sondern vielmehr die, ihnen gerade so viel Aufmerksamkeit zu schenken, dass sie nicht zur Stolperfalle, zum Erfolgshindernis werden.

2.2.1 *Feingefühl*

Mein erstes Buch – nach wie vor das Grundlagenbuch zur Hochsensibilität – hatte in der 1. Auflage den Haupttitel *Mit viel Feingefühl.* (In der 2. Auflage wurde der vorherige Untertitel zum Haupttitel: *Hochsensibilität verstehen und wertschätzen*). Der Begriff Feingefühl ist für mich also sehr positiv besetzt und bedeutungsvoll. Daher will ich auch hier das Feingefühl, das feine Empfinden, die Empfindsamkeit, den Spürsinn als Erstes nennen.

Das feine Empfinden bezieht sich auf Menschen und auf Lebewesen überhaupt, auf Beziehungen, Verbindungen und Konstellationen, auf Atmosphärisches, auf Situationen und Geschehnisse. HSP verfügen im Allgemeinen über eine gute Menschenkenntnis. Sie erspüren leicht Stimmungen und Missstimmungen, Uneinigkeit, Spannungen, Unstimmigkeiten, Widersprüche, ebenso problematische und günstige Entwicklungen. Daraus ergibt sich eine meist recht treffende Einschätzung von (potenziellen) Konflikten und Gefahren sowie von Möglichkeiten und Chancen.

Besondere Eignung: HSP sind da richtig, wo es wichtig ist, feine Antennen zu besitzen für Menschliches und Zwischenmenschliches, eintretende oder zu erwartende Geschehnisse. Das Streben von HSP geht hin zu einem harmonischen Miteinander und gedeihlichen Entwicklungen. Mit ihrem Sinn für Stimmigkeit, Ganzheitlichkeit und Nachhaltigkeit können HSP ihr Umfeld durch Denkanstöße inspirieren und selbst wertvolle Beiträge leisten.

Mögliche Kehrseite: Eine mögliche Kehrseite liegt im Überinterpretieren. Es kann passieren, dass HSP von ihrem guten Spürsinn so überzeugt sind, dass sie ihre Einschätzung der Sachverhalte und der Menschen als untrüglich ansehen und ihre Offenheit und Neutralität verlieren. Sie halten dann Wahrscheinliches für die Wahrheit. Oft glauben sie, genau zu wissen, was geschehen wird oder was andere denken, fühlen, beabsichtigen und brauchen. Wenn sie das unüberlegt kommunizieren, vorschnell (re-)agieren, ohne respektvoll nachzufragen, stoßen sie auf Ablehnung, die ihnen unverständlich erscheint und sie kränkt.

Entwicklungsperspektive: Hier geht es darum, Beobachtetes und Erspürtes ernst und wichtig zu nehmen, es aber von Deutungen, Spekulationen und Bewertungen zu unterscheiden. HSP können erkennen, dass sie trotz erstaunlicher Treffsicherheit wie andere auch der Subjektivität in der Einschätzung von Situationen und Menschen unterliegen und dass durch persönliche Vorerfahrungen und Vorannahmen immer auch Verzerrungen und Fehldeutungen zustande kommen. Es gilt überdies, in der Kommunikation angemessen zurückhaltend und unaufdringlich (feinfühlig!) und somit respektvoll zu sein.

2.2.2 *Wahrnehmungsfähigkeit*

Die Wahrnehmungsbegabung ist wohl die augenfälligste Begabung von HSP, die im Austausch mit anderen schnell zutage tritt und zu erstaunten Bemerkungen wie „Was dir alles auffällt!" führt.

HSP sind von Natur aus ständig sehr aufmerksam und wachsam, verfügen über eine ausgesprochen gute Beobachtungsgabe und bemerken Feinheiten in ihrer Umgebung. Aufgrund ihrer Sinnessensibilität nehmen Sie intensiv, detailreich, nuancenreich und in einem großen Spektrum wahr. Sie hören, sehen, riechen, schmecken, fühlen schon etwas, wenn für die meisten anderen die Wahrnehmungsschwelle noch gar nicht überschritten ist oder sie einer schwachen Wahrnehmung noch keine Beachtung schenken. HSP betrachten gewohnheitsgemäß alles sehr differenziert, achten auf feine Unterschiede und Kleinigkeiten. Sie schauen genau hin, hören genau hin. Zugleich haben sie einen weiten Blick, bemerken auch Dinge, die am Rande geschehen. Sie sind vorsichtig und umsichtig.

Besondere Eignung: HSP sind prädestiniert für alle Aufgaben, bei denen es auf eine wache Aufmerksamkeit mit allen Sinnen und auf Feinheiten ankommt. Dort, wo Qualitätsbewusstsein, ein prüfender Blick und eine Liebe zum Detail gefragt sind, wo das Erkennen von Veränderungen und Abweichungen, das Hinweisen auf relevante Beobachtungen, das Korrigieren von Fehlern positiv gesehen werden. Grundsätzlich sind sie dort richtig, wo mehr die Genauigkeit als das Tempo zählt, mehr die Qualität als die Quantität.

Eine wichtige Einschränkung: Es wäre falsch, wenn der Eindruck entsteht, HSP seien ideal für jegliche Aufgaben, die genaues, fehlerfreies Arbeiten erfordern. Problematisch ist eine Druck erzeugende Forderung nach absoluter Fehlerfreiheit. Außerdem haben HSP mit eintönigen Routinearbeiten ihre liebe Not. Dabei schweifen die Gedanken immer wieder ab und es passieren Flüchtigkeitsfehler. (Für alle Menschen gilt: Für anhaltende Aufmerksamkeit braucht es ein bestimmtes Maß an Abwechslung und einen gewissen Schwierigkeitsgrad.)

Mögliche Kehrseiten: Ein ganz offensichtlicher und schwerwiegender Nachteil ist, dass die intensive Wahrnehmung in einer reizerfüllten Umgebung relativ schnell zur nervlichen Übererregung führt. Diese äußert sich in Nervosität, Unwohlsein, Reizbarkeit, Konzentrationsschwäche und Leistungsabfall. Wird die Übererregung nicht durch Erholungszeiten (und sei es in ruhigen, ungestörten Arbeitsphasen) ausgeglichen, drohen Erschöpfungszustände.

Außerdem: HSP schauen so genau hin, dass sie zu einer Übersteigerung des Genau-Nehmens neigen. Das kann in einen ungesunden Perfektionismus münden. So fällt es ihnen zum Beispiel schwer, eine Ausarbeitung kurz und knapp zu halten, ebenso sich mit einigermaßen guten Ergebnissen, die manches Mal durchaus genügen würden (oder aufgrund von zeitlichen Vorgaben genügen müssen), zufriedenzugeben. Weil sie sehr gründlich arbeiten, brauchen sie länger als andere für bestimmte Aufgaben, geraten durch Abgabetermine und parallele Anforderungen leicht in Stress.

Des Weiteren: Die genaue Wahrnehmung von Fehlern und problematischen Aspekten an Dingen und Menschen kann zu Negativität und Pessimismus führen. Die erfreulichen, positiven Seiten von etwas oder jemandem treten dabei unfairerweise stark in den Hintergrund. Probleme erscheinen bei der einseitigen Betrachtungsweise größer, als sie sind.

Entwicklungsperspektive: Es liegt in der Eigenverantwortung der HSP, die gesundheitlichen Gefahren, die mit einer zu häufigen und zu lange anhaltenden Übererregung einhergehen, sehr ernst zu nehmen und vorzubeugen bzw. entgegenzusteuern. Das betrifft natürlich die gesamte Lebensführung, insbesondere aber auch den Berufsalltag. Der wesentliche Punkt ist: HSP dürfen nicht von sich erwarten, eine große Menge an strapazierenden Umgebungseinflüssen in derselben Weise zu verkraften wie die nicht hochsensiblen Kolleg:innen (siehe auch Kapitel 5).

Was den Hang zum Perfektionismus angeht: Genauigkeit, Gewissenhaftigkeit und Qualitätsbewusstsein sind ohne Zweifel zu begrüßen. Doch sie bedürfen eines Ausgleichs über Werte wie Großzügigkeit, Fehlertoleranz und Gelassenheit. Fragen, die eine Einstellungsänderung einleiten können: Ist Perfektion überhaupt erreichbar? Wann ist etwas je wirklich abgeschlossen und vollständig? Kann man je vor Kritik sicher sein?

Was die Negativität angeht, ist es ratsam, sehr bewusst die einseitig negative und somit verzerrte Wahrnehmung zu korrigieren und neben dem Negativen auch das Positive in den Blick zu nehmen.

2.2.3 Denkvermögen

HSP sind gedanklich permanent sehr aktiv. Sie sind gut im analytischen, übergreifenden und vernetzten Denken. Sie können gut Probleme erkennen und Lösungen ersinnen. Sie interessieren sich für erkennbare Muster, das übergeordnete Prinzip, das Gesamtbild. Für sie ist es stets naheliegend, Zusammenhänge herzustellen, sich über Ursachen und Folgen Gedanken zu machen, verschiedene Einflussgrößen zu berücksichtigen. Ihre Fähigkeit, etwas im Kontext zu betrachten, das große Ganze zu erfassen, systemisch zu denken, ermöglicht es ihnen, gut mit Komplexität umzugehen. Bevor sie Entscheidungen treffen, wägen sie Alternativen sorgfältig ab, indem sie die jeweiligen Auswirkungen gedanklich durchspielen. Daraus kann sich ein besonnenes, weitsichtiges und verantwortungsvolles Handeln ergeben.

Besondere Eignung: HSP sind dort richtig, wo ihr vertieftes und verzweigtes, forschendes und strategisches Denken gefragt ist. Dort, wo man ihr Risikobewusstsein, ihre Problemanalysen und Lösungsvorschläge begrüßt. (Aufgaben abzuarbeiten, ohne mitzudenken, wäre nicht ihr Ding.)

HSP haben das Zeug dazu, eine übergeordnete, ganzheitliche, integrative Sichtweise einzubringen, wie sie zum Beispiel in abteilungsübergreifender, interdisziplinärer oder interkultureller Zusammenarbeit gebraucht wird. HSP sind gut im Organisieren und Koordinieren, da es ihnen leichtfällt, einen Überblick zu gewinnen und zu behalten sowie eine Vielzahl von Einzelinformationen aufzunehmen und sich zu merken, miteinander zu verknüpfen und bei Bedarf zu berücksichtigen. Das befähigt sie beispielsweise, eine Schnittstellenfunktion auszuüben.

Eine wichtige Einschränkung: Es darf um sie herum nicht auf Dauer zu laut und zu turbulent zugehen, nicht zu viel auf einmal auf sie einströmen (wie z. B. in einer Einsatzzentrale), sonst geht die fürs Denken erforderliche Konzentration verloren. Und die Arbeitsmenge darf nicht ausufern.

Mögliche Kehrseiten: Es kann des Hinterfragens, Nachdenkens und Überdenkens auch zu viel werden. Dann kommen die Gedanken gar nicht mehr zur Ruhe, drehen sich unter Umständen in Schleifen. Aus Nachdenken wird ein unproduktives, belastendes Grübeln. Aus einem nützlichen Risikobewusstsein kann ein sorgenvolles Fokussieren auf mögliche negative Ereignisse in der Zukunft werden.

In größeren Zusammenhängen und weit vorauszudenken und zahllose Faktoren in die Überlegungen miteinzubeziehen kann bisweilen die Handlungsfähigkeit einschränken und notwendige Entscheidungen verzögern.

Wird die Verästelung des Denkens unmittelbar in die Kommunikation eingebracht, geht dies zulasten der Einfachheit, Klarheit und Prägnanz, was dazu führen kann, dass HSP die Aufmerksamkeit und das Interesse ihres Gesprächsgegenübers verlieren.

Entwicklungsperspektive: Die Lernaufgabe für HSP liegt darin, öfter einmal den Denkrahmen absichtlich zu begrenzen, eine Reduktion von Komplexität vorzunehmen, klare Prioritäten und Schwerpunkte zu setzen, sich zu fokussieren. Auf diese Weise gelingt es auch besser, Gesprächspartner:innen zu erreichen und gedanklich mitzunehmen.

Was Entscheidungen angeht, gilt es zu verstehen, dass man mit noch so vielen theoretischen Überlegungen nicht alles erfassen und nicht den Lauf der Dinge vorhersehen kann. Es bleiben immer Unsicherheiten und Unwägbarkeiten, die toleriert werden müssen. Gefragt ist Ambiguitätstoleranz. Manches Vorhaben will nach dem Prinzip von Versuch und Irrtum mit Tatkraft und Mut angegangen werden. Nur das praktische Tun bringt Erfahrungen, die dann wiederum gedanklich ausgewertet werden können. Die neu gewonnenen Erkenntnisse geben Hinweise für ein sinnvolles weiteres Handeln.

2.2.4 Einfühlungsvermögen

Eine große Begabung von HSP liegt in ihrer Empathiefähigkeit. Diese Stärke kommt in jeglichem zwischenmenschlichen Kontakt zum Tragen. Empathisch zu sein bedeutet, offen zu sein für andere Menschen, sich in ihre Lage hineinzuversetzen, ihre Gedanken, Auffassungen, Absichten, Motivationen, Wertvorstellungen, Gefühle und Bedürfnisse erkennen, nachvollziehen und verstehen zu können und darauf angemessen zu reagieren. HSP werden von ihrem Mitmenschen oftmals besonders wegen ihrer gefühlsbetonten Art und ihres Einfühlungsvermögens geschätzt. Sie sind daher beliebte Gesprächspartner:innen. Die anderen mögen das aufmerksame Interesse und das Verständnis, das ihnen entgegengebracht wird. Durch die hohe Bereitschaft von HSP, zuzuhören, sich auf andere einzustellen und auf sie einzugehen, schenken ihre Mitmenschen ihnen leicht Vertrauen, öffnen sich, erzählen von sich, bitten vielleicht auch um Unterstützung. Es liegt tief in HSP, sich für ihre Mitmenschen zu interessieren, zu ihnen hinzuspüren, sich in sie einzufühlen, eine Verbindung zu ihnen herzustellen. Ohne Zweifel ist das Einfühlungsvermögen ein großes Plus im Beruf, ist es doch unentbehrlich für ein gelingendes Miteinander.

Besondere Eignung: Es liegt HSP, auf harmonische und konstruktive Weise mit anderen zusammenzuarbeiten. Dazu gehört, anderen anerkennendes Feedback zu geben, sie zu bestärken und zu ermutigen, auch sie zu unterstützen. Empathie ist nicht nur förderlich im Kontakt mit Kolleg:innen, Vorgesetzten und Mitarbeiter:innen, sondern für jegliche Arbeit mit Menschen. Ich denke an die Bereiche Dienstleistung, Service, Verkauf, Schulung, Lehre, Coaching, Beratung, Mediation, Therapie und Betreuung. HSP sind diejenigen, denen es relativ leicht gelingt, Befindlichkeiten zu erspüren, individuelle Wünsche und Bedürfnisse herauszufinden und für deren Erfüllung zu sorgen, eine Vertrauensbasis zu schaffen, auch längerfristige Beziehungen aufzubauen und zu pflegen. Im Kontakt mit Kund:innen, Lernenden, Ratsuchenden, Klient:innen, Patient:innen ist es eindeutig von Vorteil, auch feine Signale auffangen, weitgehend zutreffend deuten und beantworten zu können. Für HSP ist es befriedigend, wenn sie ihre Empathiefähigkeit in ihrem beruflichen Wirkungskreis tatsächlich einbringen können. (Frustrierend wäre es, wenn diese Stärke eine untergeordnete Rolle spielt oder gar als hinderlich eingestuft wird.)

Eine wichtige Einschränkung: Ja, es stimmt, HSP verhalten sich üblicherweise empathisch, sie schauen hin und hören zu, interessieren sich für die Belange anderer, setzen sich für andere ein. Aber: Das gilt alles nicht mehr, wenn es ihnen warum auch immer schlecht geht, wenn sie zum Beispiel selbst in der Überforderung stecken. Unter Stress kann es sein, dass man sie als selbstbezogen, verschlossen und abwehrend erlebt. (Kein Mensch ist immer gleich!)

Mögliche Kehrseite: Einfühlung in der Übersteigerung führt zur emotionalen Verschmelzung mit dem Gegenüber. Ehe sie sich versehen, übernehmen HSP die Befindlichkeiten, Stimmungen und Probleme anderer, werden davon stark vereinnahmt und verlieren das Gefühl für sich selbst. Die Grenzen verschwimmen, Mitfühlen wird zu Mitleiden. Und das geht an die eigene Substanz, ohne anderen zu nützen.

Entwicklungsperspektive: Es ist notwendig, die Aufmerksamkeit beizeiten wieder auf sich zu richten und auch sich selbst gegenüber einfühlsam und fürsorglich zu sein. Immer wieder braucht es ein Innehalten und Sortieren: Was geht mich wirklich etwas an? Was sollte ich beim anderen lassen? Was liegt innerhalb und was außerhalb meiner Zuständigkeit und Verantwortung? Was kann ich realistisch betrachtet zur Problemlösung beitragen? Was kann ich tun, um nicht von den Problemen um mich herum überwältigt zu werden? Wo ist es nötig, mich faktisch und emotional abzugrenzen? Wie kann ich die Abgrenzung diplomatisch kommunizieren?

2.2.5 *Intuition*

HSP verfügen in aller Regel über einen guten Zugang zu ihrer Intuition. Dem stimme ich voll zu. Mein Eindruck ist allerdings, dass diese Gabe in manchen Büchern über Hochsensibilität wie auch in Social-Media-Postings zu dem Thema etwas einseitig und übertrieben hervorgehoben wird. Dabei wird der Begriff in großer Bedeutungsbreite verwendet. Manchmal wird darunter eine unerklärliche „Eingebung" oder „Ahnung" verstanden, dann ein „Bauchgefühl", das Gewissheit in Entscheidungssituationen gibt. Ich empfehle, sich dem Thema Intuition sachlich zu nähern. Umso besser kann man es einordnen und letztlich davon profitieren.

Nüchtern betrachtet ist Intuition der nicht steuerbare Zugriff auf die große Menge der im Unbewussten abgespeicherten Informationen. Intuition meint somit ein unmittelbares, nicht auf Nachdenken basierendes Erfassen eines komplexen Sachverhalts oder einer schwer überschaubaren Situation. Mithilfe der Intuition ist es möglich, schnelle und umfassende Einsichten zu gewinnen, die dem langsameren, sequenziell arbeitenden Verstand nicht gleichermaßen zugänglich sind. Intuition kann zu stimmigen Entscheidungen verhelfen, ohne dass man alle Zusammenhänge versteht, manchmal obwohl offensichtliche Argumente und Schlussfolgerungen in eine andere Richtung deuten. Intuition ist ausgesprochen kreativ, indem Einzelelemente zu einem neuen Ganzen zusammengefügt werden. Auch ein unerwarteter Geistesblitz ist eine Form von Intuition.

Intuition beruht auf einem Zusammenspiel verschiedener Faktoren: einer wachen, präzisen Wahrnehmung, einem geschulten Denken, den gesammelten ausgewerteten

Erfahrungen, der Fülle des abgespeicherten Wissens, einem offenen Zugang zu den eigenen Gefühlen.

Dass HSP über eine ausgeprägte Intuition verfügen, scheint mir insofern folgerichtig, als sie durch ihre lebenslange aufmerksame und detailreiche Wahrnehmung und ihr immerzu waches und analytisches Denken einen reichen Fundus von Informationen abgespeichert haben und daher auf eine besonders umfangreiche „Wissensdatenbank" zugreifen können. Hinzu kommt, dass ihr intensives Fühlen sie das Bauchgefühl gut spüren lässt.

AM RANDE

Stärken und Grenzen der Intuition

In einem Beitrag auf utopia.de mit der Überschrift „Intuition: Woher das Unbewusste kommt und wieso es wichtig ist" (Brockhaus, 2020) finde ich nützliche Aussagen über Intuition:

„Unser Denken ist wie eine Bühne mit Scheinwerferlicht. Unser bewusstes Denken macht einen winzigen, erleuchteten Fleck aus in der Menge an Prozessen, die in unserem Gehirn ablaufen. Die Stärke des bewussten Denkens ist die Präzision, es funktioniert sehr exakt und fokussiert. Das Unbewusste, Intuitive ist viel ungenauer, zieht dabei aber das Gesamtbild in Betracht. Das heißt, gerade in komplexen Situationen, wo du nicht alles durchdenken kannst, kann eine intuitive Entscheidung häufig die bessere sein. (...) Wie gut unsere Intuition funktioniert, hängt (...) von unseren Erfahrungen ab. In einem Gebiet, in dem wir viel Wissen besitzen, fallen uns intuitive Entscheidungen leichter. Bei Themen, über die wir nur wenig wissen, kann uns unsere Intuition schnell in die Irre leiten. Dann sollten wir lieber auf unseren Verstand zurückgreifen."

Mögliche Schwierigkeit: Oft fehlt es den HSP am „vernünftigen" Einordnen und Nutzen ihrer Intuition. Sie übersehen, dass das intuitive Einschätzen von Situationen und Menschen nicht unbedingt den Anspruch auf größere Wahrheit hat, weil es vielerlei Einflüssen unterliegt und absolut subjektiv ist. Überdies ist Intuition keineswegs so klar und eindeutig, wie es oft dargestellt wird. Häufig gibt es zwiespältige Bauchgefühle, die mehr verwirren, als eine Entscheidung vorzugeben.

Entwicklungsperspektive: Es ist wichtig zu verstehen, dass Intuition sich nicht nur auf einen soliden Wissensschatz und zuverlässige Erfahrungswerte bezieht, sondern ebenso auf ein riesiges Reservoir von Prägungen, Vorurteilen und Glaubenssätzen, auch auf Ängste, die aus früheren Misserfolgen und Verletzungen hervorgegangen sind.

Weil Intuition oftmals nicht eindeutig ist, braucht es die Vernunft, um die verschiedenen inneren Stimmen zu sortieren und zu deuten und sich sinnvolle Handlungskonsequenzen zu überlegen. Intuition lässt sich im Übrigen nicht erzwingen und nicht instrumentalisieren, man kann nur offen dafür sein, ihr Beachtung schenken und sie als wichtigen Hinweisgeber verstehen.

Bei wichtigen Entscheidungen empfiehlt es sich, nicht allein auf die Intuition zu bauen, sondern immer auch einen Fakten-Check vorzunehmen. Die besten Ergebnisse werden erzielt, wenn Intuition und Verstand Hand in Hand arbeiten. Das Bild vom erfolgreichen inneren Zweier-Team, in dem keiner versucht zu dominieren, trifft es viel eher als die verbreitete Vorstellung, die beiden seien Gegenspieler.

2.2.6 *Kreativität*

HSP verfügen über ein reiches kreatives Potenzial, auch wenn das bisher noch nicht so zur Geltung gekommen sein sollte und vielleicht kein bestimmtes Ausnahmetalent erkennbar ist. Zur Kreativität zählen nicht nur alle Formen künstlerischen Schaffens, sondern auch die Vorstellungskraft, das Entwickeln von Problemlösungen und Innovationen. Wer Probleme umfassend wahrnimmt und vielfältige gedankliche Verknüpfungen herstellt, kommt oft auf brauchbare Verbesserungsvorschläge und neuartige Konzeptideen. Das fantasievolle Denken der HSP zeigt sich auch in sprachlichen Bildern, Analogien und Geschichten sowie in ihrer Art von Humor. Kunst kann als Ergebnis eines kreativen Prozesses gesehen werden. Sehr viele HSP interessieren sich für Kunst, sei es im Aufnehmen oder im Ausüben von Kunst.

Besondere Eignung: HSP sind überall dort richtig, wo ihre kreativen Ideen, Lösungs- und Veränderungsvorschläge willkommen sind, zumindest gehört und wohlwollend geprüft werden. (Wiederholt von vornherein abgeschmettert zu werden und nicht einmal ein fundiertes Feedback zu erhalten ist für sie ungeheuer frustrierend.)

Ihre Kreativität können HSP außerdem in einem Bereich oder mehreren Bereichen der schönen Künste entfalten und kultivieren. Ausdrucksformen sind die bildende Kunst mit u. a. Grafik, Fotografie, Malerei, Bildhauerei, Architektur, Kunstgewerbe, die darstellende Kunst mit u. a. Schauspiel und Tanz, die Musik mit u. a. Gesang und Instrumentalmusik sowie das Schreiben jeglicher Form von Literatur.

Ganz allgemein lieben HSP das Besondere, sie mögen schöne, wertige und geschmackvolle Dinge. Ihr ausgeprägter Sinn für Ästhetik prädestiniert sie für alle Aufgaben, die mit Verschönern, Schmücken, Dekorieren, Gestalten, Auswählen, Arrangieren und Einrichten zu tun haben.

Mögliche Schwierigkeit: Kreativ Arbeitende haben Probleme mit engen Vorgaben, festgelegten Zeitplänen und starren Abläufen. Voraussetzung für Kreativität sind Gestaltungsfreiraum, Muße und Entspanntheit. Harsche, destruktive Kritik, Zeit- und Erfolgsdruck sowie ungünstige Umgebungsbedingungen behindern oder verunmöglichen Kreativität. Wie alle Menschen brauchen auch HSP ein gewisses Maß an Stimulation, nur darf es um sie herum nicht auf Dauer zu laut und zu turbulent zugehen (was „zu" laut und „zu" turbulent ist, ist individuell sehr unterschiedlich).

Mögliche Kehrseite: Viele HSP sind so vielseitig interessiert, dass sie sich nur schwer auf einige wenige kreative Tätigkeiten zu beschränken vermögen und sich womöglich verzetteln. Nicht selten sprudeln sie nur so vor Einfällen, springen schon zur nächsten und übernächsten Idee, während die vorherige noch nicht vollständig ausgeführt ist, haben am Ende vieles angefangen, aber kaum etwas zur Vollendung gebracht. Sichtbaren Erfolg und Befriedigung bringen jedoch vor allem die Tätigkeiten und Projekte, die auch wirklich längerfristig ausgeübt bzw. konsequent umgesetzt werden.

Entwicklungsperspektive: Wenn man von sich weiß, dass einem das Ausleben der Kreativität wichtig ist, sollte man bei der Jobauswahl darauf achten, dass dies an der Stelle, um die man sich bewirbt, auch wirklich gefragt ist. Ferner sollte der Arbeitsplatz von den Rahmenbedingungen her möglichst förderlich sein für die Kreativität (stimulierend, aber nicht überstimulierend). Sich ausruhen und sich sammeln zu können zwischen den Schaffensphasen ist unerlässlich. Nicht umsonst spricht man von kreativen Pausen. Wobei es nicht immer eine Pause mit Nichtstun sein muss, auch die Abwechslung mit anders gearteten Tätigkeiten erfüllt oft den Zweck. In der Unternehmenskultur sollte Fehlertoleranz verankert sein, damit das Prinzip Versuch und Irrtum, das zu jedem kreativen Prozess gehört, gelebt werden kann. Es ist nun einmal nicht möglich, aktiv und kreativ zu sein und dabei keine Fehler zu machen. Weiterentwicklung und Innovation erfordern Experimentierfreude und den Mut zu Fehlern.

In puncto Selbstmanagement: Ein breites Interessenspektrum und großer Ideenreichtum wollen beherrscht werden. Für den Erfolg und die eigene Zufriedenheit ist es empfehlenswert, Interessen zu priorisieren und Ideen sinnvoll zu selektieren und öfter einmal beharrlich für die Fertigstellung eines Projekts zu sorgen (dazu kann auch kluges Delegieren gehören), bevor das nächste angepackt wird.

Falls ein großes Interesse an künstlerischem Wirken vorhanden ist, jedoch nicht beruflich eingesetzt wird, bietet sich die Ausübung der betreffenden Kunst / Künste als Hobby an.

2.2.7 Engagement

Eine erwähnenswerte Stärke von HSP im beruflichen Kontext ist ihr Engagement, ihre Arbeitsethik. Engagement fällt in der Aufzählung der Begabungen und Stärken aus der Reihe, ist es doch keine Begabung, sondern lediglich eine relevante Stärke. Ich fasse damit eine Reihe von „Soft Skills" zusammen, die HSP für jeden Arbeitgeber attraktiv machen: Leistungswille, Pflichtbewusstsein, Verantwortungsbewusstsein, Hilfsbereitschaft, Zuverlässigkeit, Sorgfalt, Gewissenhaftigkeit etc.

AM RANDE

Soft Skills versus Hard Skills

Die sogenannten Soft Skills sind eine Ergänzung zu den sogenannten Hard Skills. Mit Hard Skills sind „harte", nachweisbare Fähigkeiten gemeint: Ausbildung/Studium, Fortbildung(-en), Qualifikationen, berufliche Erfahrungen, Zertifikate, Sprachkenntnisse, konkrete Fertigkeiten. Soft Skills hingegen bezeichnen „weiche" Fähigkeiten: wünschenswerte persönliche Werte, Eigenschaften und Schlüsselkompetenzen im Umgang mit anderen Menschen und mit sich selbst wie zum Beispiel Respekt, Geduld, Teamfähigkeit, Kommunikationsfähigkeit.

In vielen Coaching-Gesprächen habe ich bestätigt gefunden, dass HSP aufgrund ihrer Arbeitseinstellung, ihrer Werteorientierung und ihres Idealismus in besonderer Weise aus sich selbst heraus motiviert sind, ihre Arbeit gut zu machen. Sofern nicht zu viel Negatives passiert, was sie demotiviert, sind sie bestrebt, in sie gesetzte Erwartungen zu erfüllen.

Wie im Leben überhaupt, beziehen HSP sich auch in der Ausübung ihrer Berufstätigkeit in ihrem Denken und Handeln auf einen Kanon von Werten. Sie finden Authentizität und Integrität wichtig, haben einen ausgeprägten Sinn für Fairness und Gerechtigkeit, nehmen und fordern Rücksicht auf Schwächere und Benachteiligte.

Eine wichtige Einschränkung: Eine ausdrückliche Forderung nach Belastbarkeit und Stressresistenz, die an manchem Arbeitsplatz gestellt wird, können HSP realistisch betrachtet nur bedingt erfüllen. Es wäre unklug und kurzsichtig, sich diese Attribute zuzuschreiben und derartigen Anforderungen zuzustimmen.

Mögliche Kehrseite: Aus der hehren Arbeitshaltung ergibt sich einerseits ein hoher Anspruch an sich selbst. Da kann es leicht passieren, dass HSP ihre Leistungsgrenzen ignorieren, sich überfordern, Raubbau an ihren Kräften betreiben und in die Erschöpfung geraten. Andererseits haben HSP einen sehr hohen Anspruch an andere und müssen mit der Enttäuschung fertigwerden, wenn die – was häufig vorkommt – ihren Ansprüchen nicht genügen.

Entwicklungsperspektive: HSP tun gut daran, ihre Ansprüche an sich selbst und andere auf ein realistisches, menschliches Maß zu bringen. Sie sollten unbedingt darauf achten, dass sie sich durch ihre Bereitschaft, sich zu engagieren, nicht verausgaben, und sehr gut prüfen, wie viel Arbeitsaufwand wirklich nötig ist, wie weit ihre Zuständigkeit reicht, welche Aufgaben sie unausweichlich selbst übernehmen müssen und was sie abgeben bzw. delegieren können. Durch ruhige Arbeitsphasen, Pausen, Freizeit und Urlaub muss insgesamt ausreichend Regeneration möglich sein. Sollte es auf einer bestimmten Stelle aufgrund der gegebenen Bedingungen nicht machbar sein, die Arbeitslast auf ein verträgliches Maß zu reduzieren, ist letztlich im Sinne gelebter Selbstfürsorge eine Veränderung des Aufgabenbereichs oder ein Wechsel des Arbeitsplatzes zu erwägen.

2.3 Fokus auf Begabungen und Stärken

Orientieren Sie sich bei der Wahl von Beruf, Tätigkeitsfeld und Stelle an Ihren Begabungen und Stärken! Arbeitsfreude und Arbeitserfolg hängen maßgeblich davon ab, ob das, was Sie zu bieten haben, im Beruf bzw. am konkreten Arbeitsplatz gefragt ist. Je mehr der vorhandenen Stärken dabei eine Rolle spielen, desto besser.

Meiner Erfahrung nach richtet sich der Blick von HSP allzu häufig vorrangig auf Schwächen und Unzulänglichkeiten bzw. das, was sie dafür halten. Ein geringer Selbstwert, Unsicherheit und übermäßige Selbstzweifel hindern HSP in vielen Fällen daran, ihre Begabungen und Stärken gebührend zu würdigen und einzubringen. Häufig nehmen sie ihre Begabungen und Stärken als so selbstverständlich, dass diese gar nicht ausreichend Beachtung und Wertschätzung erfahren.

Haben Sie sich in den aufgeführten Punkten wiedergefunden? Ist es mir gelungen, die Begabungen und Stärken, die mit Hochsensibilität einhergehen, mehr in Ihr Bewusstsein zu rücken? Genau dies ist nämlich die Voraussetzung dafür, sie auch tatsächlich zu entfalten und gezielt einzusetzen sowie in Bewerbungen, Vorstellungsgesprächen, Entwicklungsgesprächen wie auch in der Eigenwerbung in der Selbstständigkeit wirkungsvoll ins Spiel zu bringen.

HSP berichten ... zum Thema „Begabungen und Stärken“

Miriam (64), Sozialpädagogin, selbstständig als Erwachsenenbildnerin in der Eltern- und Familienbildung

Als Leitung in Gruppenkontexten kann ich meist recht sicher einschätzen, was gebraucht wird und welche Intervention angebracht sein könnte. Ich habe den Blick auf Resilienzen und Ressourcen, vor allem bei anderen, weniger bei mir selbst ... Man sagt mir nach, dass ich eine gute Krisenmanagerin bin und oft sehr zielführend und besonnen reagiere. Die emotionale und körperliche Achterbahnfahrt kommt dann meist zeitverzögert! Ich verfüge über eine positive Hartnäckigkeit, wenn mir etwas wirklich wichtig ist. Und ich habe auch eine recht hohe Frustrationstoleranz, wenn etwas nicht im ersten Anlauf klappt.

Ich lese und schreibe ausgesprochen gern. Ich werde oft als Protokollführerin angefragt oder biete mich an, mache das gern, kann es auch strukturiert und ergebnisorientiert. Wenn ich im Beruf und auch im Ehrenamt Konzepte oder Statements formuliere, kann ich das im besten Sinne umfassend, ich lese und arbeite mich intensiv in Themen ein, berücksichtige viele Aspekte und Details, verfüge über einen großen Wortschatz.

Das Gespür für andere Menschen kommt mir in den beruflichen Situationen, in denen ich Menschen fast aller Altersgruppen im Einzel- oder Gruppenkontext begleite, sehr entgegen. Ich kann sehr gut im Team arbeiten, wenn die Chemie stimmt und der Umgang achtsam und wertschätzend ist. Dann kann ich zusammen mit anderen wirklich tolle Sachen schaffen und über mich hinauswachsen.

Ray (43), IT-Administrator

Ich arbeite in der IT-Administration im Gesundheitswesen und finde besonders meine hohe Wachsamkeit und meinen Blick für Details hilfreich. Mein Auge bleibt an Fehlern in Texten regelrecht kleben. Das führte schon dazu, dass ich bei einer vermeintlich korrigierten Webseite über 20 Fehler gefunden habe. Ich nehme das Blinken von Symbolen am Rechner immer sofort wahr. Im Serverraum sehe ich schwach aufleuchtende Fehler-LED (trotz Hunderter anderer), die in den Wochen zuvor keinem Kollegen beim Rundgang aufgefallen waren. Mein alter Chef wollte deshalb auch explizit, dass ich das alle paar Wochen übernehme, weil uns das trotz automatisierter Überwachung schon vor größeren Problemen bewahrt hat.

Dann ist da das analytische, logische Denken. Wenn ich Probleme sehe oder gemeldet bekomme, gehe ich im Kopf mögliche Szenarien durch und kann vieles durch Ausschlussverfahren Stück für Stück entkräften. Anschließend kann ich von der wahrscheinlichsten Lösung zur unwahrscheinlichsten weitergehen. Oder von der, die am wenigsten kaputtmacht beim Ausprobieren, bis zur radikaleren, wenn das nötig sein sollte.

Einfühlungsvermögen hilft in Verbindung mit lösungsorientiertem Denken: Mein alter Chef hat mal gesagt, mein Job besteht zum Großteil aus Kommunikation und Psychologie, und erst danach kommt die Lösung des Problems. In meiner Zeit im IT-Support bekam ich es gut hin, sehr aufgeregte Kollegen erst mal „abzuholen", bis sie nicht mehr so genervt waren. Als sie merkten, dass ich auf ihrer Seite bin und ihnen helfen will, konnte ich mich auf einmal mit sehr freundlichen Leuten auf der Gegenseite um die Lösung kümmern.

Ich habe gerne Hintergrundinformationen, weil es mir dann leichter fällt, Aufgaben im Sinne des großen Ganzen umzusetzen und vorausschauend zu planen. Ich will immer wissen: Wozu machen wir das genau?

Bei gewissen Dingen war ich oft überrascht, warum andere das nicht sehen, bis ich gelernt habe, dass manche Menschen das zwar auch sehen, aber viele offenbar nicht. Das hilft dann, andere nicht abzuwerten, weil man keine Absicht mehr unterstellt. Und gleichzeitig hilft es auch, sich selbst dafür zu schätzen, was man überdurchschnittlich gut kann.

Veronika (52), selbstständig im Bereich Textredaktion und Layout

Ich sehe bei mir folgende Stärken:

Intensive Freude an vielem, was für andere selbstverständlich oder kein Grund zur Freude ist – das motiviert mich bei der Arbeit und kann andere anstecken.

Offenheit für Unkonventionelles: Menschen mit unerwarteten Ideen oder ungewohntem Auftreten haben es bei mir oft leichter, weil mir das Schnell-Beurteilen fehlt. Erst einmal wird jede:r und alles als gut so angenommen, wie er, sie oder es ist. Und erst wenn es einen Grund dafür gibt, fängt in mir das Beurteilen an.

Verständnis von unklar Formuliertem: Ich verstehe Menschen oft gut, die kompliziert schreiben oder sprechen, weil sie es nicht anders können. Auf der anderen Seite aber verstehe ich viele Anspielungen und Witze nicht und nehme Ironie oft zu wörtlich.

Einfühlungsvermögen und Geduld: Ich kann gut nachfühlen, wie es Menschen geht, die etwas noch lernen müssen, was ich schon kann (konkretes Beispiel: Hilfe am Computer oder beim Programmieren). Ich erlebe mich meistens als geduldig, wenn jemand etwas länger nicht versteht. Ungeduldig bin ich eher, wenn zu viele Ablenkungen stören.

Knobeln in Gemeinschaft: Ich bin begeistert, wenn es darum geht, mit anderen zusammen oder für andere Lösungen zu suchen. Mir ist es in diesen Fällen auch nicht zu viel, mich mal in etwas Kompliziertes hineinzudenken. Aber es darf dabei nicht zu hektisch zugehen, und vor allem mache ich nicht gern mit, wenn es ein Konkurrenzkampf sein soll.

Ich lasse mich nur ungern auf Wettbewerbe ein. Wenn Konkurrenzkampf wichtig ist, um zum Beispiel bei einem Bewerbungsgespräch zu „siegen", schneide ich nicht gut ab.

Gerhard (71), selbstständiger Unternehmensberater

Meine wirklichen Stärken haben sich erst im Laufe meines Berufslebens gezeigt. Ich verfüge über Menschenkenntnis und Einfühlungsvermögen, aber oft erst auf den zweiten Blick. Ich muss mir diese Stärke in Situationen, in denen berufliche Kontakte zunächst oberflächlich ablaufen, erst einmal abrufen. Wobei mir das wesentlich besser gelingt, seitdem ich weiß, was Hochsensibilität bedeutet.

Das analytische, verknüpfende Denken ist meine große Stärke, die mir in der Selbstständigkeit als Unternehmensberater seit 30 Jahren sehr zugutekommt. Vorher war sie mir manchmal eher hinderlich, weil ich Fehlentwicklungen gesehen und angesprochen habe und das nicht immer willkommen war.

Jana (37), Ernährungsberaterin

Zwei meiner größten Stärken sind mein Zuhören-Können und mein Einfühlungsvermögen.

Die Fähigkeit zum umfassenden und vielen Nachdenken habe ich vermutlich auch schon seit der Kindheit. Wirklich aufgefallen ist sie mir aber erst als junge Erwachsene – hier allerdings eher negativ in Form einer Neigung, vieles zu „zerdenken". Ich kann mich an wohlmeinende Sätze von Freunden erinnern: „Du machst dir einfach zu viele Gedanken!"

In der Jugend hatte ich ein eher niedriges Selbstbewusstsein und zweifelte oft an mir. Heute bin ich mir meiner Stärken bewusst und kann sie in meinem Beruf als Ernährungsberaterin sehr gut gebrauchen. Ich schaffe es oft, meinen Klient:innen ein gutes Gefühl zu schenken, und scheine eine positive Gesprächsatmosphäre zu ermöglichen.

Ich denke auch, viele meiner Klient:innen schätzen es, dass ich eher zurückhaltend mit direkten Ratschlägen bin. Niemand möchte gerne belehrt werden. Ich versuche, sie durch passende Fragen zum Reflektieren anzuregen, sodass sie eigene Lösungen entwickeln. Meine Vorgesetzten schätzen meine Fähigkeit zur Empathie sehr und haben dies auch mehrmals mir gegenüber geäußert.

Eine weitere Fähigkeit ist meine Kreativität. Im Beruf als Ernährungsberaterin lebe ich sie z. B. aus, indem ich mir passende Reflexionsfragen und Checklisten für meine Klient:innen ausdenke und in ein optisch ansprechendes Design bringe. Noch mehr lebe ich die Kreativität in meiner Freizeit aus: Ich bin in jeder freien Minute draußen in der Natur und fotografiere unsere Mitgeschöpfe, Pflanzen, Vögel und andere Wildtiere.

Claus (49), Produkt-Manager

Durch meinen besonderen Blick für Ästhetik, Harmonien, Farben und Proportionen bin ich beruflich zunächst in der Werbung gelandet, habe den Weg dann aber später verlassen. Noch heute liebe ich es, auf Proportionen, Linien und Kompositionen zu achten. Daher mein Interesse für die Fotografie. Für mich sind lieblose oder sinnlose Anordnungen von Dingen immer wieder störend. In der Natur finde ich den Ausgleich. Hier kann alles unaufgeräumt sein. Hier ist der Plan des Natürlichen viel größer.

Eine weitere Fähigkeit, die andere anscheinend längst nicht so stark haben, ist mein Gespür für das Fühlen anderer Menschen. Oft bemerke ich in Meetings, wenn das Gegenüber vielleicht nicht zufrieden ist mit der Situation, wie sie sich ergibt, obwohl etwas anderes gesagt wird. Die Empathie hat mir schon oft geholfen, mit mehr Verständnis, gegebenenfalls noch freundlicheren Worten oder einer konkreten Unterstützung das Geben oder Nehmen zu erleichtern.

Ich stelle im Berufsleben auch immer wieder fest, dass ich mit meiner feinfühligen, eher ruhigen, besonnenen Art manches Mal für weich oder schwach gehalten werde. Gerade wenn ich zum Beispiel mit Kollegen aus dem Vertrieb zu tun habe. In dieser Disziplin finden sich noch viele Männer mit ausgeprägtem Machogehabe. Der indirekten Kritik versuche ich mehr und mehr mit Souveränität zu begegnen, aber innerlich verletzt sie doch.

Marie (56), Unternehmensberaterin

Die Stärken, die ich bei mir sehe: Intensive und genaue Wahrnehmung und Beobachtungsgabe, Blick für Details (z. B. Finden von Fehlern in Texten oder Grafiken), schnelle Auffassungsgabe, ausgeprägt analytisches, verknüpftes und logisches Denken, Verständnis für Zusammenhänge und Abhängigkeiten, Blick fürs Wesentliche und fürs große Ganze, Strukturiertheit und Klarheit, zielorientiertes Handeln. Intensives Fühlen und Mitfühlen, hohe Empfindsamkeit, starke Emotionen. Interesse an persönlicher Weiterbildung und Weiterentwicklung.

Das klare, logische Denken kann ich gut im Beratungsumfeld einsetzen, im Projektmanagement und in der Planung und Koordination, wobei ich das zunehmend als langweilig und anstrengend empfinde.

Wahrnehmen, Fühlen und Verstehen sind super im Change-Umfeld. Hier ist wichtig, die betroffenen Menschen zu hören und auf deren Bedürfnisse einzugehen, Ängste ernst zu nehmen, Widerstände zu sehen und empathisch damit umzugehen. Diese Fähigkeiten sind außerdem sehr nützlich in Stakeholder-Interviews und in Coaching-Gesprächen mit Führungskräften.

In der Durchführung von Workshops (Teamentwicklung, Strategiefindung etc.) kann ich beides vereinen, das Planen und Steuern einerseits und das Wahrnehmen, Fühlen und Verstehen andererseits.

Leider werden meine Soft Skills vom Arbeitgeber nicht immer gewürdigt, im Beratungsbusiness zählen hauptsächlich die harten Fakten, d.h. der Umsatz und die externe Verrechenbarkeit. Meine sensible Seite, das tiefe Empfinden und Fühlen, ist hier meist nicht gefragt. Die Wertschätzung und Anerkennung bekomme ich von meinen Kunden, bei denen ich Change-Projekte plane und begleite.

Matilda (45), Verwaltungsleiterin und Mediatorin

Ich kann meine Stärken beruflich sehr gut einsetzen. In der Buchhaltung und im Berichtswesen ist es wichtig, es sehr genau zu nehmen und Fehler zu erkennen. In umfangreichen Berichten finde ich schnell die eine falsche Zahl oder falsch geschriebene Wörter. Für die Gestaltung von Arbeitsprozessen und im Change Management ist es nützlich, das große Ganze zu sehen, ebenso wie kleine Details. Es ist wichtig, dass alles zusammenpasst und miteinander harmoniert. Aufgrund meiner Empathie und meines Einfühlungsvermögens kann ich gut ein Team zusammenhalten und zwischen Personen vermitteln. Mir liegt sehr daran, dass im Team Arbeitszufriedenheit herrscht und sich alle möglichst wohlfühlen.

Auch als Mediatorin kommt es mir sehr zugute, dass ich Stimmungen gut wahrnehme und intuitiv erkenne, ob die involvierten Personen aufrichtig und offen sind und ob auch wirklich alle Konflikte thematisiert werden.

Meine Stärken werden von Vorgesetzten gesehen. Allerdings gibt es dabei nach meiner Erfahrung zwei Seiten: Einerseits wird erkannt, dass ich für viele Aufgaben geeignet bin, selbstständig arbeite und meist erst nach Hause gehe, wenn die Aufgabe erledigt ist. Dies wird auch gewürdigt, sei es mit Worten oder monetär. Andererseits sehe ich die Tendenz, dass ich eine Vielzahl von (zusätzlichen) Aufgaben übertragen bekomme, weil Kollegen z. B. nicht so genau arbeiten oder Zusammenhänge nicht so gut sehen. Teilweise haben Vorgesetzte dabei sehenden Auges in Kauf genommen, dass meine Arbeitslast noch weiter steigt, obwohl ich längst vollkommen überlastet war.

Lasse (48), Berater für Energieversorger

Ich sehe bei mir folgende Stärken: Beobachtungsgabe, einen Blick für Details, ausgeprägtes analytisches und verknüpfendes Denken, schnelle Auffassungsgabe. Auch bin ich bei allen Themen, die ich angehe, immer sehr engagiert. Ein gewisses Einfühlungsvermögen und Intuition bringe ich ebenfalls mit. Dass ich im analytischen Denken begabt bin, ist mir seit Längerem bewusst. Dass auch das übergreifende, verknüpfende Denken und ein durchgängig hohes Engagement besondere Gaben bzw. Stärken sind, ist mir erst seit Kurzem bewusst. Dies sehe ich vor allem, wenn ich mein Verhalten im Vergleich zu dem meiner Kolleg:innen betrachte.

Mein jetziges Tätigkeitsgebiet, das Regulierungsmanagement von Energienetzen, ist interdisziplinär angelegt und somit sehr komplex. Um gute Ergebnisse zu erzielen, benötigt man Kompetenzen aus dem technischen, dem betriebs- und volkswirtschaftlichen sowie dem juristischen Bereich. Da ich von der Ausbildung her Ökonom bin, bin ich häufig im Austausch mit Ingenieuren und Juristen und lasse mir deren Welt erklären. Inzwischen ist es so, dass die Kolleg:innen aus dem Rechtsbereich in einigen Aspekten gerne auch meine Expertise einholen und in ihre juristischen Stellungnahmen einfließen lassen.

Meine Vorgesetzen haben meine Fähigkeiten nie explizit gewürdigt. Allerdings habe ich mir in allen Bereichen, in denen ich bisher tätig war, recht schnell den Status eines Experten erarbeitet. In meiner jetzigen Tätigkeit bin ich in der glücklichen Situation, dass meine Impulse und Ideen von meinen Vorgesetzten dankbar aufgenommen werden. Manchmal habe ich den Eindruck, die lassen mich einfach machen, weil sie mir vertrauen, dass dabei schon was Gutes herauskommt.

Bea (52), Krankenschwester

Ich kann die Stärken, die auf meiner Hochsensibilität beruhen, in meinem Beruf als Krankenschwester sehr gut einsetzen. Die Beobachtungsgabe ist im Bereich der Patientenbeobachtung wertvoll, genauso wie der Blick fürs Detail. Veränderungen des Zustands – körperlich wie seelisch – zu erkennen, zu erfragen und zu erfassen ist wohl mit das Wichtigste in unserem Beruf. Dass Empathie in der Krankenpflege hilfreich ist, steht außer Frage (wobei das intensive Mitfühlen natürlich auch schwierig werden kann und Grenzen erfordert ...). Dinge zu erkennen, zu analysieren und die Zusammenhänge zu sehen ist ebenfalls sehr wichtig. Gerade wenn sich der Zustand eines Patienten verändert, muss eine angemessene Reaktion erfolgen, wie z. B. die Entscheidung, wann der zuständige Arzt gerufen werden muss oder ob ein Notfall vorliegt.

Abschließend noch etwas zur Kreativität, die wohl viele HSP besitzen: Wenn ich darunter künstlerische Talente, Sinn für Ambiente und Dekoration usw. verstehe, habe ich sie nur sehr eingeschränkt. Aber wenn es um kreative Lösungen, also geistige Kreativität, geht, bin ich doch wieder im Rennen. Und ich denke, ich habe eine recht hohe rhetorische Kreativität. Ob in Gesprächen oder bei „Vorträgen" (z. B. in meiner Zeit als Tupper-Beraterin) wurde/wird mir das oft zurückgemeldet. Ich habe das bisher nur nicht als kreativ wahrgenommen.

Smilla (48), Schulsekretärin

Meine größte Stärke ist wohl mein Einfühlungsvermögen. Ich kann mich sehr gut in andere hineinversetzen. Es gibt nur sehr wenige Menschen, mit denen ich nicht zurechtkomme, weil ich mich an die Person, mit der ich interagiere, anpasse. Ich finde fast immer die richtigen Worte und weiß fast immer instinktiv, wie ich mich verhalten muss, damit es keinen Streit gibt.

Ich stehe nicht gern im Mittelpunkt, eher in der zweiten Reihe. Daher musste ich erst lernen, mich nicht immer zurückzunehmen, mich auch einmal durchzusetzen, zu sagen, wenn ich etwas nicht will. Früher habe ich viel runtergeschluckt. Das mache ich heute nicht mehr.

Meine Chefin und auch meine direkte Kollegin haben bemerkt, dass ich ein enorm gutes Gedächtnis habe. Ich kenne die Namen fast aller Schüler:innen und kann mich an viele Vorgänge erinnern, obwohl sie gar nicht mein Thema waren, sondern das der Kollegin, mit der ich das Büro teile. (Wir sitzen im Publikumssekretariat mit Schüler-, Lehrer-, Elternkontakt.) Das hat mir allerdings auch schon öfter Stress mit ihr eingebracht. Sie hat mal zu mir gesagt, ich würde mich in ihr Arbeitsgebiet einmischen und es sei ihre Aufgabe, Fragen zu Schülern zu beantworten. In der Tat bin ich ihr schon öfter ins Wort gefallen, weil ich etwas wusste und helfen wollte. Mittlerweile versuche ich, mich zurückzuhalten, um Konflikte zu vermeiden.

Ich habe auch einen Blick für Details. Wenn irgendwas anders ist als sonst, merke ich das sofort. Ich sehe schon, wenn jemand meinen Locher benutzt hat und der steht plötzlich anders da. Ich arbeite sehr genau und gewissenhaft, nur ist es manchmal sehr anstrengend, wenn ständig jemand reinkommt und ich dadurch ständig unterbrochen werde.

Adrian (53), Elektroniker in einem Forschungsinstitut

Ich habe mich als Kind über meine feinen Antennen gefreut und habe ganz natürlich darauf vertraut, einen größeren Ausschnitt aus dem Leben wahrnehmen zu können. Dann kamen das Großwerden, Erziehung, Anpassung, Schule und der Wunsch, „normal" zu sein. Ab dann habe ich meine Energien hauptsächlich dazu verwendet, meine hochsensiblen Begabungen gerade nicht auszuleben. Als mir vor sieben Jahren meine Hochsensibilität bewusst wurde, habe ich endlich begonnen, mich und mein Leben zu leben.

Ich bin gelernter Radio- und Fernsehtechniker und Informationstechnikermeister. Nach Abschluss der Lehre war ich ca. 20 Jahre selbstständig in der Reparatur von professioneller Musikelektronik. Seit elf Jahren bin ich als Elektroniker in einem Forschungsinstitut angestellt. In allen Tätigkeiten konnte und kann ich die hochsensiblen Fähigkeiten nutzen. Das vernetzte Denken ist nützlich bei der Fehlersuche in komplexen Geräten und im Kreativprozess bei der Entwicklung von Messtechnik. Mir fällt es leichter als anderen, Fehler zu finden. Ich muss die genaue Funktion nicht mal kennen und nicht groß nachdenken, um die Fehlerquelle zu „erahnen".

Bei mir liegt eine Synästhesie vor. Ich kann Farben und Klänge als Formen mit bestimmter Oberfläche und Lage im Raum in mir spüren. Dieses besondere Feingefühl hat mir insbesondere in der Musikbranche sehr genutzt.

Mir ist an einem friedlichen und vertrauensvollen Miteinander gelegen. Ich suche selten eine Lösung in einer Konfrontation, vertrage Konflikte nur schlecht. Ich fühle mich mit anderen so sehr verbunden, dass es manche vielleicht als mangelnde Abgrenzung betrachten würden. Aber ich glaube, dass das Mitfühlen eine meiner Stärken ist.

Ich habe mir etwas Kindliches bewahren können und bin neugierig geblieben. Ich freue mich über gemeinsam erreichte Ziele in der Arbeitsgruppe. Ich meine, meine Freude am Tun wirkt auf meine Umgebung motivierend und zuweilen sogar mitreißend. Es fällt mir leicht, andere Leute von meinen Ideen zu überzeugen. Dadurch werden Projekte möglich, die sonst nicht zustande kommen würden.

Für mich steht alles in einem spirituellen Zusammenhang und Meditation ist ein zentraler Punkt im Leben. Ich habe den tiefen Wunsch, niemandem zu schaden. Das macht mich zu einem ehrlichen und aufrichtigen Partner, sowohl privat wie beruflich.

3. | Berufswahl und Berufsweg

Mein Eindruck ist, dass HSP mehr noch als andere daransetzen herauszufinden, was sie beruflich machen wollen, was ihnen wichtig ist, was ihnen wirklich entspricht, was in ihnen steckt und womit sie zum großen Ganzen beitragen können. Sie wünschen sich sehnlich, sich mit ihren Begabungen, Talenten, Fähigkeiten und mit ihrem Wesen einzubringen, sich ihrem Potenzial gemäß weiterzuentwickeln.

Eine passende berufliche Richtung, einen geeigneten konkreten Beruf, dann eine adäquate Arbeitsstelle zu finden und über die Berufsjahre hinweg einen stimmigen beruflichen Weg zu gehen ist alles andere als ein Kinderspiel. Wie ich in HSP-Gesprächsgruppen und Einzelcoachings immer wieder mitbekomme, ist die Suche nach dem jeweils „Richtigen" eine große Herausforderung, so groß, dass sie mitunter ziemlich überfordert und Stress bereitet.

Zusätzlicher Druck baut sich auf, weil es dem Zeitgeist entspricht, seinen Job mit Begeisterung auszuführen, Erfüllung und Sinn in der Arbeit zu finden, dabei die „Work-Life-Balance" einzuhalten. Damit geraten Selbstverwirklichung und Selbstmanagement manches Mal mehr zur Forderung als zur Chance. Eigene Erwartungen und Ansprüche sind hoch und die Diskrepanz zwischen Wunsch und Wirklichkeit wird leicht zur Quelle von Enttäuschung und Frustration.

Nichtsdestotrotz ist das sorgsame Prüfen der persönlichen Wahlmöglichkeiten ebenso nachvollziehbar wie berechtigt. Schließlich verbringt man sehr viel Zeit im Job und verwendet sehr viel Energie darauf. Hinzu kommt, dass bei HSP der Wohlfühlbereich deutlich enger ist und jegliches Unangenehme intensiver negativ auf sie wirkt. Insofern ist es im Grunde unerlässlich, bei allen Entscheidungen im beruflichen Bereich die Verträglichkeit im Blick zu behalten sowie möglichst zeitnah Veränderungen und Verbesserungen herbeizuführen, sollte sich etwas als belastend und unzumutbar erweisen.

3.1 Falsche Vorstellungen zurechtgerückt

Ich möchte zunächst häufig anzutreffende irrige Vorstellungen aufzeigen und aufklären und damit zu hohen Erwartungen entgegenwirken sowie Enttäuschungen vorbeugen. Denjenigen, die schon Enttäuschungen durch Fehlannahmen erfahren haben, möchte ich eine Neubewertung des Geschehenen ermöglichen. Dann, so hoffe ich, lässt sich Enttäuschung als das Ende einer Täuschung begreifen und neue ermutigende Perspektiven können sich auftun.

3.1.1 Irrtum Nr. 1: Es gilt, die „wahre Berufung" zu finden

Im weiten Feld von Lebensweisheiten und Alltagsspiritualität begegnet man allenthalben der Aufforderung, seine „wahre Berufung" zu finden und ihr zu folgen, gekoppelt mit dem Versprechen, dass man auf diese Weise Erfüllung, beruflichen Erfolg und persönliches Glück finden würde.

Noch in meinem ersten Buch über Hochsensibilität *(Hochsensibilität verstehen und wertschätzen)* habe auch ich den Begriff „Berufung" verwendet, wenngleich schon mit dem Hinweis, ihn nicht zu einem Mysterium hochzustilisieren und mit überhöhten Erwartungen zu belegen. Mittlerweile nutze ich den Begriff kaum noch, weil ich in vielen beruflichen Coachings festgestellt habe, dass damit leicht überzogene, unrealistische Vorstellungen geweckt werden. Wie ich es mitbekomme, weicht der anfängliche Enthusiasmus allzu oft über kurz oder lang einer großen Ratlosigkeit und Frustration. Geradezu verzweifelt suchen die Menschen nach ihrer Berufung und fühlen sich verkehrt, wenn sie diese nicht in der gedachten Form herauszufinden und umzusetzen vermögen.

Wenn es heißt, es gelte, seine „Berufung", „Bestimmung", „Lebensaufgabe", seinen „Lebenssinn" oder „Lebensplan" zu finden, steht dahinter die Annahme, für jede Person gebe es eine bestimmte große Aufgabe, für die sie geboren sei. Was mir lange gar nicht so bewusst war, ist die religiös-spirituelle Dimension des Begriffs „Berufung". Demnach ist Berufung ein göttlicher „Ruf" (oder der einer anderen höheren Instanz), der zu vernehmen ist, etwas von außen Zugesprochenes, etwas Zugeteiltes. Was aber, wenn man nichts in der Art hört oder verspürt? Wenn einem keine erhellende Eingebung zuteilwird? Wenn es am Ende gar keine festgelegte Bestimmung gibt? Wenn man sich eigentlich frei machen könnte von dieser einengenden Vorstellung?

Erst kürzlich las ich im Buch *Die Kunst des guten Lebens* von Rolf Dobelli (2022) das Kapitel „Die Tyrannei der Berufung". Darin schreibt Dobelli, dass er die Idee der Berufung für „eine der großen Illusionen unserer Zeit" halte. Er ist überzeugt: „Die romantische Vorstellung, dass Berufung glücklich macht, ist falsch. Wer verbissen seiner Berufung folgt, ist nicht glücklich, sondern bloß verbissen – und mit ziemlicher Wahrscheinlichkeit bald frustriert. Schlicht deshalb, weil die meisten Berufungen an unrealistische Erwartungen geknüpft sind." Die Berufung im romantischen Sinn gebe es nicht, sondern nur Talente und Vorlieben. Dobellis Rat: „Gehen Sie von Ihren tatsächlichen Fähigkeiten aus, nicht von Ihrer vermeintlichen Berufung. Glücklicherweise ist das, was wir mit Meisterschaft beherrschen, oft auch etwas, was wir gerne tun. Wichtig außerdem: Andere Menschen müssen Ihr Talent wertschätzen, denn irgendwie muss der Kühlschrank ja gefüllt werden" (S. 105 ff.). Dieser letzte Aspekt steckt in einem Zitat des antiken Universalgelehrten Aristoteles, das mich immer schon angesprochen hat: „Wo deine Talente und die Bedürfnisse der Welt sich kreuzen, dort liegt deine Berufung."

Wie ich es inzwischen sehe, ist es nicht so, dass der passende Beruf bzw. die passende Tätigkeit irgendwo als fertige Einheit im Inneren vorhanden wäre und lediglich aufgespürt und freigelegt zu werden bräuchte. Die Suche ist nicht vergleichbar mit der gezielten Suche nach einem definierten Gegenstand, bei dem man genau weiß, wie er aussieht (z. B. die Brille, die man verlegt hat). Vielmehr handelt es sich um einen kontinuierlichen Forschungs- und Findungsprozess. Das Gesuchte entsteht erst, es schält sich mit der Zeit immer mehr heraus.

Und selbst wenn man dem, worin man seine Berufung sieht, auf die Spur gekommen sein sollte, ist noch nicht alles geschafft. Vielmehr steht man dann vor den nächsten Aufgaben, nämlich daraus erreichbare Ziele abzuleiten, zielführende Entscheidungen zu treffen, konkrete erste Schritte zu gehen und den eingeschlagenen Weg zu verfolgen, um im angestrebten Beruf anzukommen und darin Fuß zu fassen.

3.1.2 *Irrtum Nr. 2: Alles ist machbar*

Durch manche Erfolgs- und Motivationstrainer:innen, Ratgeberautor:innen und Coaching-Influencer:innen wird enthusiastisch die völlig überzogene Vorstellung vermittelt, man könne alles erreichen, was man nur will. Alles sei möglich, wenn man nur fest genug daran glaubt, sich seine Vision ausmalt, seine Ziele imaginiert und durch regelmäßige Affirmationen bestärkt, wenn das eigene „Mindset" stimmt, man ausschließlich positiv denkt und beharrlich an der Zielverfolgung arbeitet.

Ich will keineswegs bestreiten, dass in derlei Anleitungen etwas Nützliches steckt, insofern als sie – in geeigneter Dosis und mit einer bodenständigen Haltung – motivierend wirken können. Aber die Einseitigkeit der Aussagen, die jede Relativierung vermissen lassen, und die überbordenden Glücksversprechen haben am Ende leider oftmals eine gegenteilige Wirkung. Der/die Einzelne, der/die sich angesprochen fühlt, Hoffnung schöpft und sich daranmacht, den Appellen zu folgen, stellt früher oder später fest, dass das nicht mit der geschilderten Zwangsläufigkeit funktioniert, schreibt das Scheitern einzig dem eigenen Unvermögen zu und bleibt mit einem noch schwächeren Selbstwertgefühl und unzufriedener als zuvor zurück. Deswegen halte ich eine sachliche Kritik an den vollmundigen Versprechen und Machbarkeitsfantasien für unbedingt angebracht und notwendig. Desillusionierend zwar, aber auch heilsam.

Beeindruckende Erfolgsgeschichten, die in Ratgeberbüchern und in den sozialen Medien präsentiert werden, sind Einzelfälle, in denen der Faktor Zufall einen erheblichen Teil zum Erfolg beigetragen hat. (Falls die Geschichten überhaupt der Wahrheit entsprechen und ein vollständiges Bild wiedergeben.) Soundso viele andere Menschen haben ähnliche Voraussetzungen gehabt und ähnliche Anstrengungen unternommen und dennoch keinen vergleichbaren Erfolg erreicht, schlicht, weil sie weniger Glück hatten. Deren Geschichten werden aber nicht erzählt.

AM RANDE

Ein Denkfehler

Prominente Menschen, die trotz Widrigkeiten in ihrem Leben schließlich sehr erfolgreich geworden sind, werden gern als Vorbilder hingestellt. Die Beispiele von berühmten Erfolgskarrieren sollen beweisen, dass alles machbar ist, dass jede:r es schaffen kann. Erfolglose Menschen werden dabei einfach außen vor gelassen. Diesen Trugschluss bezeichnet man als „Survivorship Bias“ (Überlebenden-Verzerrung), eine kognitive Verzerrung, die zu maßlos überschätzten Erfolgsaussichten führt. Anhand von Einzelbeispielen mit großer Sichtbarkeit will man zu einem allgemeingültigen Ergebnis kommen. Ein klarer logischer Fehler, der wie jede Form von „Selection Bias“ (Stichprobenfehler) in die Irre führt.

In einem Artikel auf SPIEGEL+ unter der Überschrift „Survivorship Bias – Warum wir die Erfolglosen nicht vergessen dürfen“ (Seifert, 2023) wird dies gut verständlich erläutert: „Mark Zuckerberg und Bill Gates haben ihr Studium abgebrochen und sind trotzdem erfolgreich geworden. So weit korrekt. Wir vergessen dabei jedoch die große Zahl von Studienabbrechern, die ebenfalls ein Unternehmen gegründet haben, aber kläglich gescheitert sind: Diese Geschichten sind weniger interessant und motivierend und werden daher kaum in den sozialen Netzwerken geteilt oder in der Literatur erwähnt. Wir fallen auf den Survivorship Bias herein, weil wir die Ausnahme als Regel – und nicht als statistische Anomalie – interpretieren.“

Wie man es auch dreht und wendet: Man hat Einfluss auf den Lauf der Dinge, aber dieser Einfluss ist begrenzt. Es wird immer eine Menge Dinge geben, die außerhalb der eigenen Kontrolle liegen, die geschehen, ob wir das wollen oder nicht. Wenn man sich gegen die ungewollten Geschehnisse und Entwicklungen sperrt, entsteht eine Menge Ärger, Wut, Stress, Frust. Am besten fährt man, wenn man das Unabänderliche akzeptiert, sich nicht allzu lange damit aufhält, sondern sich bemüht, das Beste daraus zu machen, und realistische Möglichkeiten auslotet.

3.1.3 Irrtum Nr. 3: Es gibt nur eine Möglichkeit

Die Vorstellung von der *einen* Lebensaufgabe ist insofern problematisch, als sie impliziert: Solange einem diese Aufgabe nicht klar ist und man sie nicht ausführt, ist das, was man tut, quasi sinnlos und verschwendete Lebenszeit. Was für ein unbehaglicher Gedanke! Wer keine solche herausragende Lebensaufgabe überzeugt benennen kann, wälzt also Bücher, liest Texte im Internet, sucht Coaches auf, nimmt vielleicht auch unseriöse Angebote an. Und bürdet sich mit der Suche Unmögliches auf, ist schließlich zunehmend verunsichert und verwirrt, wartet und wartet auf Erleuchtung, ist mehr und mehr erschöpft und gelähmt.

Der oft gehörte Ratschlag, bei der Suche nach der Berufung bzw. Bestimmung einfach auf die eigene Intuition, auf die weise „innere Stimme" zu hören, ist ebenfalls nicht so nützlich, wie es zunächst scheinen mag. Wahrnehmbar ist eine Gemengelage von Gefühlen, kein eindeutiges Bauchgefühl. Befürchtungen liegen dicht neben Hoffnungen, Zukunftsangst neben Zuversicht, Selbstzweifel neben Selbstvertrauen. Statt *einer* inneren Stimme vernimmt man also ein Stimmengewirr, das erst eines vernünftigen Sortierens und Auswertens bedarf, bevor daraus etwas Handlungsleitendes werden kann.

Wesentlich praxistauglicher und geradezu befreiend ist eine andere Sichtweise: Es gibt nicht nur den *einen* geeigneten Beruf und den *einen* passenden beruflichen Weg, sondern mehrere gleichwertige Möglichkeiten – zumal HSP in der Regel über verschiedene Talente verfügen, eine Vielzahl von Interessen haben und sich für sehr unterschiedliche Tätigkeitsgebiete begeistern können.

HSP sind häufig nicht die geborenen Spezialisten, die sich nur mit einem begrenzten Themengebiet beschäftigen möchten und die nur in einer Sache gut sind, sondern eher Generalisten. Dies ist für viele HSP eine ganz wichtige Erkenntnis, aus der folgt, dass die Suche nach einer engen Fokussierung getrost aufgegeben werden kann. Ebenso können die Selbstkritik wegen eines unsteten Berufswegs und der Neid auf andere wegen deren Geradlinigkeit und Beständigkeit entfallen.

Eine Textstelle aus dem Buch *Mach, was Du willst: Design Thinking fürs Leben. Ein Manifest für nichtlineare Lebensläufe* von den Autoren Bill Burnett und Dave Evans (2020) passt hier besonders gut: „Bei der Arbeit mit Erwachsenen aller Altersstufen haben wir festgestellt, dass das große Missverständnis vieler Menschen (egal, welches Alter, welche Bildung und welchen Beruf sie haben) in der Überzeugung liegt, dass sie einfach nur einen Plan für ihr Leben haben müssen, dann würde schon alles glattlaufen. Wenn sie nur die richtige (die beste, wahre, einzige) Entscheidung treffen, dann haben sie schwarz auf weiß, wie sie sein werden, was sie tun werden und wie sie leben werden. Es ist die Malen-nach-Zahlen-Methode fürs Leben, doch das

Leben ist in Wirklichkeit eher ein abstraktes Gemälde – eines, für das viele Interpretationen möglich sind“ (S. 125).

3.1.4 Irrtum Nr. 4: Zielsetzung ist alles

Skepsis ist angebracht gegenüber der oft gehörten Erfolgsstrategie, man solle sein Ziel exakt definieren, Meilensteine auf dem Weg dorthin festlegen, um dann Etappe für Etappe unbeirrt und zielstrebig zu absolvieren.

Was, wenn wir gar keine klare Vorstellung davon haben, was wir erreichen möchten? Wenn wir gar kein festes Ziel vor Augen haben? Ist das wirklich ein Manko? Was, wenn sich unterwegs herausstellt, dass unser ursprüngliches Ziel gar nicht mehr passt? Ist das so schlimm?

Als neue Sichtweise bietet sich an, dass es günstiger sein kann, kein unverrückbares fernes Ziel zu haben. Ganz ohne Ziel geht es nicht, aber wir dürfen uns nicht darauf versteifen. Bessere Dienste als starre Planung leistet die Bereitschaft, flexibel zu sein, sich immer wieder Neuem zu öffnen, damit in Resonanz zu gehen und sich mutig auf Unbekanntes einzulassen.

3.1.5 Irrtum Nr. 5: Es gibt etwas allzeit Gültiges

Eine irrige Vorstellung ist die, dass etwas zu finden sei, das für das ganze Berufsleben passt. Das trifft weder für die beruflichen Inhalte noch für die persönlichen Ambitionen noch für die Ausgestaltung der Berufstätigkeit zu. Die persönlichen Umstände und Anforderungen, denen Rechnung zu tragen ist, wandeln sich zum Beispiel, wenn man kleine Kinder hat, wenn ein:e Angehörige:r Betreuung braucht, wenn bei einem selbst eine Behinderung oder Erkrankung auftritt und vieles andere mehr.

Zudem begegnet man über die vielen Jahre der Berufstätigkeit hinweg immer wieder neuen Themenfeldern, neuen Menschen, neuen Umgebungen, neuen Chancen und reagiert darauf, geht damit in Resonanz. Je nachdem, was einem über den Weg läuft, entwickelt man neue Interessen, neue Fokussierungen, neue Vorhaben und neue Vorlieben. Philosophisch betrachtet: Alles fließt und nichts bleibt. Alles ist in Bewegung und im Werden.

3.1.6 Irrtum Nr. 6: Es gibt den Traumjob

Die Idee, dass es einen „Traumjob“ gibt, sowie Ratschläge wie „Mach dein Hobby zum Beruf und du musst nie wieder arbeiten“ sind ebenfalls irreführend. Klingt es doch so, als würde man mit der „richtigen“ Tätigkeit an der „richtigen“ Stelle jeden Tag von morgens bis abends beschwingt und voller Freude arbeiten, gar mehr Energie bekommen als verbrauchen. Dabei ist es bloß eine Fantasie, dass uns irgendeine Tätigkeit immerzu glücklich machen würde.

Die Wahrheit ist: Auch wenn wir etwas im Grunde gern tue und den Job im Großen und Ganzen als befriedigend erleben, ist Arbeit kein pures Vergnügen, haben wir nach etlichen Stunden genug davon, sehnen uns nach Abwechslung, wünschen uns eine Pause, sind schließlich nach einem langen Arbeitstag müde. Wir freuen uns auf den Feierabend, aufs Wochenende, auf den Urlaub. Und nicht zu vergessen: Als HSP brauchen wir einfach auch ausreichend Zeiten zum Abschalten, Runterkommen, Ausruhen und Kraftschöpfen.

Außerdem hat jeder Job nun einmal seine Schattenseiten, Teilaspekte, die uns weniger liegen, keinen Spaß machen, auch mal nerven. Es läuft nicht jederzeit gut, es ist nicht immer einfach. In jedem Job gehören harte Zeiten wohl oder übel dazu. Das mag auf den ersten Blick eine ernüchternde Sichtweise sein, auf den zweiten kann sie uns entlasten, uns von der Glücksforderung befreien.

Bleiben wir auf dem Boden der Realität: Die allermeisten Menschen sind in erster Linie berufstätig, um den Lebensunterhalt für sich und ihre Familie zu verdienen. Das ist absolut ehrenwert und wahrlich weder eine Schande noch ein Unvermögen. In der Gesellschaft gibt es zahlreiche notwendige Berufe, die die Menschen nicht ausüben, weil sie ihnen so viel Spaß machen und mit einem hohen Grad an Selbstverwirklichung verbunden sind. Es ist schon ein Privileg, zu denen zu gehören, die darüber nachdenken dürfen, welcher Beruf sie mit Zufriedenheit erfüllt.

Auf der anderen Seite gilt aber auch: Wenn der Job an sich und / oder die spezifischen Umstände überwiegend und länger andauernd eindeutig unzufrieden machen oder gar zur Qual werden, ist es an der Zeit, einen Wechsel zu vollziehen. Bitte nicht unendlich aushalten und resignieren!

3.2 Authentische berufliche (Neu-)Orientierung

Weil es trotz alledem beileibe nicht egal ist, was, wo, wie und mit wem wir arbeiten, ist es nützlich, sich reiflich zu überlegen, in welche berufliche Richtung es gehen soll, – sei es von Anfang an bei der Entscheidung für eine Ausbildung oder ein Studium oder später. Später kann heißen: vor einem Ausbildungs- oder Studienwechsel, vor der Wahl einer Arbeitsstelle oder nach etlichen Berufsjahren, wenn die Erfahrung gezeigt hat, dass ursprüngliche Erwartungen an den Job sich nicht erfüllt haben und man sich darin nicht (mehr) wohlfühlt. Anlass für eine spätere Umorientierung kann sein, dass ganz neue Erkenntnisse hinzugekommen sind – zum Beispiel die, hochsensibel zu sein. Vielleicht entsteht auch eine Aufbruchstimmung zu Beginn eines neuen Lebensabschnitts oder durch markante Lebensereignisse oder aus dem Gedanken heraus „Das kann doch noch nicht alles gewesen sein".

3.2.1 Fragen zur Selbstklärung

Nehmen Sie sich ausreichend Zeit, lassen Sie sich von den nachfolgenden Fragen inspirieren und erlauben Sie sich, Ihre Gedanken wandern zu lassen. Seien Sie selbst neugierig auf Ihre Entdeckungen! Denken Sie bei den Antworten weit und allgemein auf alle Lebensbereiche bezogen, nicht nur im Hinblick auf das, was Sie sogleich eindeutig im beruflichen Bereich ansiedeln. Betrachten Sie das Leben ganzheitlich, trennen Sie nicht von vornherein Privates und Berufliches, denn Sie wissen vielleicht noch nicht, was sich alles in die Berufstätigkeit integrieren lässt. Das Sortieren, was Sie welchem Lebensbereich zuordnen und was für Sie wann dran ist, nehmen Sie später bei der Auswertung der Antworten vor. Es darf sich nebenbei auch zeigen, was Sie in Ihrer Freizeit gern oder gar unbedingt realisieren möchten.

Schreiben Sie Ihre Antworten auf. Arbeiten Sie über einige Zeit hinweg an Ihren Antworten, ergänzen, präzisieren und verdichten Sie sie nach und nach. Manche Fragen ähneln sich, beantworten Sie die dennoch möglichst alle.

Die Fragen:

- Womit habe ich mich als Kind wiederkehrend freiwillig beschäftigt? Welches Tun – für mich allein und mit anderen zusammen – hat mich mit Freude erfüllt?
- Welche meiner Begabungen fielen den Menschen in meiner Umgebung schon früh auf? Was hat andere erstaunt? Wofür bekam ich Lob und Anerkennung?
- Was waren in der Schule meine Lieblingsfächer? Was waren in der Ausbildung / im Studium meine Lieblingsfächer / Lieblingsvorlesungen und Lieblingsseminare?
- Auch: Welche Fächer und Kurse lagen mir gar nicht?
- Was waren meine frühen Berufswünsche? Wie kam ich darauf?
- Was waren meine Vorbilder als Kind? Was beeindruckte mich an ihnen?
- Welche Vorbilder habe ich heute? Welche Menschen bewundere ich? Wofür genau?
- Was kann ich gut? Was geht mir leicht von der Hand? Worin erziele ich gute Ergebnisse? Worauf bin ich stolz?
- Auch: Was kann ich nicht gut? Was kostet mich immer wieder viel Mühe und Energie?
- Was tue ich gerne? Was macht mir Spaß?
- Welcher Tätigkeit gehe ich aus einem inneren Antrieb heraus nach?
- Welche kleinen Dinge bereiten mir Freude?
- Auch: Was tue ich total ungern? Was bereitet mir Stress?
- Was ist mir so wichtig, dass ich dabei unermüdlich bin und nicht so schnell aufgebe?
- In welches Tun bin ich so vertieft, dass ich alles um mich herum vergesse? Wobei komme ich in einen Flow („Flow“ als beglückend erlebter Zustand größter Konzentration und völliger Versunkenheit in eine Tätigkeit)?
- Was interessiert mich? Was beschäftigt mich gedanklich immer wieder?
- Worüber unterhalte ich mich am liebsten?
- Was inspiriert mich? Was begeistert mich? Was belebt mich?
- Worin bilde ich mich freiwillig weiter? Welche Ausbildung / Weiterbildung reizt mich?
- Welche Artikel und Bücher lese / höre ich mit dem größten Interesse? Was sind meine Lieblingsbücher? Was daran fasziniert mich?
- Welche Filme und Filmbeiträge schaue ich gern? Was sind meine Lieblingsfilme? Was fesselt mich daran? Welches sind meine Identifikationsfiguren und warum sind sie es?
- Was mache ich in meiner Freizeit am liebsten?
- Für welche Hobbys gebe ich am meisten Geld aus?
- In welchen Bereichen kenne ich mich sehr gut aus? Worin habe ich viel Erfahrung gesammelt und wesentliche Kompetenzen entwickelt?

- Welche Fähigkeiten benennen und schätzen andere an mir?
- Mit welchen Belangen kommen andere zu mir, bitten mich um Hilfe oder fragen mich um Rat?
- Mit welchen Menschen habe ich besonders gerne zu tun? Erwachsene / Kinder / Jugendliche, Frauen / Männer, Gesunde / Kranke / Hilfsbedürftige …?
- Bin ich eher introvertiert oder eher extravertiert? Welche Mischung zwischen Alleinsein und Unter-Menschen-Sein passt für mich?
- Stehe ich gern im Vordergrund und im Mittelpunkt? Oder bleibe ich lieber im Hintergrund? Gebe ich gern Anweisungen und Anleitungen?
- Wie sieht mein Arbeitsstil aus? Arbeite ich eher zügig oder langsam?
- Arbeite ich gern im Team oder lieber allein?
- Welche Art des Miteinanders wünsche ich mir?
- Was hat mir in den bisherigen Jobs jeweils besonders gut gefallen, was gar nicht?
- In welchem Umfeld und unter welchen Rahmenbedingungen arbeite ich am liebsten und am besten? Welche Bedürfnisse spielen hier eine vornehmliche Rolle?
- Kommt für mich eine berufliche Selbstständigkeit in Frage? Worin sehe ich dabei Vor- und Nachteile?
- Welche Branche, welcher Bereich üben eine Anziehung auf mich aus?
- Mit welchen Produkten, welchen Dienstleistungen, welchen Projekten möchte ich gerne zu tun haben?
- Auch: Womit möchte ich auf keinen Fall zu tun haben?
- Strebe ich eine Führungsposition an? Wie möchte ich als Führungskraft agieren?
- Wie will ich leben? Wie sehen meine Prioritäten aus? Was bin ich bereit, für beruflichen Erfolg zu tun?
- Was würde ich tun, wenn ich finanziell unabhängig wäre, wenn Geld gar kein Thema wäre? Welches Szenario male ich mir aus? Wie und wo würde ich leben? Was und wie viel würde ich noch arbeiten, wenn überhaupt? Welche Projekte würde ich initiieren? (Diese Frage hilft, den Denkrahmen zu erweitern.)
- Welche kleinen und großen Probleme regen mich regelmäßig auf? An welcher Problemlösung würde ich gern mitwirken?
- Welche politischen, gesellschaftlichen und sozialen Themen sind für mich bedeutsam?
- Womit trage ich zum Wohl anderer bei? Übe ich ein Ehrenamt aus, das mir am Herzen liegt?
- Was verschafft mir ein Sinnempfinden?
- Wozu möchte ich einen Beitrag leisten? Wofür möchte ich mich noch mehr engagieren? Welche Spuren möchte ich auf der Welt hinterlassen?

3.2.2 Den Gedanken und Ideen Raum geben

Werten Sie die Antworten ganz in Ruhe aus. Geben Sie sich Zeit, aber bleiben Sie dran. Bemühen Sie sich dabei um größtmögliche gedankliche Offenheit und Kreativität. Spielen Sie mit dem Verbinden der Antworten, kombinieren Sie auf alle erdenklichen Arten, lassen Sie Ihrer Fantasie freien Lauf. Denken Sie eher groß als klein! Gehen Sie nicht verfrüht ans Bewerten und Verwerfen. Der Gedanke „Warum nicht?" ist an der Stelle lohnender als „Das wird sowie nichts!". Vielleicht ist es einen Versuch wert. Geben Sie Ihren Ideen eine Chance. Wenn Sie etwas gar nicht erst probieren, wird es ganz sicher nichts, und Sie werden nie herausfinden, was daraus Gutes hätte werden können.

Nehmen Sie Ihre Vorlieben, Neigungen und Wünsche ernst und wichtig, tun Sie nichts davon als lächerlich oder irrelevant ab. Vielleicht geht es Ihnen so wie vielen anderen: Sie haben im Laufe der Zeit den Kontakt verloren zu den Dingen, die Ihnen in der Kindheit und Jugend großen Spaß gemacht haben. Das, was Sie damals geliebt haben, ist wahrscheinlich immer noch etwas, was Sie lieben – womöglich in veränderter Form. Nehmen Sie die Spuren wieder auf, die Sie in jüngeren Jahren nicht weiterverfolgt haben, ob nun im beruflichen Bereich oder außerhalb des Berufs.

Bei der ursprünglichen Berufswahl haben häufig Eltern und andere enge Bezugspersonen in wohlmeinender Absicht viel Einfluss genommen und dabei in vielen Fällen unsere Persönlichkeit und unsere Wünsche wenig berücksichtigt. Vielleicht haben wir damals Träume begraben, weil andere sie als „Träumerei", „Spinnerei" oder „brotlose Kunst" abtaten oder sie uns verleideten, indem sie uns sagten, wir seien nicht talentiert genug dafür. Vielleicht haben wir unsere Pläne aufgegeben, weil uns eindringlich gesagt wurde, wir sollten „etwas Vernünftiges" lernen, uns einen „sicheren Job" suchen. Wir selbst waren noch unerfahren und unsicher, nachvollziehbar daher, dass wir uns angepasst haben und den Ratschlägen gefolgt sind.

Als selbstbewusste Erwachsene können wir heute verschüttete, vielleicht auch „verrückte" Ideen wieder hervorholen und neu in Betracht ziehen. Spannend könnten gerade die Ideen sein, bei denen wir denken: „Meine Eltern wären entsetzt!" Kann sein, dass wir diese Ideen erneut verwerfen, aber dann ist es unsere erwachsene Entscheidung.

Sprechen Sie mit mehreren Menschen in Ihrem Umfeld, mit denen Sie ein Vertrauensverhältnis haben, über die Fragen und Ihre Antworten, Ihre Ideen und Ihre Pläne, hören Sie sich Rückmeldungen und Kommentare an. Nutzen Sie die Gespräche, um sich selbst weiter zu klären. Ergänzen Sie gegebenenfalls daraufhin Ihre Antworten. Beziehen Sie die hinzugewonnenen Aspekte in Ihre Überlegungen mit ein, aber lassen Sie sich durch geäußerte Bedenken nicht gleich entmutigen und von Ihren angedachten Vorhaben vorschnell abbringen. Jede:r sieht aus dem persönlichen Blickwinkel auf die Dinge und wird diese vor dem Hintergrund des eigenen Wissens und der individuellen Erfahrung beurteilen und bewerten. Sie entscheiden, was davon für Sie zutreffend ist.

3.2.3 *Alle Lebensbereiche einbeziehen*

Nicht alles, wofür Sie eine Begabung haben, was Ihnen ein Herzensanliegen ist, was Sie mit Freude erfüllt, kann in der bezahlten Berufstätigkeit untergebracht werden – und muss es auch nicht. Es gibt nicht nur den Beruf, in dem Sie das ausleben können, was Ihnen im Leben wichtig ist. Es gibt das Agieren in der Partnerschaft, in der Familie, im Freundes- und Bekanntenkreis, möglicherweise eine Freiwilligenarbeit, ein soziales oder politisches Engagement, eine Vereinstätigkeit, Hobbys, diverse Freizeitbeschäftigungen, Weiterbildungen ohne (unmittelbaren) beruflichen Bezug, lebenslanges Lernen … Überall können Sie Ihren Interessen und Neigungen nachgehen, Ihre Talente entfalten und sich mit Ihren Stärken, Ihren Fähigkeiten und Ihrem Sosein einbringen. Befriedigung und Erfüllung finden Sie über die Gesamtheit Ihres Tuns und Wirkens.

Schauen Sie Ihre Antworten durch und ordnen Sie die Inhalte den verschiedenen Lebensbereichen zu. Mehrfachnennungen sind ausdrücklich erwünscht. Entscheidend ist, dass Sie insgesamt möglichst vieles von dem, was Sie außerordentlich interessiert, was Ihnen großen Spaß macht, was Sie besonders gut können und wovon andere profitieren können, irgendwo im Leben unterbringen und irgendwann ausüben. Mir ist durchaus bewusst, dass es gerade bei einer Vollzeitbeschäftigung zeitlich und kräftemäßig in der Freizeit eng wird. Oft geht einfach nicht alles auf einmal.

Es hat entscheidende Vorteile, auf Diversifikation zu setzen, nicht alles, was uns wichtig ist, nur im Beruf unterzubringen. Vor allem reduziert das die emotionale und mentale Abhängigkeit von der Berufstätigkeit. Nehmen wir einmal an, es wäre uns möglich, tatsächlich alles im Beruf auszuleben, wie stünden wir da, wenn wir aus welchem Grund auch immer unseren Beruf nicht mehr ausüben könnten oder später – und das gilt für jeden – in Rente gehen? Mit einem Schlag würde alles wegfallen, was uns etwas bedeutet und Freude bereitet. Wir müssten uns dann ganz neu nach Möglichkeiten der Selbstverwirklichung umschauen.

3.2.4 Den Möglichkeitsbereich eruieren

Natürlich werden Sie versuchen, möglichst viel von dem, was Ihnen wichtig ist, (auch) in der bezahlten Berufstätigkeit unterzubringen. Ich rate lediglich dazu, eine gehörige Portion Realitätssinn walten zu lassen, Wunschträume als solche zu würdigen und als inspirierende Anregung zu nehmen, nicht aber, sie eins zu eins zu Zielen zu erklären.

Nehmen Sie einen Abgleich vor zwischen dem, was Sie mitbringen und anstreben auf der einen Seite, und dem, was sich Ihnen an Gelegenheiten in Ihrer Umwelt bietet auf der anderen Seite. Wunsch und Wirklichkeit sind äußerst selten in völlige Übereinstimmung zu bringen, aber es wird eine chancenreiche Schnittmenge geben.

Ich möchte dies veranschaulichen: Stellen Sie sich zwei Kreise vor, die sich etwa zu einem Drittel überschneiden. Im linken Kreis steht das, was Sie anzubieten haben (Ihre Begabungen, Stärken, Fähigkeiten, Eignungen, Kompetenzen, Qualifikationen, Ihr Erfahrungsschatz), und das, was Sie ausmacht und antreibt (Ihre Interessen, Ziele, Visionen, Vorlieben, Neigungen, Passionen, Anliegen, Vorstellungen, Werte). Des Weiteren stehen darin die Erfordernisse, die sich aus Ihren persönlichen Bedürfnissen (u. a. bedingt durch die Hochsensibilität) und unveränderbaren individuellen Umständen (z. B. Familiensituation) ergeben. Im rechten Kreis stehen Optionen, konkrete sich bietende Gelegenheiten, verfügbare Angebote für Ausbildungen, Fortbildungen, Berufspraktika, ausgeschriebene Arbeitsstellen, Gründungsideen … Dort, wo sich die beiden Kreise überlappen, liegen die Möglichkeiten, die sowohl zu Ihnen passen als auch greifbar und realisierbar sind.

Ich will damit sagen: Ja, Sie brauchen eine Vorstellung von Ihrer Eignung, Ihrem Kompetenzfeld, Ihrer Ausrichtung. Ja, Sie sollten sich über alle Faktoren, die die eigene Person betreffen, im Klaren werden. Aber das ist eben nur die eine Seite. Einen festgefügten Plan ungeachtet der umgebenden Welt zu entwerfen und sich darauf zu versteifen würde zu bitteren Enttäuschungen führen. Weiten Sie also Ihren Blickwinkel und beziehen Sie frühzeitig die zugänglichen Optionen im Außen in Ihre Überlegungen mit ein. Kultivieren Sie hierfür eine aufgeschlossene Haltung, Flexibilität, Neugier, Aufmerksamkeit und die Offenheit dafür, mit den sich bietenden Gelegenheiten in Resonanz zu gehen.

Die Inhalte in beiden Kreisen beeinflussen sich wechselseitig, wodurch sich immer wieder spannende neue Perspektiven auftun. Viele der Faktoren, die die eigene Person betreffen, sind keine ganz festen Größen, sie sind einem Wandel, einer Entwicklung unterworfen. Über die Zeit tauchen immer wieder neue Aspekte auf und werden bedeutsam. Andere treten in den Hintergrund oder entfallen. Prioritäten verschieben sich je nach Lebensphase, neue Ziele ergeben sich. Durch das, was uns im Leben begegnet, kristallisieren sich neue Interessenschwerpunkte heraus, entdecken wir neue Vorlieben. Manche Dinge, die uns im Laufe des Lebens wichtig werden und von da an für unseren beruflichen Weg eine maßgebliche Rolle spielen, hatten wir in jüngeren Jahren noch nicht beachtet bzw. noch gar nicht gekannt. Umgekehrt kann es beispielsweise sein, dass Entscheidungsträger, die wir treffen, durch unsere Persönlichkeit, unsere Kompetenzen, unsere Leistungen und unsere erkennbaren Potenziale inspiriert sind, vielleicht eine Stellenbeschreibung abzuwandeln, eine neue Stelle zu schaffen, uns entsprechende Projekte zu übertragen etc.

AM RANDE

Serendipität

Der Begriff Serendipität bezeichnet das zufällige, nicht forcierte Entdecken von etwas, nach dem man ursprünglich nicht gesucht hat, das sich aber in überraschender Weise als eine gute Lösung erweist. Um Serendipität auszuschöpfen, braucht es die Empfänglichkeit für unerwartete positive Ereignisse sowie die spontane Bereitschaft, diese ins Leben aufzunehmen.

Von mir kann ich erzählen: Das Thema Hochsensibilität, auf das sich seit über zehn Jahren sowohl mein Coaching-Angebot als auch meine Autorentätigkeit bezieht, wurde mir erst im Alter von 50 Jahren (vor nunmehr 18 Jahren) zugänglich (damals über die Bücher von Georg Parlow von Elaine Aron). Ich fand das Thema so ungeheuer spannend, dass ich mir dazu immer mehr Wissen aneignete, zunächst noch gar nicht mit der Idee, das auch beruflich einzusetzen. Es passte einfach zu meinem Interesse an den Themenbereichen Psychologie und Persönlichkeitsentwicklung, zu denen ich mich ohnehin schon länger über Bücher, Vorträge und Seminare und Workshops weitergebildet hatte. Eine Coaching-Ausbildung hatte ich schon Jahre zuvor absolviert, ebenfalls einfach so, nicht mit der konkreten Absicht, als Coach zu arbeiten. Seinerzeit war mein Tätigkeitsfeld in der Selbstständigkeit ausschließlich Lektorat und Textcoaching, womit ich auch durchaus zufrieden war. Erst Jahre später fügten sich schließlich mein Interesse an Menschen, mein Coaching-Know-how und meine Expertise über Hochsensibilität zum zweiten Standbein in der Selbstständigkeit zusammen: dem Coaching für HSP. Hinzu kam dann noch das Bücherschreiben. Dabei kam mir ein glücklicher Zufall zu Hilfe. Über ein Lektoratsprojekt für einen Junfermann-Autor kam ich in Kontakt mit dem Verlagsleiter von Junfermann, der sich nach kurzer Bedenkzeit offen zeigte für meine Idee, ein Buch über Hochsensibilität zu schreiben (das erste zu dem Thema bei Junfermann).

Was ich an meinem Beispiel zeigen möchte: Bevor ich 50 Jahre alt war, hätte ich gar nicht Coach für hochsensible Menschen, was ich heute sehr, sehr gern bin, sein können. Ich hatte noch gar nichts von dem Phänomen gehört, noch kein Wissen darüber aufgebaut. Und ich hätte wahrscheinlich auch noch nicht über die nötige Selbstsicherheit und persönliche Reife verfügt, um als Coach mit anderen Menschen zu arbeiten.

3.2.5 *Den roten Faden finden*

Fahnden Sie nach so etwas wie einem Leitmotiv (oder auch mehreren Leitmotiven) in Ihren Hauptinteressen, Vorlieben und Neigungen. Es lohnt sich herauszufinden, worum es einem bei den Lieblingsbeschäftigungen im Kern geht, weil das auf andere Tätigkeiten bzw. Tätigkeitsbereiche übertragen werden kann, oft auch über die Grenze zwischen privat und beruflich hinweg. Beim genaueren Hinsehen lassen sich häufig ein roter Faden in einem wechselvollen beruflichen Weg und eine übergeordnete Motivation in einer zunächst unübersichtlich erscheinenden Interessensvielfalt erkennen. Der rote Faden, den man identifiziert hat, kann dann als Richtschnur dienen bei anstehenden und künftigen Entscheidungen.

Auch hier möchte ich mich als Beispiel nehmen. Ein wichtiger roter Faden in meinem Leben: Sachbücher! Schon als Teenager begann ich mich für Bücher zu interessieren, die mir Wissen anboten. Und so blieb es. Sachbücher haben mich mein ganzes Leben hindurch begleitet, immer wieder meine Neugierde gestillt, mir Informationen geliefert, meinen Horizont erweitert, mich weitergebildet, mir Erkenntnisse ermöglicht, mir Hilfestellung gegeben und mir Lesefreude bereitet. Zu jedem Thema, für das ich mich interessierte, und für jedes Problem, vor dem ich stand, suchte ich mir jeweils passende Bücher, und in den meisten Fällen konnten sie mir erheblich weiterhelfen.

Immer schon habe ich Wert darauf gelegt, dass die Bücher, die ich gelesen habe, gut durchdacht und gut geschrieben waren. Nachdem ich mich als Lektorin selbstständig gemacht hatte, war es folgerichtig, dass ich sehr gern auch Lektorate für Sachbücher übernahm. Die Vorbildung durch mein Sprachstudium, die sichere Beherrschung von Sprachregeln und ein gutes Sprachgefühl brachte ich dafür mit, außerdem die Freude am Verbessern und das Interesse an einer Vielfalt von Themen.

Nachdem ich tief in das Thema Hochsensibilität eingestiegen war (hauptsächlich über Bücher!), wechselte ich die Rolle und wurde selbst Autorin (und schätze heute die Arbeit meiner Lektorin!). Ungebrochen ist außerdem meine Begeisterung für das Lesen von Sachbüchern (Schwerpunkte: Psychologie, Kommunikation, Lebenskunst), die mich inspirieren und aus denen ich immer wieder neue Einsichten gewinne, die dann wiederum in meine Coachingarbeit und meine eigenen Bücher einfließen.

3.2.6 Mehrere Pläne entwerfen

Versteifen Sie sich nicht auf eine Idee bzw. ein Vorhaben. Gehen Sie davon aus, dass für Sie – wie für jeden Menschen – mehrere berufliche Möglichkeiten infrage kommen. Wenn Sie vor der anfänglichen Orientierung oder auch einer Umorientierung stehen, entwickeln Sie mehrere Pläne. Schauen Sie beim Entwerfen der Varianten nur darauf, dass sich jede auf ein Tun bezieht, für das Sie grundlegende Begabungen und Kompetenzen mitbringen und bei dem sie engagiert und motiviert sind. Verabschieden Sie sich von dem Anspruch, dass Sie das einzig Richtige für den Rest Ihres Lebens finden müssen. Im Laufe Ihres Lebens werden Sie höchstwahrscheinlich noch viele Ideen entwickeln und verschiedene Pläne realisieren. Und im Prinzip wird es zu jedem späteren Zeitpunkt Möglichkeiten zur Modifikation oder zum Neuanfang geben. Das ein oder andere, an dem Sie gegenwärtig hängen, wird mit der Zeit an Bedeutung verlieren, während etwas, was Ihnen jetzt noch nicht bewusst oder bekannt ist, bedeutsam wird.

Im bereits genannten Buch *Mach, was Du willst. Design Thinking fürs Leben* von Bill Burnett und Dave Evans formulieren die Autoren eine zentrale Botschaft: „Wir alle haben genug Energie und Talent und Interesse in uns, um viele verschiedene Arten von Leben zu führen, die alle authentisch und interessant und produktiv sein können" (S. 126 f.). Für die Autoren handelt es sich um eine dysfunktionale Überzeugung, wenn man denkt: „Ich muss herausbekommen, was mein bestmögliches Leben ist, einen Plan machen und ihn dann umsetzen." Sie bieten folgende Umdeutung an: „Es gibt eine Vielzahl großartiger Leben (und Pläne) in mir, und ich darf entscheiden, welches davon ich als Nächstes ansteuern möchte" (S. 128).

Ein wichtiger Gedanke ist, dass die verschiedenen Pläne, die Sie entwerfen, nicht in den besten, den zweitbesten, den drittbesten usw. eingeteilt werden können, sondern gleichwertig sind. Denken Sie also weniger über die Rangfolge als über die praktikable Reihenfolge nach. Fragen Sie sich, zu welchem Plan Sie aktuell am leichtesten Zugang finden und mit Erkundigungen und Erkundungen starten können.

Vielleicht lassen sich verschiedene Dinge nacheinander realisieren oder sie lassen sich kombinieren. Ehrlicherweise muss allerdings angefügt werden: Manches Mal bedeutet eine Entscheidung für das eine aber auch tatsächlich den Verzicht auf das andere (da wir nun mal keine Parallelleben führen können), wobei wir nie erfahren werden, ob uns „das andere" glücklicher gemacht hätte.

3.2.7 Einblicke gewinnen

Noch so viel Reflexion und Recherche können eigene Anschauung und praktische Erfahrungen nicht ersetzen. Gerade junge Menschen müssen erst eigene Erfahrungen sammeln. Sie kennen sich selbst noch nicht so gut und können vieles noch nicht so treffend einschätzen, weil es für sie pure Theorie ist. Ihre Vorstellungen zu den verschiedenen Berufsbildern und Tätigkeitsbereichen sind oft vage und lückenhaft, vielleicht auch idealisiert. Und auch nicht mehr ganz so junge Menschen können sich nur nach Erfahrungen richten, die sie zumindest ansatzweise schon gemacht haben.

Suchen Sie also nach Möglichkeiten, mehr über die von Ihnen favorisierten Berufs- bzw. Tätigkeitsfelder zu erfahren. Ein Weg, sich Einblicke zu verschaffen, besteht darin, Gespräche zu führen mit Menschen, die echte Erfahrung haben mit dem, was Sie für sich in Erwägung ziehen, sich deren Geschichte erzählen zu lassen. Die Autoren Bill Burnett und Dave Evans präzisieren diese Idee: „... die Geschichte, hinter der Sie her sind, ist die persönliche Geschichte dieser Person: wie sie dahin kam, das zu tun, was sie tut, wie sie ihr Fachwissen erworben hat und wie es tatsächlich ist, das zu tun, was sie tut. Sie müssen erfahren, was jene Person, die tut, was Sie vielleicht eines Tages tun wollen, an ihrem Job liebt oder hasst. Sie müssen wissen, wie ihr Tagesablauf aussieht. Und schließlich müssen Sie herausfinden, ob Sie sich vorstellen können, diesen Job zu machen und zu leben – monate- oder gar jahrelang. Wenn Sie Menschen über ihre Arbeit und ihr Leben ausfragen, können Sie auch erfahren, wie diese Menschen zu ihrer derzeitigen Position gekommen sind – wie sie ihren Karrierepfad gefunden haben“ (S. 152).

Noch viel aufschlussreicher ist es natürlich, Dinge selbst auszuführen. Das bedeutet zwar einen größeren Aufwand, der aber lohnt sich. Das unmittelbare Erleben der Berufspraxis beantwortet Ihnen eine Menge Fragen zu Ihrer Idee. Sie entdecken auf diese Weise noch zuverlässiger, wie gut eine Tätigkeit und ein Arbeitsumfeld zu Ihnen passen. Das kann am Ende deutlich mehr Aufwand an Zeit und Energie für eine ungeeignete Ausbildung, Weiterbildung, Umschulung, Festanstellung ersparen.

Das heißt: Bevor Sie eine bestimmte Ausbildung beginnen beziehungsweise sich nach einer festen Stelle in einem bestimmten Bereich umschauen, sollten Sie versuchen, in den / die infrage kommenden Tätigkeitsbereich(e) hineinzuschnuppern, um noch mehr über die Ausübung der jeweiligen Tätigkeit und das betreffende Umfeld herauszufinden. Dafür bietet sich eine Hospitation (einem / einer Stelleninhaber:in für einige Stunden oder Tage bei der Arbeit zusehen) oder ein Praktikum (für einige Wochen oder Monate selbst mitarbeiten) an. Nicht von ungefähr heißt es: „Probieren geht über Studieren.“

Leute für Interviews und Gelegenheiten für Hospitationen oder Praktika zu finden gelingt am besten über Networking. Ein Netzwerk an relevanten Kontakten kann Ihnen auf Ihrem weiteren beruflichen Weg ohnehin noch gute Dienste leisten. Scheuen Sie sich nicht, Ihren Kontakten gegenüber Ihr Anliegen vorzubringen, und denken Sie daran, dass Menschen in aller Regel gern helfen und wahrscheinlich sogar Freude daran haben, über sich, ihren Beruf und ihren Berufsweg zu sprechen.

3.2.8 Loslegen und nachjustieren

Kaum je wird es gelingen, im Vorfeld über Recherchieren und Austesten letzte Klarheit zu gewinnen. Vielleicht bieten sich die gewünschten Gelegenheiten zum Befragen und Hineinschnuppern auch einfach nicht. Letztlich bleibt da nur: Ins Handeln kommen! Aktiv werden! Eine Ausbildungs- oder Berufsidee in die Tat umsetzen und sich selbst im Tun erfahren. So erleben wir die Realität und können nach einiger Zeit die gemachte Erfahrung auswerten. Manches, was wir angehen, läuft gut und gefällt uns, anderes stellt sich als mühsamer und unattraktiver heraus, als wir es angenommen hatten. Unerwartete Aspekte zeigen sich, neue Blickwinkel tun sich auf. Das alles lassen wir auf uns wirken und stellen Überlegungen an, ob wir fortfahren wie bisher oder etwas verändern, wobei die Veränderung radikal oder geringfügig sein kann. Über die Umsetzung der Veränderung finden wir wiederum heraus, wie es uns damit geht, was passt und was nicht, was funktioniert und was nicht. Daraufhin gestalten wir gegebenenfalls erneut etwas mehr oder weniger um und gehen in die nächste Erfahrungsrunde. Und so weiter und so weiter. Wir befinden uns sozusagen in einem fortlaufenden Prozess von Versuch und Irrtum.

Im Buch *Die Kunst des guten Leben*s schreibt Rolf Dobelli (2022) im Kapitel „Die hohe Fertigkeit des Korrigierens", wir würden uns zu sehr auf den optimalen Anfangszustand konzentrieren, die Rolle des Starts überschätzen und die Rolle der Kurskorrektur unterschätzen. „Das gute Leben gelingt nur durch ständiges Nachjustieren. […] Es kommt nicht auf einen fixen Plan an, sondern auf das wiederholte Weiterplanen – und das kann nie zu Ende sein" (S. 23). Vor allem dürften wir es nicht als Versagen ansehen, wenn ein Plan nicht aufgeht. Es gebe nämlich nicht das einzig mögliche Lebensziel, ebenso wenig den einzig richtigen Job. „Man beginnt mit einem Setup und justiert es dann fortwährend. Je komplizierter die Welt ist, desto unwichtiger wird Ihr Ausgangspunkt. Stecken Sie Ihre Ressourcen deshalb nicht in das perfekte Setup – weder im Beruf noch im Privaten. Üben Sie stattdessen die Kunst des Korrigierens, indem Sie laufend revidieren, was sich nicht bewährt – zügig und ohne schlechtes Gewissen" (S. 25).

Wonach Sie also Ausschau halten, ist der Startpunkt und die grobe Richtung, in die Sie losgehen. Dann dürfen Sie gespannt sein, was sich ergibt und wohin der Weg Sie führt. Das entspricht der Lebensweisheit „Der Weg ist das Ziel“, die dem chinesischen Philosophen Konfuzius zugeschrieben wird.

Einen Aspekt möchte ich noch ansprechen. HSP sind bekannt dafür, dass sie zögern, bevor sie handeln, dass sie gründlich nachdenken, Alternativen abwägen und versuchen, Handlungskonsequenzen zu antizipieren, bevor sie Entscheidungen treffen. Bis zu einem gewissen Grad ist das nützlich, in der Übersteigerung jedoch wird es zum Hemmschuh. Die Phase, in der sie in der Luft hängen, ergebnislos hin- und herüberlegen und nicht ins Handeln kommen, verlängert sich auf zermürbende Weise. Selbstvertrauen, Entschlossenheit und Mut schwinden eher, als dass sie sich aufbauen. Der Wunsch nach Sicherheit und Gewissheit ist verständlich, dem Grunde nach aber unerfüllbar. Das gilt es zu sehen und zu akzeptieren. Das Leben ist komplex und unberechenbar, die Zukunft ist nicht vorhersehbar, so vieles entzieht sich unserer Kontrolle. Hierzu fällt mir das bekannte Zitat von John Lennon ein: „Leben ist das, was geschieht, während du damit beschäftigt bist, andere Pläne zu machen.“ Natürlich darf das nicht heißen, dass wir gar nichts mehr planen. Nein, wir sollen uns etwas vornehmen und Vorhaben auch in die Tat umsetzen, uns dabei allerdings bewusst sein, dass es im Laufe der Zeit unter Umständen angesagt sein kann, Pläne zu ändern.

3.3 Mögliche Berufe für HSP differenziert betrachtet

Weder gibt es Berufe, die ich HSP unbedingt empfehle, noch Berufe, die ich für sie rundweg ausschließen möchte. Dazu sind HSP einfach zu individuell in ihrer Persönlichkeit und in ihren Interessen und die Jobs, die es in den verschiedenen Sparten gibt, zu unterschiedlich. Letztlich kommt es auf die Ausgestaltung und die Rahmenbedingen im Einzelfall an, auch darauf, welche Funktion in einem bestimmten Beruf erfüllt wird, welche Position eingenommen wird und ob der Beruf angestellt oder selbstständig ausgeübt wird.

Welchen Beruf auch immer HSP ausüben, sie werden es auf ihre Weise tun: achtsam, besonnen, engagiert, lernfreudig, verantwortungsbewusst, gewissenhaft, sorgfältig, gründlich, umsichtig. HSP widmen sich mit Hingabe ihren Arbeitsaufgaben, umso mehr, wenn ihre Sensibilität akzeptiert und ihre Stärken gesehen, anerkannt und gefördert werden.

Dennoch gibt es ein paar Charakteristika, die einen Beruf für HSP schwierig bis ungeeignet machen. So würde ich eher von Berufen abraten, in denen persönliche Auseinandersetzungen zum Berufsalltag gehören (ich denke da z. B. an den Polizeidienst), in denen Notfallsituationen, die mit Leid von Mensch und Tier konfrontieren, der Normalfall sind (z. B. Rettungsdienste) oder extreme Betriebsamkeit und Informationsfülle bei gleichzeitig erforderlicher höchster Konzentration den Arbeitsalltag bilden (z. B. Überwachungsaufgaben wie die von Fluglotsen).

Auf jeden Fall gilt: Der Beruf sollte zur Persönlichkeit passen. Die Hochsensibilität ist da ein stark prägender Faktor. Ein weiterer wichtiger Aspekt ist, ob die HSP zur Introversion oder zur Extraversion neigt. Eine introvertierte Person wird sich in jeder Tätigkeit, in der sie ständig im Kontakt und im Gespräch mit anderen Menschen ist, unwohl fühlen.

Eine hochsensible Frau, die kürzlich bei mir im Coaching war, hatte vor der Familienzeit den Beruf der Physiotherapeutin erlernt und für einige Jahre ausgeübt. Sie war darin extrem unglücklich gewesen. Es war ihr als sehr introvertierter Person verhasst, mit jedem Patienten / jeder Patientin reden zu müssen, einmal ganz abgesehen von der Vielzahl der Personen, die in enger Taktung zu behandeln waren. Jetzt, wo der Wiedereinstieg in den Beruf ansteht, weiß sie noch nicht, was sie arbeiten wird, sie weiß aber sicher, dass sie auf keinen Fall in ihren alten Beruf zurückkehren will.

Im Folgenden werde ich verschiedene berufliche Richtungen aufführen und besprechen. Mir ist wichtig anzumerken, dass weder die Aufzählung an sich noch meine Anmerkungen einen Anspruch auf Vollständigkeit erheben.

3.3.1 *Soziale Berufe*

Bei HSP gehen das ausgeprägte Einfühlungsvermögen und das feine Gespür für die Sorgen, die Nöte und das Leid anderer Menschen oftmals einher mit einem starken Wunsch zu helfen. Meist haben HSP eine zutreffende Vorstellung davon, wo die Bedürfnisse liegen und was getan werden muss, damit es anderen besser geht. HSP können von ihrer Wesensart her gut zuhören, verstehen, unterstützen, beistehen, begleiten, ermutigen … Daher ist es folgerichtig, dass viele Hochsensible einen Beruf im sozialen Bereich wählen.

Zu denken ist zum Beispiel an die Arbeit mit Kindern, Jugendlichen, alten Menschen, Menschen mit Behinderung, Menschen mit sozialen Schwierigkeiten, Menschen in Problemlagen. Die Aufgaben sind, diese Menschen psychosozial zu betreuen, ihr Befinden zu verbessern und sie zu befähigen, die Herausforderungen des Lebens besser zu bewältigen, nötigenfalls für finanzielle und sonstige Unterstützung und mehr Integration zu sorgen.

Bitte bedenken: Die Arbeit in einem sozialen Beruf kann HSP Erfüllung bringen, zugleich besteht aber für sie die Gefahr der Überreizung und emotionalen Überforderung, insbesondere dann, wenn sie Missstände und Not täglich hautnah mitbekommen, den Nachhall des Erlebten mit in die Freizeit nehmen und innerlich nicht zur Ruhe kommen. Zu Frustration führt es, wenn sie erkennen müssen, dass die Möglichkeiten zu helfen aus unterschiedlichsten Gründen begrenzt sind.

Möglicherweise hilfreiche Idee: Diejenigen, die von sich wissen, dass sie es nur schwer verkraften, mit Leid direkt konfrontiert zu sein, können sich überlegen, ob sie nicht lieber im sozialen Bereich eine planerische, koordinierende oder beratende Aufgabe in der zweiten Reihe übernehmen. Auch damit können sie wirkungsvoll helfen.

Unbedingt der Erwähnung wert: Kein anerkannter Beruf, durchaus aber eine anerkennenswerte Beschäftigung ist die als Hausfrau und Mutter bzw. Hausmann und Vater. Familienarbeit kann außer der Arbeit im Haushalt und in der Kindererziehung auch die Betreuung und Pflege von Angehörigen bedeuten. Gerade HSP sollten nicht von sich erwarten, Care-Arbeit so einfach „nebenbei" erledigen zu können. Die Doppelbelastung führt nicht selten in die Erschöpfung. Vielleicht ist es angesagt, sich dem tatsächlichen oder vermeintlichen gesellschaftlichen Druck zu entziehen und sich selbstbewusst für Vollzeit-Familienarbeit zu entscheiden (sofern dies finanziell möglich ist).

3.3.2 *Pflegende und heilende Berufe*

HSP, die auf sich selbst und andere bezogen eine ausgeprägte Wahrnehmung für körperliches und seelisches Befinden haben, interessieren sich häufig für Gesundheit, Medizin und Psychologie und dementsprechend für einen Beruf im Gesundheitsbereich.

HSP lieben es, das Leben anderer Menschen auf positive Weise zu beeinflussen. Sie sind motiviert, deren Leiden zu mindern und Lebensqualität zu verbessern. Zu helfen und zu heilen gibt ihnen eine tiefe innere Befriedigung. Sie sind einfühlsam und verständnisvoll, können oft erstaunlich gut mit dem ganzen Spektrum menschlicher Gefühle umgehen, verkraften auch Sorgen, Schmerz und Trauer anderer. Sicher liegt das auch daran, dass ihnen intensive Gefühle sehr vertraut sind. Entgegen einer Klischeevorstellung sind sie nicht etwa schwach, sondern verfügen über eine bemerkenswerte innere Stärke. Diese befähigt sie in besonderem Maße, in unterstützender und heilsamer Weise auf Patienten und Patientinnen einzugehen.

Tätigkeitsfelder gibt es in der Pflege als Arzt / Ärztin, Psycholog:in, Psychotherapeut:in, Apotheker:in, als pharmazeutisch-kaufmännische:r Angestellte:r, Heilpraktiker:in, Physiotherapeut:in, Entspannungstherapeut:in, um nur einige Beispiele zu nennen.

Bitte bedenken: Ähnlich wie bei der Arbeit im sozialen Bereich kann es emotional über Gebühr belasten, dauernd mit den Schicksalen und Ausnahmegefühlen von kranken, verunfallten und / oder traumatisierten Menschen und deren Angehörigen umzugehen. Nicht jedem kann geholfen werden, manche Krankheit ist unheilbar, manche körperliche oder seelische Verletzung hinterlässt bleibende Schäden, Alter und Tod lassen sich letztlich nicht aufhalten. Zudem ist die Arbeit beispielsweise in der Pflege körperlich sehr anstrengend, häufig sind die Arbeitszeiten zu lang, die Arbeitsbedingungen schwierig, die Taktung der Arbeit stressig und unbefriedigend. Oft frustrieren die Zustände in der betreffenden Einrichtung auch in der Hinsicht, dass keine optimale Versorgung der Patienten und Patientinnen gewährleistet ist.

Möglicherweise hilfreiche Ideen: HSP sind häufig sehr aufgeschlossen gegenüber alternativen und naturheilkundlichen Methoden und ganzheitlichen Ansätzen und können unter Umständen dort einen geeigneten Wirkungskreis finden. Vielleicht kommt auch eine Tätigkeit im Bereich von Gesundheitsförderung und Prophylaxe infrage. „Vorbeugen ist besser als heilen", ein Sprichwort, das dem Arzt Christoph Wilhelm Hufeland zugeschrieben wird, betont die Bedeutung der Prävention in der Medizin. Als Beispiele dazu fallen mir die Ernährungsmedizin und die Achtsamkeitspraxis ein.

3.3.3 Pädagogische Berufe

Als Erzieher:in, Lehrer:in oder Trainer:in eine Rolle in der Erziehung und Bildung von Kindern und Jugendlichen zu spielen oder auch in der Erwachsenenbildung tätig zu sein entspricht dem Anliegen von HSP, Entwicklung und (Lern-)Fortschritt zu begleiten und zu fördern und eine Veränderung zum Besseren hin zu bewirken.

HSP lieben es, ihr Interessengebiet anderen nahezubringen, ihr Wissen zu teilen, den Horizont anderer zu erweitern. In aller Regel gehen sie mit viel Idealismus an ihre erzieherischen und pädagogischen Aufgaben heran. Indem sie Werte wie Respekt, Wertschätzung und Verantwortung leben, sind sie ein gutes Vorbild für jüngere Menschen.

Bitte bedenken: Der Arbeitsalltag in den großen Gruppen von Krippen, Kindergärten und Kindertagesstätten sowie Schulklassen ist reizerfüllt und kann hochsensible pädagogische Fachkräfte und Lehrkräfte schnell an ihre Grenzen bringen. Ein hoher Lärmpegel, viel Unruhe, Streitereien der Kinder und Jugendlichen untereinander zerren an den Nerven. Die Kontakte mit Eltern sind häufig schwierig. Die Anforderungen durch den Lehrplan und seitens der Schulleitung können viel Druck bedeuten.

Möglicherweise hilfreiche Ideen: Besser verträglich kann eine pädagogische Tätigkeit mit kleineren Gruppen oder Einzelnen sein, wie zum Beispiel im Förderunterricht, im Sonderschulbereich, in der Nachhilfe. In puncto Lärm und Unruhe haben es Lehrer:innen und Trainer:innen im Bereich der Erwachsenenbildung leichter. Zudem haben sie es dort in aller Regel mit erfreulich motivierten Teilnehmenden zu tun.

3.3.4 *Beratende Berufe*

In allen beratenden Berufen können HSP für andere Menschen da sein, auf sie eingehen, ihnen mit der eigenen Expertise weiterhelfen. Und das, ohne selbst zu tief involviert zu werden. Die Palette ist riesig. Es gibt wohl keinen Gesellschafts- und Wirtschaftsbereich, in dem es keine Berater:innen gäbe: Unternehmensberatung, Rechtsberatung, Finanzberatung (ich meine echte Beratung, nicht eine verdeckte Form des Verkaufs), Lebensberatung, Erziehungsberatung, Eheberatung, Gesundheitsberatung, Ernährungsberatung, Einrichtungsberatung, Stilberatung usw.

Ich würde so weit gehen zu sagen, dass HSP aufgrund ihres Einfühlungsvermögens und ihres übergreifenden Denkens in jeglicher Beratung (entsprechend ihrer fachlichen Kompetenz und ihres Interessenschwerpunkts) bestens aufgehoben sind. Eng verwandt mit psychologischer Beratung ist das Coaching, das es auch in großer Vielfalt gibt und das für HSP sicher ebenfalls ein sehr geeignetes Tätigkeitsfeld darstellt. Vielen HSP liegt es auch, ausgleichend und vermittelnd zu wirken, das können sie zum Beispiel als Mediator:in.

Bitte bedenken: Mit Beratung und Coaching sind viel Kontakt und viel Kommunikation verbunden. Für stark introvertierte HSP wäre das daher nicht das Richtige. In der Mediation kann es belastend sein, es ständig mit heftigen Konflikten zu tun zu haben.

3.3.5 *Dienstleistende Berufe*

HSP mit ihrer großen Aufmerksamkeit für ihr Gegenüber und ihrem natürlichen Einfühlungsvermögen können sehr schnell erfassen, was Kund:innen wollen und wie sie am besten auf deren Bedürfnisse eingehen können. Die Serviceorientierung im Denken und Handeln entspricht ihrer Grundhaltung. Ihnen ist jederzeit bewusst, dass das Ziel ihrer Arbeit die Kundenzufriedenheit ist. Kund:innen spüren die Beachtung und die kundenfreundliche Ausrichtung und fassen schnell Vertrauen. Auch aufgrund ihrer Zuverlässigkeit sind HSP ideale Dienstleister.

Dienstleitungsberufe liegen unter anderem im Hotel- und Gaststättengewerbe, im Tourismus und in der Freizeitwirtschaft, im Verkehrsdienstleistungswesen, im Messe- und Veranstaltungsmanagement, sie finden sich rund um Kosmetik, Körperpflege und Wellness, rund um Haus und Garten, um Versorgung und Reinigung, ebenso in Organisationsabteilungen, die mit der unmittelbaren Kundenbetreuung befasst sind.

Bitte bedenken: Eine Tätigkeit im ständigen Kundenkontakt ist ungeeignet für introvertierte HSP und wenig empfehlenswert für HSP überhaupt. Am Front Desk in einem Hotel, im Service in einem gastronomischen Betrieb, im Callcenter eines Unternehmens hat man nicht nur die anhaltende Reizfülle, sondern trifft zudem häufig auf Personen, die Probleme und Beschwerden vortragen, teilweise aufgebracht sind, unfreundlich und fordernd auftreten und oftmals nur schwer oder gar nicht zufriedenzustellen sind. HSP können das nicht so einfach wegstecken, ihre Frustrationstoleranz ist nicht sehr hoch.

Möglicherweise hilfreiche Ideen: Die Tätigkeit im Dienstleistungsbereich ist erfreulicher und damit annehmbarer, wenn man es in aller Regel mit zufriedenen Kund:innen zu tun hat. Die Tätigkeit wird zudem verträglicher, wenn es ausreichend Pausen zwischen den einzelnen Kundenkontakten gibt, in denen administrative, planerische und konzeptuelle Aufgaben ausgeführt werden können. Oder wenn es sich ganz und gar um eine Tätigkeit im Backoffice bzw. im Management handelt.

3.3.6 *Kaufmännische und verwaltende Berufe*

HSP können gut Sachverhalte und Anforderungen erfassen, den Überblick behalten, organisieren, Lösungen finden, Konzepte entwickeln, Abläufe verbessern, Korrekturen vornehmen. Mit Gewissenhaftigkeit bearbeiten, verfolgen und prüfen sie Vorgänge, pflegen Daten, stellen Informationen zusammen und führen Korrespondenz. Ihr gutes episodisches Gedächtnis hilft ihnen, alte Vorgänge wiederzufinden, sofern diese für aktuelle Aufgaben wieder relevant werden. Berufe im Büro finden sich in der freien Wirtschaft oder im öffentlichen Dienst, sei es im Sekretariat oder der Assistenz, in der Sachbearbeitung, im Management bzw. in der Verwaltung auf den verschiedenen Hierarchieebenen. Die Palette der verwaltenden, wirtschaftlichen und juristischen Berufe, die in Institutionen, Organisationen und Wirtschaftsunternehmen ausgeübt werden können, ist breit. In der Wirtschaft gibt es zum Beispiel den Einzel- und Großhandel, Banken und Versicherungen, Immobilienbüros, Rechtsanwalts- und Steuerkanzleien und Industrieunternehmen. In Letzteren finden sich die Abteilungen Personalwesen, Beschaffung, Rechnungswesen und Controlling, Marketing und Werbung, Vertrieb und Verkauf, Auftragsbearbeitung. Der Weg in diese Berufe führt über eine Ausbildung oder ein (duales) Studium.

Bitte beachten: Die Wahl der Abteilung und der konkreten Stelle ist für die Passung entscheidend. Eine leitende Position zum Beispiel, in der das Tagesgeschäft hektisch verläuft, von allen Seiten unentwegt Informationen zuströmen und Anforderungen auftauchen, tagtäglich schnelle und oft auch harte Entscheidungen gefordert sind, wird in einer HSP noch mehr Stress auslösen als in einer Nicht-HSP. Nur im Einzelfall kann beurteilt werden, ob das auf Dauer bewältigt werden kann.

Der reine Verkauf widerspricht der eher zurückhaltenden Art von HSP und wird für sie besonders unangenehm, wenn in der „Verkaufsberatung“ die Kund:inneninteressen vernachlässigt werden. Aggressive Verkaufsmethoden sind mit der ethischen Grundhaltung von HSP nicht zu vereinbaren.

Möglicherweise hilfreiche Ideen: Eine Sachbearbeitungsaufgabe oder eine Stabsfunktion, die sich vor allem durch unterstützende und beratende Aufgabenschwerpunkte auszeichnet, können für HSP die bessere Wahl sein, weil sie sich der gründlichen Bearbeitung bestimmter Aufgaben unter eher störungsarmen Bedingungen widmen können.

Was die Abteilungen angeht: Zum Beispiel im Personalwesen passen verantwortungsvolle Aufgaben wie Personalplanung, Personaleinsatz, Recruiting und Personalentwicklung gut zu den Interessen und Stärken von HSP, ob nun mit oder ohne Führungsfunktion.

3.3.7 *Wissenschaftliche Berufe*

HSP sind im Allgemeinen wissbegierig. Viele von ihnen interessieren sich für Wissenschaft, sei es eine der Naturwissenschaften oder der Gesellschafts- und Geisteswissenschaften. Gehen sie beruflich in diese Richtung, kommt ihnen zugute, dass sie es lieben, sich vertieft mit einem Wissensgebiet zu befassen, sich Wissen zu erarbeiten, Dinge zu analysieren und zu durchdenken, Begründungen zu finden, wesentliche Eigenschaften, Zusammenhänge und Gesetzmäßigkeiten zu erkennen, Schlussfolgerungen zu ziehen. Es liegt ihnen auch, Wissen infrage zu stellen, neuen Fragestellungen nachzugehen, systematisch Fakten zusammenzutragen und auszuwerten, präzise zu arbeiten (z. B. im Labor), zu neuen Erkenntnissen zu gelangen und neue Theorien zu bilden, wie es in der Forschung geschieht.

Bitte bedenken: HSP kann es schwerfallen, sich ganz nur einer Wissenschaft zu verschreiben und dieser Fokussierung auf lange Zeit treu zu bleiben.

Möglicherweise hilfreiche Idee: Wer keine eindeutige Präferenz bei sich feststellt, tut gut daran, etwas zu wählen, was im Aufbaustudium und in der späteren Berufsausübung verschiedene Optionen offenhält.

3.3.8 Technische Berufe

Die Tatsache, dass HSP meist Gefühlsmenschen sind, bedeutet nicht, dass sie nicht geeignet wären für Berufe, in denen Sachverstand, Logik und Planungsfähigkeit, gegebenenfalls auch handwerkliches Geschick gefragt sind. Im Gegenteil: Bei entsprechender Neigung kann ihnen guttun, sich beruflich mit Technik, Technologie, Informationstechnologie oder dem Ingenieurwesen zu beschäftigen, sei es in einem technischen Ausbildungsberuf oder über ein technisches Studium als Ingenieur:in welcher Fachrichtung auch immer.

Bitte bedenken: Eine Beschäftigung in der Produktion kann vom hohen Lautstärkepegel her problematisch sein. Eine Aufgabe als Projektleiter:in entspricht dem Organisationstalent von HSP, wird aber leicht sehr stressig, unter anderem weil so vieles außerhalb des eigenen Einflusses liegt.

Möglicherweise hilfreiche Ideen: Forschung und Entwicklung, Prüfung und Qualitätssicherung könnten für HSP passende Tätigkeitsbereiche sein. Auch die IT bietet viele geeignete Jobmöglichkeiten, zum Beispiel als Softwareentwickler:in oder Data Scientist.

3.3.9 Kreative und gestaltende Berufe

HSP, die intensiv wahrnehmen und fühlen, ein ausgeprägtes Gespür für Sinnlichkeit, ein Auge für Details und ein feines Gehör haben, haben durchweg eine Affinität zu kreativen Ausdrucksformen jedweder Art. Sie sind gut darin, Schönes, Harmonisches und Unverwechselbares zu schaffen, dabei auch Nützlichkeit und Ästhetik zu verbinden. Hochsensible Fähigkeiten lassen sich bestens in gestalterischen und künstlerischen Berufen einsetzen. Sensibilität ist sicher ein zentraler Erfolgsfaktor bei allen, die Kunst produzieren. Feinmotorisches Geschick ist nützlich in der bildenden Kunst und im Kunsthandwerk.

Die möglichen Tätigkeitsfelder sind breit gefächert: Architektur, Landschaftsarchitektur, Inneneinrichtung, Raumausstattung, Möbeldesign, Produktdesign, Modedesign, Schmuckdesign, Grafikdesign, Webdesign, Kommunikationsdesign, Mediengestaltung, Fotografie, Video- und Filmproduktion, Schriftstellerei, Schauspiel, Musik, Tanz, Gesang, Bühnenbild, Malerei, Bildhauerei, Kunsthandwerk, Floristik u. a. m.

HSP leben gerne selbst ihre künstlerische Seite aus, beschäftigen sich aber auch gern mit dem, was andere Kreative erschaffen haben. Für sie kommen daher verschiedenste Berufe im Kunst-, Kultur- und Medienbetrieb infrage, zum Beispiel in einem Theater, einem Museum, einer Galerie, einer Buchhandlung, einer Bibliothek, einem Verlag oder einer Werbeagentur. In den Berufen rund ums Schreiben (Texter:in, Journalist:in, Autor:in, Lektor:in, Redakteur:in) verbinden sich Wissbegierde und vielfältige Interessen mit der Freude an einer vertieften Themenbehandlung sowie am sprachlichen Ausdruck, am Recherchieren, Auswählen und Verbessern.

Bitte bedenken: Einige der Kultur- und Kreativberufe gehören zu den freien Berufen. Das bringt einerseits Freiheiten, anderseits Unsicherheiten mit sich.

3.3.10 „Grüne" Berufe

HSP haben in aller Regel einen engen Bezug zu Pflanzen, zu Tieren und zur Natur, halten sich auch gern in der Natur auf. Zu diesen Interessen und Neigungen können Berufe passen wie zum Beispiel Gärtner:in, Landschaftspfleger:in, Landwirt:in, Fachkraft für Agrarservice, Winzer:in, Forstwirt:in, Tierpfleger:in, Pferdewirt:in und Naturführer:in.

HSP interessieren sich sehr für Umwelt- und Nachhaltigkeitsthemen, haben ein hohes Bewusstsein für Ökologie, Natur-, Umwelt- und Klimaschutz. Insofern kann es für sie naheliegen, sich auch beruflich diesbezüglich zu engagieren, sei es als Wissenschaftler:in, Ingenieur:in, Manager:in, Gutachter:in, Berater:in oder einem operativen Beruf im Umweltbereich.

Bitte bedenken: Gerade bei den sogenannten grünen Berufen gibt es häufig idealisierte Vorstellungen. Es empfiehlt sich hier ganz besonders, ein Praktikum im angestrebten Beruf zu absolvieren, um den realen Arbeitsalltag kennenzulernen.

3.4 Gestaltung des beruflichen Wegs

Der berufliche Weg ist eng verknüpft mit dem Lebensweg. Aufgrund unterschiedlicher Lebenssituationen und Lebensphasen ergeben sich verschiedene Wegabschnitte. Interessenschwerpunkte und Prioritäten verändern sich, Karrierepläne passen sich dem an. Zum Beispiel kann sich die Gewichtung von Beruf und Privatleben in der Familienzeit oder in den Jahren vor der Rente verschieben.

Das Leben gleicht einer abenteuerlichen Reise, auf der wir einerseits planvoll vorgehen und Ziele ansteuern, andererseits angesichts von Überraschungen und Zufällen spontan reagieren und improvisieren, vielleicht Ziele anpassen oder ganz neue Ziele ins Auge fassen. Die praktischen Erfahrungen, die wir nach und nach machen, geben uns mit der Zeit eine immer solidere Grundlage, um an wichtigen Weggabelungen die verfügbaren Alternativen bewusst zu prüfen und klug zu entscheiden. So kann sich sukzessive ein stimmiger Werdegang ergeben. Ob er geradlinig oder in Kurven und Schlenkern verläuft, ist nicht so wichtig. Ich möchte hier das Zitat „Umwege erhöhen die Ortskenntnis“, das Kurt Tucholsky zugeschrieben wird, anführen.

Der berufliche Weg erstreckt sich über die gesamten Berufsjahre und bietet daher viel Zeit für Erkundungen, Entdeckungen, Erprobungen. Vielleicht begegnen wir unerwartet einem interessanten Jobangebot, vielleicht bekommen wir die Möglichkeit, Führungskraft zu werden. Vielleicht kreuzt etwas unseren Weg, was uns direkt anzieht und fortan nicht mehr loslässt und eine berufliche Neuerung nach sich zieht. Auch durch die Entwicklung der Persönlichkeit kann es sein, dass eine Berufstätigkeit, die jahrelang völlig in Ordnung war, irgendwann nicht mehr so richtig passt, dass etwas anderes an der Reihe ist. Zumindest geringfügige Veränderungen und Anpassungen wird es immer wieder geben, schon weil äußere Faktoren sich wandeln.

In mein Coaching kommen oft Menschen, die mit dem Job, den sie ausüben, unzufrieden sind und herausfinden wollen, wie es für sie weitergehen kann. Manche von ihnen erwägen, beruflich etwas ganz anderes zu machen, oft jedoch (noch) ohne konkrete Vorstellung, was das sein könnte. Da ist das Gefühl, noch nicht angekommen zu sein, da ist die Hoffnung, etwas zu finden, was einerseits weniger belastet und anderseits mehr Freude und Erfüllung bringt.

Sehr wohl kann es sein, dass es angesagt ist, zu ganz neuen Ufern aufzubrechen. Vielleicht kann aber schon über eine Modifikation im Tätigkeitsbereich und/oder in den Arbeitsbedingungen Abhilfe geschaffen werden. Auch ein Stellenwechsel im angestammten Beruf kann die Situation zum Besseren wenden. Zunächst gilt es daher, in Ruhe herauszufinden, worin genau die Unzufriedenheit begründet liegt. Ob es wirklich am Beruf an sich liegt oder eher an der konkreten Stelle. Für HSP spielt nun einmal das Drumherum einer Stelle eine nicht zu unterschätzende Rolle, angefangen vom Weg zur Arbeit und der räumlichen Arbeitsumgebung über die Arbeitszeiten bis hin zur Unternehmenskultur, dem Arbeitsklima und dem Verhältnis zu Kolleg:innen und Vorgesetzten (siehe auch Kapitel 4).

Die Lebensweisheit „Love it, change it or leave it" benennt die drei wesentlichen Alternativen. Kann ich die aktuelle Tätigkeit lieben lernen? (Indem ich sie in einem anderen Licht betrachte, eine andere Einstellung gewinne.) Oder kann ich sie so verändern, dass sie für mich annehmbar wird? (Indem ich Lösungen für einzelne Problempunkte finde.) Oder muss ich sie tatsächlich hinter mir lassen? (Um mir eine neue Stelle im selben oder einem anderen Tätigkeitsbereich oder sogar einen neuen Beruf zu suchen). Bei der letztgenannten Option darf man nicht unterschätzen, was es für einen Kraftakt bedeutet, in einem völlig anderen Bereich wieder von vorn anzufangen und sich beruflich ganz neu zu definieren. Ich empfehle daher, sich nicht voreilig von dem abzuschneiden, worin man über viele Jahre Expertise und Kompetenzen aufgebaut und eine berufliche Identität entwickelt hat, sondern gut zu überlegen, ob man doch irgendwie daran anschließen, darauf aufbauen, daraus etwas ableiten, darin neue Akzente setzen kann.

Schließlich noch das: Im Zusammenhang mit dem beruflichen Werdegang denkt man auch an „Karriere". Dabei wird unter Karriere häufig der Aufstieg in eine leitende Position verstanden. Ob HSP sich in der Rolle als Führungskraft wohlfühlen, kann nicht allgemein beantwortet werden. Manche ja, andere nein. Das hängt davon ab, wie souverän sie im Umgang mit Menschen sind, wie gut sie Kompromisse finden und Konflikte lösen können. Auch davon, wie gut sie Spannungsfelder und Dilemmata aushalten können, in denen sich Führungskräfte insbesondere im mittleren Management häufig befinden. Und wie gut es ihnen gelingt, die Ansprüche beider Seiten (der nächsthöheren Führungsebene und ihrer Mitarbeitenden) zu balancieren, zu koordinieren und zu integrieren.

HSP berichten … über ihren beruflichen Weg

Paul (57), Förster

Ich arbeite seit 35 Jahren als Förster. Zuvor war ich technischer Zeichner und im Begriff, mein Abi in Abendkursen nachzuholen. (Die Hochsensibilität hat mich am meisten in meiner schulischen Laufbahn beeinträchtigt. Ich fand es nie angenehm, mit so vielen Leuten in einem Raum zusammengepfercht zu sein. Ich konnte mich in großen Gruppen nie gut abgrenzen und mich nicht gut konzentrieren.)

Der Förster-Beruf passt eigentlich zu 100 Prozent. Die Abwechslung von Arbeit im Freien, oft allein, und Arbeit im Büro ist ein Glücksfall für mich. Lange hatte ich das Gefühl, etwas Sinnvolles zu machen: Holz bereitstellen, Naherholung und Waldpädagogik ermöglichen, aktiven Naturschutz vor Ort betreiben.

Ich kann mich aber gerade mit der Art und Weise, wie der Beruf sich wandelt, nicht anfreunden. Die relativ analoge Berufsausübung hat sich zu einer Tätigkeit entwickelt, die sehr virtuell, sprich computerlastig bzw. smartphonelastig geworden ist. Schwierig finde ich die permanente Erreichbarkeit, die Mails, Social Media und die Kommunikation auf allen Kanälen. Früher bekam ich Briefe, die ich binnen zwei bis drei Tagen beantwortete. Heute bekomme ich eine Mail, und wenn da keine Antwort binnen ein paar Stunden kommt, kommt ein Reminder. Früher hatte ich 30–45 Minuten Telefondienst, bevor ich in den Wald ging, danach keine Anrufe mehr. Heute bekomme ich Mails und Karten mit der Bitte um sofortige Stellungnahme in den Wald oder ins Auto.

Früher war ich Projektmanager, konnte viele Ideen umsetzen. Heute darf ich quasi keine Projekte mehr initiieren und werde vor allem eingesetzt, um zu kontrollieren, zu protokollieren und zu dokumentieren. Nicht mein Ding. Die Kreativität und das Erfolgserlebnis nach dem Abschluss eines Projekts fehlen mir. Die großen Themen Umweltschutz, Klimawandel, Waldsterben (hier hat es in den letzten fünf Jahren unglaublich wenig geregnet, die Fichten sterben einfach ab), die Suche nach Sündenböcken und die zum Teil einseitige Betrachtung der komplexen Themen belasten mich zudem.

In spätestens vier bis fünf Jahren bin ich pensionsberechtigt. Ich werde bis dahin nicht mehr großartig vieles ändern oder wechseln wollen.

Vielleicht hänge ich nach der Pensionierung noch ein paar Jahre als Coach dran. Nicht Vollzeit. So, wie es passt. Vielleicht mache ich auch etwas ganz anderes. Nur Sinn sollte es machen.

Mara (50), Sprachlehrerin

Ursprünglich habe ich den Beruf der Lehrerin gewählt, habe Grund- und Hauptschullehramt studiert und dann in beiden Schularten unterrichtet. Ich glaub schon, dass der Beruf der Lehrerin meiner Berufung, meiner Begabung und meinen Neigungen entspricht. Aber so wichtig mir meine Arbeit auch war, so sehr hat sie mich auch überfordert. Der Lärm, das ständige hier und da und dort parat sein müssen, die vielen Anforderungen, der eigene Anspruch.

Nach fünf Jahren hab ich den Absprung gefunden. Da war diese Stellenausschreibung, ich wurde genommen und war weg, aus dem Schuldienst abgeordnet in die Erwachsenenbildung. Wäre ich geblieben, hätte ich mich mit meinem Naturell wahrscheinlich gesundheitlich kaputtgemacht und mich selbst verloren.

Im nächsten Job war ich Fachbereichsleiterin an einer Volkshochschule. Dort fand ich keinen einzigen Tag so anstrengend und fordernd wie einen ganz normalen Schultag als Klassenlehrerin. Ich hatte weniger Stress, konnte mehr auf eigene Bedürfnisse achten, aber es fehlte mir schon sehr, mit Kindern zu arbeiten. Alles war anders, ich habe mich sehr schnell sehr gelangweilt und konnte mit den für mich schwierigen Situationen (z. B. Umgang mit Kundenbeschwerden) nicht umgehen. Ich wurde krank. War dann erst mal lange krankgeschrieben, schließlich als „anderweitige Verwendung" in der Schulverwaltung eingesetzt, wurde dann in den frühzeitigen Ruhestand versetzt, wo ich noch bin und nach drei Überprüfungen nun wohl auch bleiben werde.

Seither unternehme ich Versuche der Neuorientierung.

Michael (58), IT-Call-Center-Agent und Heilpraktiker für Psychotherapie

Ich wählte nach dem technischen Gymnasium ein technisches Studium, Holz- und Kunststofftechnik, an der damals neuen Dualen Berufsakademie mit dem Abschluss als Dipl.-Ing. (BA). Es war ein Verlegenheitsstudium – das ich allerdings bis zum Abschluss-Diplom durchzog. Es war ein sehr anspruchsvolles und komprimiertes Studium – von einem typischen Studentenleben in Biergärten und auf Studentenpartys meilenweit entfernt. Auch der praktische Teil in der Ausbildungsfirma war von einem hohen Leistungs- und Erwartungsdruck seitens der Firma geprägt, ohne dass ich Synergieeffekte aus der vermittelten Theorie an der Akademie und der praktischen Umsetzung in der Firma erkennen konnte. Auch die Firma, in die ich nach dem Studium wechselte, hat meine Erwartungen an eine sinnstiftende Tätigkeit nicht ansatzweise erfüllt.

Als Quereinsteiger und Autodidakt bin ich dann mehr und mehr in der EDV gelandet. Ich verließ die Firma und machte mich hoch motiviert mit einem Kompagnon im EDV-Schulungsbereich selbstständig, aber dieses Unternehmen scheiterte nach etwas über einem Jahr an mangelnder Wirtschaftlichkeit, sodass ich mit hohen Schulden wieder ausstieg.

Auch als Grafik- und Mediendesigner habe ich mich eine Zeit lang versucht – entsprechende nebenberufliche Weiterqualifikationen vorab absolviert – immer auf der Suche nach *dem* Job.

Dies zieht sich bis heute in abgewandelter und teilweise noch extremerer Form durch – die Existenzsicherung und die Verantwortung für die Familie waren und sind immer noch der Selbstverwirklichung vorangestellt und machen viele Kompromisse notwendig. Einzig die selbstständige Tätigkeit als Personal Coach und psychologischer Berater für seelische Gesundheit, die ich nach entsprechenden berufsbegleitenden Ausbildungen (u. a. Heilpraktiker für Psychotherapie) seit einigen Jahren nebenberuflich in Teilzeit ausübe (Selbstzahlerpraxis ohne Kassenzulassung), scheint meinen Fähigkeiten, Neigungen und Begabungen am ehesten zu entsprechen – aber davon kann ich in absehbarer Zeit nicht leben, sodass ich weiterhin hybrid als Angestellter und Freiberufler in Teilzeit tätig bin.

Mein wirtschaftliches Auskommen erziele ich durch mein mittlerweile schon über 25-jähriges Angestelltenverhältnis (jetzt 60 Prozent in Teilzeit) in einem Großklinikum als IT-Systemorganisator und IT-Call-Center-Agent. Das Arbeiten im Homeoffice seit Corona kommt mir hier sehr zugute – darauf wollte ich nicht mehr verzichten. In all meinen Tätigkeiten steht für mich nicht der finanzielle Erfolg an erster Stelle, wichtig sind mir die positiven Rückmeldungen. Ich möchte gute Lösungen für Probleme von Menschen erzielen. Das ist für mich sinnstiftend.

Monika (58), Erzieherin

Ich habe mit dem Beruf der Erzieherin einen für mich geeigneten Beruf gewählt. Ich arbeite gerne mit Menschen und bin kooperativ und kreativ. Ich leiste gerne meinen Beitrag für das Wohlergehen der mir anvertrauten Menschen. Wegen meiner feinen Sensoren für zwischenmenschliche Stimmungen verfüge ich über empathische Fähigkeiten. Ich arbeite mit Kindern im Alter zwischen drei und sechs Jahren. Oft verfügen die Kinder noch nicht über den Wortschatz, um sich verständlich machen zu können. Da hilft mir meine Beobachtungsgabe dabei, herauszubekommen, was diese kleinen Menschen jetzt brauchen.

Die Rahmenbedingungen des Erzieherberufs können allerdings für HSP suboptimal sein. Der Geräuschpegel im Kindergarten macht mir oft zu schaffen. Da genieße ich die Zeiten am Tag, wo ich mit den Kindern in der Natur unterwegs sein kann. Nach einem Sechsstundentag bemerke ich, dass ich im Laufe des Tages überstimuliert und gestresst werde. Das Nachhallen der Eindrücke nach Feierabend in der Form, dass ich darüber nachdenke, welche Lösungsansätze und Unterstützung es für einzelne Kinder geben könnte, ist eine weitere Herausforderung für mich. Manchmal gehen mir Einzelschicksale der Kinder unter die Haut. Ich übe mich täglich darin, meine Grenzen zu setzen.

Es ist wichtig für mich, dass ich in Teilzeit arbeite und einzelne freie Tage zwischen meinen Arbeitstagen habe, um wieder regenerieren zu können.

Im Ganzen kann ich sagen: Ich erlebe meinen Beruf als sinnstiftend. Ich kann meine Werte wie Gerechtigkeit, Nächstenliebe und Respekt sehr gut einbringen. Da ich in einem evangelischen Kindergarten arbeite, darf ich auch meine Spiritualität leben.

Jana (37), Ernährungsberaterin

Ich habe direkt nach dem Abi Lehramt studiert, aber nur einige Semester. Danach habe ich einen Ausbildungsberuf im Labor angefangen. Beides habe ich nicht beendet. Letztendlich bin ich dann bei der Ausbildung zur Ernährungsberaterin gelandet.

Im Nachhinein bin ich sehr froh, dass ich keine Lehrerin geworden bin. Ich glaube, ständig exponiert vor einer Klasse zu stehen und eine Art Alleinunterhalterin sein zu müssen hätte mich als HSP sehr überfordert. Auch die Tätigkeit im Labor wäre mir nicht gerecht geworden, vermute ich, da hier eindeutig der zwischenmenschliche Aspekt bei der Arbeit gefehlt hätte.

Mich haben psychologische Themen schon immer interessiert. Schon als Kind / Jugendliche war ich als Hobby-Psychologin für meine Freunde und Klassenkameraden bei Sorgen und Nöten eine beliebte Ansprechpartnerin.

Als Ernährungsberaterin kann ich viele meiner Stärken (z. B. Empathie, gut zuhören können) sehr gut einsetzen. Da es bei den Klient:innen meist nicht nur um Wissensvermittlung, sondern auch um psychologische Themen geht (z. B. emotionales Essen), ist der Beruf auch sehr vielfältig.

Was mich manchmal stresst, ist das Arbeitspensum und das Durchgetaktetsein. Wenn ich mehrere Stunden am Stück Klient:innen habe, macht es mir keinen Spaß mehr, und meine Kreativität leidet auch sehr. Wenn ich es aber schaffe, genug Pausen einzuplanen, läuft es viel besser.

Im Nachhinein dachte ich mir schon oft, ich hätte eigentlich Psychologie studieren sollen – da mich die Themen unheimlich interessieren. Wobei ich dann auch denke, dass das „mit schweren psychischen Erkrankungen Konfrontiertsein“ vielleicht doch nichts für mich wäre, da man hierfür ja ein eher dickes Fell braucht. Daher bin ich in meinem Coaching-Beruf als Ernährungsberaterin doch sehr gut aufgehoben.

Bea (52), Krankenschwester

Ich habe Krankenschwester gelernt und bin bis heute in diesem Beruf tätig. Schon als Kind wollte ich diesen Beruf ergreifen, und bis auf eine Phase in der Pubertät, in der ich Kfz-Mechanikerin werden wollte, blieb es dabei. Alternativen wären Säuglingsschwester (ist leider kein eigenständiger Beruf) oder Altenpflegerin gewesen. Ich war ein bisschen stolz, dass ich den Berufswunsch meiner Kindheit umgesetzt hatte. Die Florence Nightingale der Neuzeit. Und nach Feierabend Punk mit gefärbten Haaren und zerrissener Kleidung.

Die Leitung der Station, auf der ich die ersten Monate arbeiten musste, hielt mich für nicht ganz so berufen und das Krankenhaus schickte mir zum Ende der Probezeit die Kündigung mit der Begründung, ich sei für den Beruf nicht geeignet. (Ich war Punk und lebende Rebellion. Ich denke, da lag der Hase im Pfeffer.) Das sah ich deutlich anders. Nach langer Verhandlung durfte ich mich auf einer anderen Station (Gynäkologie) beweisen, was mir auch gelang. Die damalige Stationsleitung dort hat mich super begleitet und unterstützt. Und da bin ich bis heute geblieben.

Nach inzwischen über 30 Jahren im Job bin ich mir sicher, dass ich einen Beruf gewählt habe, der zu mir passt. Ich mag den Kontakt zu Menschen (Kollegen wie Patienten) und die zu übernehmende Verantwortung trage ich gerne.

Trotzdem würde ich den Beruf aus heutiger Sicht vermutlich nicht mehr wählen. Das liegt aber mehr an den äußeren Umständen (Pflegenotstand, Arbeitszeiten, der gesunkene Respekt gegenüber unserem Berufsstand u. v. m.). Heute fühle ich mich zu anderen Dingen berufen (zum Tier-, Natur- und Umweltschutz). Was ich damit sagen will: Was heute wichtig ist, kann schon morgen anders sein. Und es ist in Ordnung, sich im Laufe des Lebens zu verschiedenen oder auch mehreren Dingen berufen zu fühlen. Es macht gar keinen Sinn, sich krampfhaft zu bemühen und sich Druck zu machen, um zu *der* Berufung zu finden. Es kommt, wenn es passt. Und bis dahin darf man sich auch mal irren oder völlig unberufen tolle Jobs und Zeiten erleben.

Matilda (45), Verwaltungsleiterin und Mediatorin

Nach einem Nebenjob im Verkauf in einem Fotogeschäft während der Abiturzeit wollte ich eigentlich Fotografin lernen, habe aber trotz mehrfacher Praktika dafür keinen Ausbildungsplatz bekommen. Mangels anderer Ideen habe ich mich dann sehr breit beworben (Hotelfachfrau, Apothekerin, Schauwerbegestalterin, Bürokauffrau, Versicherungskauffrau, Reiseverkehrskauffrau, Verwaltungslaufbahn im öffentlichen Dienst ...) und schließlich das erste Angebot angenommen, das ich bekommen habe. Das war die Ausbildung zur Rechtsanwalts- und Notarfachangestellten. Also keine wirklich gezielte Berufswahl.

Schon während der Ausbildung habe ich diverse Weiterbildungen im Rechtsanwalts- und Notariatsfach besucht. Nach der Ausbildung habe ich noch 5 ½ Jahre in diesem Beruf gearbeitet und parallel erst eine Buchhaltungsausbildung gemacht und dann Wirtschaftswissenschaften im Abendstudium studiert. Noch vor Abschluss des Studiums bin ich zu einem Großkonzern gewechselt und war dort insgesamt 15 Jahre in verschiedenen Bereichen tätig, überwiegend im Personalbereich. Hier hatte ich auch viele Jahre Personalverantwortung für kleine und mittelgroße Teams.

Wiederum parallel habe ich eine Mediationsausbildung gemacht, im Anschluss berufsbegleitend einen Masterstudiengang Mediation absolviert und im Konzern acht Jahre neben dem normalen Job auch als Mediatorin gearbeitet (die acht Jahre sind in den 15 enthalten). Ein paar Jahre hatte ich nebenberuflich noch eine Mini-Selbstständigkeit als Mediatorin (inkl. Trainings) und Autorin.

Rückblickend war das Arbeitsumfeld im Konzern, insbesondere in den letzten Jahren, in denen ich direkt in einer Vorstandsabteilung gearbeitet habe, völlig ungeeignet für mich als HSP. Während mir die Arbeit an sich Spaß machte, setzten mir die emotionale Kälte und die Rücksichtslosigkeit sehr zu. Der Arbeitsalltag, wie ich ihn wahrgenommen habe, stimmte nicht mit dem Außenauftritt des Unternehmens überein. Außerdem ging es oftmals nicht um die Sache selbst, sondern um reine Politik.

Während ich zunächst dachte, ein anderer Job im gleichen Unternehmen würde die Situation für mich verbessern, hatte ich zum Schluss das Gefühl, meine Werte zu verleugnen. Nach einer Burn-out-bedingten Auszeit fasste ich den Entschluss, mich noch einmal neu zu orientieren, und wechselte den Arbeitgeber.

Seit drei Jahren arbeite ich als Verwaltungsleiterin für die Kirche mit den Schwerpunkten Allgemeine Verwaltung, Finanzen, Personal, Bau, Gremien, Kitas, IT, Change Management. Auch hier habe ich Personalverantwortung für das nicht-pastorale Personal in den Kirchengemeinden und unterstütze die Kita-Leitungen in ihrer Führungsverantwortung.

Bis vor einem Jahr waren meine ganzen Jobs immer in Vollzeit mit einem Hang zu Überstunden. Seit einem Jahr arbeite ich in Teilzeit, erst 40 Prozent, dann aufgrund einer Langzeiterkrankung im Team 65 Prozent. Die Reduzierung meiner Arbeitszeit resultierte zum einen aus einer hohen Belastung durch die Arbeit, andererseits aus sich verändernden familiären Anforderungen. Da ich zuvor schon eine Burn-out-Situation hatte, wollte ich nun rechtzeitig gegensteuern und meinem Bedürfnis nach mehr Ruhe und Entspannung entsprechen.

Insgesamt kann ich mit dem, was mir liegt und was ich gut kann, in verschiedenen Bereichen arbeiten. Und vor meinem letzten Stellenwechsel habe ich mich wieder sehr bunt und breit gefächert beworben. Von einem ehrenamtlich Mitarbeitenden habe ich kürzlich das Feedback bekommen, dass er mich „für alles" einstellen würde. Wahrscheinlich passt das ganz gut. Im Grunde glaube ich, dass ich mich für eine bunte Vielzahl an Themen begeistern kann und begeistern lasse. Insofern glaube ich nicht, dass es DEN Beruf für mich gibt.

Claus (49), Produkt-Manager

Die Berufswahl war bei mir ein Prozess: Wie so viele Jugendliche hatte ich keine richtige Idee, was ich mal arbeiten wollte. So manche Entscheidung im Leben habe ich über das Ausschlussverfahren getroffen. Ich wusste eher, was ich nicht wollte. Da ich nicht der handwerkliche Typ bin, zog es mich dann in eine kaufmännische Richtung. Aus all den verschiedenen Sub-Richtungen bin ich dann bei der Kommunikation, der Werbung, gelandet. Diesen Beruf habe ich dann ordentlich mit dem dualen System gelernt. Darin schloss sich ein Studium an der Fachhochschule an – Schwerpunkt Marketing. Denn schnell wurde klar, dass der Beruf des Werbekaufmanns auf Dauer keine Karriere ermöglichen würde.

Durch ein Praktikum zum Ende der Studienzeit bin ich zunächst in der Lebensmittelindustrie gelandet. Bis heute bin ich immer als Produktmanager tätig gewesen, die Rolle ist über die Jahre immer gleich geblieben, nur die Branche, die Produkte und die Orte haben sich geändert. Aktuell sind es Haushaltsgeräte in der Innerschweiz.

Als Zwischenfazit würde ich meine Berufswahl im Hinblick auf die Hochsensibilität so beschreiben: Es passt nicht nicht, ist aber auch nicht ideal. Ich kann allerdings auch nur schwer sagen, was denn das Ideal wäre.

Ich verspüre immer wieder den Wunsch nach einer kreativeren Tätigkeit (Mode, Musik, Fotografie interessieren mich) oder einer karitativen Funktion. Hier sehe ich aber mit fast 50 Jahren keine Chance, einen Einstieg zu finden – geschweige denn ein finanzielles Auskommen zu haben, um die Familie (mit) zu ernähren. Ich verfüge nicht mal über ein Hobby, das sich zu einem Beruf machen ließe. So denke ich derzeit, dass ich in der aktuellen Rolle bleiben werde. Mich mehr mit mir selber zu beschäftigen und an meiner inneren Haltung zum Leben und zu meinem Job zu arbeiten könnte helfen, in dem, was ich habe, mehr Zufriedenheit zu finden. Mehr aus dem zu machen, was meine Tätigkeit bietet.

Das Ausleben der Kreativität als Hobby mit wenigen Stunden pro Monat ist sicher nicht vergleichbar mit einer Vollzeitstelle, aber besser als nichts. Hier ist auf jeden Fall der Entschluss gefallen, dass ich mir die Zeit nehme. Wie heißt es so schön: Zeit hat man nicht – man nimmt sie sich.

Luise (55), Sozialpädagogin

Ursprünglich habe ich eine Ausbildung in der Verwaltung gewählt, sicherlich geprägt von Werten der Eltern und den mangelnden Möglichkeiten auf dem Land in den Achtzigern. Ich habe die Ausbildung zuverlässig zu Ende gebracht und zwei Jahre im öffentlichen Dienst gearbeitet, mich aber gelangweilt und unterfordert und fehl am Platz gefühlt.

Dann habe ich endlich gewagt, das Abi nachzuholen und Soziale Arbeit zu studieren. Das entsprach meiner Neigung, mit Menschen zu arbeiten, die Entwicklung von Menschen zu begleiten und auch mehr zu erfahren über die Hintergründe menschlichen Handelns. Dies ist der rote Faden in meinem beruflichen Handeln.

Zunächst war ich angestellt im öffentlichen Dienst bei einem kommunalen Arbeitgeber. Ich war verantwortlich dafür, Eltern und Kindern in Notsituationen geeignete Hilfestellungen zu organisieren oder aber auch bei Kindeswohlgefährdung zum Teil gegen den Willen der Eltern Schutzmaßnahmen für Kinder und Jugendliche einzuleiten. Diese Situationen waren häufig geladen mit sehr starken Emotionen der Beteiligten, die ich stark wahrnahm und in mich aufnahm. Ich brauchte lange, um mich von dem Erlebten und den Eindrücken wieder zu distanzieren und zu entspannen. Abzuschalten fiel mir sehr schwer. Auf der einen Seite war meine große Empathie für andere hilfreich, auf der anderen Seite war ich überfordert mit den oft komplexen Fallgeschichten und den unterschiedlichen Interessenlagen der Beteiligten.

Die beruflichen Belastungen wurden immer größer (die Fallzahlen und Problemlagen stiegen) und die nötigen Ressourcen (Personal, finanzielle Ausstattung) wurden geringer. Um Zeit und Gelegenheit zu haben zu erkennen, wo es für mich beruflich hingehen könnte, wurde mir auf meinen Antrag hin glücklicherweise ein Sabbatjahr bewilligt. Sehr rasch erkannte ich, dass ein Wechsel des beruflichen Umfelds weg von der „Krisenfront“ für meine Gesundheit dringend anstand. Damals wusste ich noch nicht viel von dem Phänomen Hochsensibilität. Heute verstehe ich viel besser, warum mich das so überforderte.

Ich fand eine freie Stelle in einer Institution für Erwachsenenbildung. So konnte ich weiter im pädagogischen Bereich und mit Menschen arbeiten. Dort arbeite ich nach wie vor und bin außerdem nebenberuflich als Meditationslehrerin tätig.

Rückblickend hätte ich mir mehr Mut gewünscht, früher zu wechseln, vom ersten Beruf zum zweiten Bildungsweg, später von der sozialen Arbeit in die Erwachsenenbildung. Ich brauchte jeweils lange, um den Schritt umzusetzen. Trotz der Wechsel habe ich gelegentlich auch das Gefühl, unter meinen Möglichkeiten geblieben zu sein.

Wobei ich in den letzten Jahren durch das zunehmende Möglichwerden von Homeoffice auch eine positive Entwicklung für mich sehe. Zudem bin ich nur Teilzeit tätig und gönne mir einen freien Tag für Ich-Zeit.

Madeleine (35), Software-Betreuerin

Ich habe einen Bachelor of Arts in BWL, mit der Fachrichtung Internationaler Handel. Das Ganze lief über ein Studium an der Berufsakademie, jetzt Duale Hochschule. D. h., ich hatte von Anfang an Kontakt zu einer Firma (ein Handelsunternehmen in der Befestigungstechnik) und konnte dort live Erfahrungen sammeln. Nach der Übernahme in einen unbefristeten Arbeitsvertrag arbeitete ich dort im Business Development und der Vertriebssteuerung. Dann gab es einen Umzug aus privaten Gründen und damit einen Stellenwechsel. Seitdem arbeite ich in der Industrie bei einem Sensorhersteller. Hier bin ich internationaler geworden im Bereich Marketing und Softwarebetreuung.

Das Gute an meinem gewählten Studium: Es hat mir Grundlegendes aus der Wirtschaft vermittelt. Dadurch habe ich eine solide Ausbildung erhalten und mein Absicherungsbedürfnis war erfüllt. Durch die Vertiefung „Internationaler Handel" konnte ich meine Neugierde befriedigen und habe etwas Abenteuer in mein Leben gelassen. Im Nachhinein betrachtet die richtige Entscheidung, ansonsten wäre mir das Studium zu trocken, langweilig und zahlenlastig gewesen. So konnte ich vieles zu verschiedenen Kulturen lernen und habe den internationalen Austausch, auch im Auslandssemester, sehr genossen.

Allerdings weiß ich bis heute nicht, ob es das ist, was ich machen will. Für mich ist es unglaublich schwer zu differenzieren, ob mich ein Thema einfach nur interessiert, ich es als Hobby ausführen kann bzw. mich in der Freizeit damit beschäftige oder ob es am besten dem Brötchenerwerb dient.

Für mich ist die Sicherheit sehr wichtig, die ein geregelter Job mit sich bringt. Ich möchte in meine Versicherungen (Rente usw.) einzahlen, um auch später ein einigermaßen anständiges Leben führen zu können. Allein der Gedanke an einen Jobwechsel erfüllt mich mit Nervosität. Außerdem möchte ich meinen Lebensstandard halten, deshalb habe ich Angst, Neues zu wagen oder es zu probieren.

Mein Job passt insofern gut zu mir, da er von den Aufgaben her abwechslungsreich ist. Ich leide aber unter der Art und Weise, wie ich ihn ausführen kann. Wenn ich abends den PC ausschalte, fühle ich mich nur an den wenigsten Tagen „erfüllt". Ich saß neun Stunden mehr oder weniger regungslos am Schreibtisch und bin abends ausgelaugt. Daher denke ich oft, dass keine reine Schreibtischtätigkeit wohl besser für mich gewesen wäre. Ich denke viel über Alternativen nach, weil ich immer Optimierungsbedarf sehe. Aber eine tatsächliche Alternative will mir nicht einfallen. Wenn ich darüber nachdenke, überwiegen die negativen Punkte einer Alternative, und ich bleibe bei dem, was ich kenne.

Lasse (48), Berater für Energieversorger

Während meines Studiums (Wirtschaftswissenschaften) habe ich einmal ein sehr begehrtes und gut bezahltes Praktikum in einer renommierten Management-Beratung in München absolviert. Dieses Praktikum war damals wirklich ein Traumpraktikum, da ich ein Top-Unternehmensberater werden wollte.

Ich wurde auf einem Projekt in Münster eingesetzt, wo ich mit einem weiteren Mitarbeiter der Unternehmensberatung tätig war. Ich flog jede Woche montags Business Class nach Münster und donnerstags wieder zurück nach München. Freitag war Bürotag. In Münster bewohnte ich eine Suite mit Kamin in einem schicken Hotel. Das habe ich mir privat noch nie geleistet.

Das Projekt, bei dem ich eingesetzt war, hatte die komplette strategische Neuausrichtung des Unternehmens zum Inhalt. Dies beinhaltete auch den Abbau von mehreren hundert Arbeitsplätzen. (Die genaue Zahl habe ich damals ausgerechnet). Entsprechend war nahezu die gesamte Belegschaft des auftraggebenden Unternehmens misstrauisch bzw. feindselig uns Unternehmensberatern gegenüber eingestellt. Der Kollege, mit dem ich vor Ort war, war ein eher kompetitiver Charakter, zu dem ich keinen richtigen Draht aufbauen konnte.

Ich hatte damals den Eindruck, dass ich nur einen Bruchteil meiner intellektuellen Fähigkeiten abrufen konnte, weil ich mich einfach unwohl fühlte. Dies fand ich damals sehr frustrierend, da die zu bewältigenden Aufgaben durchweg herausfordernd und der zeitliche Druck durchweg hoch waren.

Die Erfahrung des Praktikums hat mich damals zutiefst verstört, da ich sie anfangs überhaupt nicht einordnen konnte. Die Erkenntnis war dann schließlich, dass ich in diesem Umfeld als Unternehmensberater nicht arbeiten kann, weil ein auch auf der Gefühlsebene angenehmes Umfeld essenziell für meine berufliche Leistung und mein Wohlbefinden ist. Heute bin ich froh, dass ich diese Erfahrung im Rahmen eines begrenzten Praktikums machen konnte. In einer Festanstellung wäre ein Ausstieg aus der Tätigkeit sicher deutlich schwieriger gewesen.

Heute arbeite ich als Berater für spezielle energiewirtschaftliche Fragen in einer Beteiligungsholding für Stadtwerke. Ich habe mir hier den Ruf eines Experten auf meinem Gebiet erarbeitet. Da wir unsere Beratungsleistungen ausschließlich im Kreise der Beteiligungsunternehmen anbieten, besteht zu vielen Personen aus den zu beratenden Unternehmen bereits seit Jahren ein partnerschaftliches Verhältnis. Häufig erhalte ich ein gutes Feedback im Hinblick auf die erbrachten Leistungen. Insgesamt bin ich hier recht glücklich und nehme dafür auch einen recht weiten Anreiseweg von meinem Wohnort Berlin zu meinem Arbeitsort München in Kauf.

4. Anforderungen an die Arbeitsstelle

Es steht für mich außer Frage, dass HSP in der Lage sind, produktiv und erfolgreich zu arbeiten, und dass es ihnen möglich ist, berufliche Zufriedenheit zu erreichen. Allerdings können ungünstige und unpassende Umgebungsbedingungen, Arbeitsumstände und Leistungsanforderungen dazu führen, dass sie weit hinter ihren Möglichkeiten zurückbleiben, dass sie in die Unzufriedenheit rutschen und womöglich gesundheitliche Einbußen erfahren. Damit all das nicht passiert, sollten HSP mit Bedacht in dem Beruf, den sie ergriffen haben, eine geeignete Arbeitsstelle und eine:n geeignete:n Arbeitgeber:in suchen. Häufig geht es für sie darum, eine HSP-taugliche Nische zu finden, in der sie sich am richtigen Platz fühlen, sich mit ihren Stärken einbringen und in einer ihnen gemäßen Weise arbeiten können.

Eine solide Selbstkenntnis ist sehr nützlich bei der Auswahl, Ausgestaltung und Modifikation – gegebenenfalls auch der Abwahl – einer Arbeitsstelle. Beschäftigen Sie sich im Detail mit Ihren persönlichen Bedürfnissen und den hochsensiblen Erfordernissen. So ergeben sich Kriterien für die Stellensuche und zugleich Eckdaten für die Bewerbungs- und Einstiegsphase bei einer neuen Stelle. (Lieber frühzeitig klare Bitten äußern und Grenzen setzen, statt zu denken, man könne das irgendwann später ansprechen und regeln.) Sie sehen außerdem klarer, welche Veränderungen Sie anstoßen möchten innerhalb einer Anstellung, in der Sie sich schon länger befinden. Und Sie gewinnen eine Grundlage für die Entscheidung, ob Sie in Ihrem gegenwärtigen Job bleiben oder gehen.

4.1 Aspekte, die eine Rolle spielen

Ich habe 15 Punkte zusammengestellt, die im Allgemeinen für HSP eine Rolle spielen in Bezug auf die Arbeitsstelle (was nicht heißen soll, dass sie nicht auch für Nicht-HSP relevant sein können). Ich zeige auf, welche Schwierigkeiten HSP typischerweise haben, was sie brauchen, was für sie günstig und wünschenswert wäre.

Ich biete die Aufzählung zur breit gefächerten Selbstreflexion an. Lesen Sie sie bitte nicht wie einen Forderungskatalog, dessen sämtliche Punkte erfüllt sein müssen. Zwar wäre es ideal, wenn alles gleichermaßen in optimaler Weise gegeben wäre, aber natürlich müssen in der Realität Kompromisse eingegangen werden. Finden Sie heraus, wo Ihre persönlichen Prioritäten liegen, was für Sie besonders wichtig ist und auch, wobei Sie am ehesten Abstriche machen können.

Sie werden für sich feststellen, was Sie für sich definitiv ausschließen („No-Gos") und was für Sie unbedingt notwendig ist („Must-Haves"). Darüber hinaus werden Sie einige Dinge benennen können, die in die Rubrik „nice to have" fallen, Dinge also, die schön wären, wenn sie gegeben wären, auf die Sie aber auch verzichten können. Zwischen den No-Gos und den Must-Haves liegt der Spielraum der Optionen. Ich empfehle, diesen Raum so eng wie nötig und so weit wie möglich zu fassen.

Neben den im Folgenden genannten Faktoren haben Sie vielleicht noch ganz individuelle Präferenzen und Erfordernisse, die Sie in Ihre Überlegungen einbeziehen, bedingt zum Beispiel durch Familiensituation oder gesundheitliche Belange. Oder es gibt berufsspezifische Aspekte, die in meiner Aufzählung nicht vorkommen, aber für Sie zu berücksichtigen sind.

Zwischen manchen Punkten gibt es enge Zusammenhänge und Überschneidungen, deshalb kommen auch inhaltliche Wiederholungen vor.

Anmerkungen:

Ich spreche im Folgenden häufig nur von „Unternehmen". Bitte denken Sie jeweils zusätzlich „Organisationen, Institutionen, Behörden und Einrichtungen" als mögliche Arbeitgeber:innen mit. Außerdem gibt es die Option der Selbstständigkeit, auf die ich in einem gesonderten Kapitel eingehen werde (siehe Kapitel 6).

Anders als in anderen Kapiteln habe ich in diesem Kapitel relevante Äußerungen von HSP in die jeweils passenden Abschnitte eingearbeitet, um HSP-Berichte, die nur aus Aufzählungen bestehen, zu vermeiden.

4.1.1 Nicht zu viele Außenreize

Sind HSP an ihrem Arbeitsplatz längere Zeit einer Fülle von Reizen ausgesetzt, erleben sie aufgrund ihrer größeren Reizoffenheit deutlich früher als Nicht-HSP eine unangenehme Überstimulation. Sie leiden unter etlichen Dingen, die Nicht-HSP nicht vergleichbar beeinträchtigen (oder die für sie unter Umständen sogar wünschenswert sind wie z. B. ein eingeschaltetes Radio). Die Anspannung und Anstrengung, die mit allzu großer Reizfülle verbunden sind, gehen auf jeden Fall zulasten der Konzentration und der Schaffenskraft. Wird die nervliche Übererregung ein Dauerzustand, führt das zu einem Gefühl der Überforderung, zu Reizbarkeit und Leistungsabfall. Langfristig drohen Erschöpfungszustände und Krankheitsanfälligkeit, gerade bei HSP, die nicht mehr ganz so jung sind.

Marie (57, Unternehmensberaterin): Ich habe jahrelang in Großraumbüros gearbeitet. Als ich jung war, hat mir das vermeintlich nicht viel ausgemacht, unbewusst vermutlich aber doch. Es war immer eine gewisse Unruhe, Ablenkung und Unsicherheit (vor allem, wenn man mit dem Rücken in den Raum sitzt). Heute könnte ich mir das nicht mehr vorstellen. Ein konzentriertes Arbeiten ist dort nicht möglich.

Eindrücke aus der Arbeitsumgebung dringen über alle Sinneskanäle ein und summieren sich bei HSP schnell zu einer Strapaze für ihr Nervenkostüm auf: Lärm (Maschinen und Produktionsanlagen, Straßenverkehr, Bauarbeiten usw. – je näher, desto schlimmer), Geräusche (Kolleg:innen sprechen miteinander und telefonieren, Telefone klingeln, Tastaturen klappern, technische Geräte rauschen und piepen, Kaffeeautomaten brummen usw. – auch leise wiederkehrende oder andauernde Geräusche können nerven), optische Eindrücke (blendendes Sonnenlicht, künstliches Licht mit unangenehmer Farbtemperatur, bewegte Bilder auf Bildschirmen aller Art, Bewegungen von im Blickfeld sitzenden und umherlaufenden Kolleg:innen usw.), Gerüche (Ausgasungen von diversen Materialien, Ozon vom Kopierer, Essensgerüche aus der Kaffeeküche, Körpergeruch, Parfüm und Deodorant von Kolleg:innen usw.), Eindrücke auf der Haut (Zugluft von Fenstern und Klimaanlage, unergonomischer Schreibtischstuhl, raue Stoffe usw.). Geht es in ihrer Umgebung geräuschvoll und betriebsam zu, lenkt das von der Arbeit ab, weil sich ihre Aufmerksamkeit unwillkürlich immer wieder den verschiedenen Geschehnissen in ihrer Umgebung zuwendet. Speziell Telefonate und Gespräche stören die Konzentration, weil unweigerlich Sprachinhalte gedanklich verfolgt werden. Fakt ist: Das Ausblenden von Störreizen ist HSP weit weniger möglich als Nicht-HSP.

Zu den zu verarbeitenden Eindrücken kommen auch noch die erfühlten Befindlichkeiten der Menschen im Umfeld hinzu. Sind andere aus welchen Gründen auch immer unzufrieden oder gestresst, überträgt sich das schnell auf die HSP und beeinträchtigt ihre Gemütsverfassung und ihr Wohlbefinden.

Im Bürobereich stellt ein Großraumbüro hinsichtlich der vielfältigen zuströmenden Eindrücke eine maximale Herausforderung dar, aber auch schon ein Zweier-, Dreier- oder Viererbüro kann problematisch sein, insbesondere wenn die Schreibtische vis-à-vis aufgestellt sind und das Gegenüber andauernd unmittelbar im Blickfeld ist und wenn viel telefoniert wird.

Rebecka (Sachbearbeiterin): Großraumbüros würde ich, wenn ich die Wahl hätte, vermeiden. Auch ein Vierer-Büro ist anstrengend genug: im Hintergrund den ganzen Tag Radio plus die drei Kolleginnen, die mit Kunden telefonieren, manchmal alle gleichzeitig. Sie werden selber noch lauter, wenn sie versuchen, die anderen zu übertönen. Es gibt keine stillen Momente. Mich zu konzentrieren ist sehr schwierig.

Hinzu kommt der menschliche Faktor, nämlich ob einem die Kolleg:innen sympathisch sind oder nicht. Aber auch schon allein die ständige Nähe anderer Menschen wirkt als Stressfaktor.

Veronika (Textredakteurin): Was die äußeren Faktoren betrifft, so ist es für mich auf Dauer wichtig, einen Arbeitsplatz zu haben, der nicht zu laut, nicht zu hell und nicht zu eng ist. Wenn die körperliche Nähe zu anderen Menschen, auch wenn sie mir sympathisch sind, zu groß ist, kann ich nicht gut denken.

AM RANDE

Die Realität von Großraumbüros

Auf dem Instagram-Account von „Neue Narrative – Das Magazin für Neues Arbeiten" war in einem Posting am 5. Januar 2023 zu lesen: „Warum Großraumbüros nicht funktionieren.

Das Ideal: Dort, wo viele Menschen zusammenkommen, entsteht Innovatives. Auf dieser Idee basieren Großraumbüros, aber auch Co-Working-Spaces.

Die Realität: In Wahrheit ist unsere mentale Leistungsfähigkeit in solchen Räumen eher eingeschränkt. Das hat verschiedene Gründe.

Hintergrundgeräusche und viele Gesichter machen konzentriertes Arbeiten schwer.

Unser Gehirn nimmt unerwartete Geräusche immer auf – egal, ob der Inhalt für uns relevant ist oder nicht.

Sich durch Musikhören von Umgebungsgeräuschen abzuschirmen hilft auch nicht weiter, denn Musik erschöpft unser Gehirn.

Unsere Wahrnehmung analysiert unterbewusst ständig Gesichter. Wenn wir mit vielen Menschen im selben Raum arbeiten, sind wir also ständig abgelenkt.

Die Folge: Die Belastung durch die vielen Eindrücke im Büro macht uns unkreativ. Bei der Lösung von Aufgaben greifen wir auf das zurück, was wir schon kennen (Marx, 2023)."

Ein Einzelbüro wäre hinsichtlich Störquellen ideal, ist aber häufig nicht zu haben und wird auch nicht immer favorisiert.

Svenja (Grafikdesignerin): In Großraumbüros habe ich auch schon gearbeitet. Hier kann ich mich allerdings weniger gut konzentrieren. Ein Büro mit ein oder zwei Kolleg:innen, die ein ruhigeres Temperament haben und mit denen ich mich gut verstehe, empfinde ich als optimal. In einem Einzelbüro würde ich mich etwas einsam fühlen.

Wenn ein Großraumbüro unvermeidbar ist, sollte möglichst ein Schreibtisch gewählt werden, der nicht direkt bei einer Tür oder an einem Durchgang, nicht mit dem Rücken zum Eingang oder einem Gang (besser mit Rückendeckung einer (Stell-)Wand), nicht neben einem Kopierer und nicht unter einer Klimaanlagenauslassöffnung steht.

Allgemeine Maßnahmen zur Geräuschdämmung und zum Sichtschutz (durch Schall- und Sichtschutzelemente), auf die der/die Einzelne leider wenig Einfluss hat, können Erleichterung bringen. Grünpflanzen haben eine beruhigende Wirkung und bieten ein wenig Sichtschutz. Gegen störende Geräusche nutzen manche HSP zeitweise spezielle Kopfhörer mit Noise-Cancelling-Funktion und finden dadurch Entlastung.

Madeleine (Software-Betreuerin): Als angestellte Schreibtischtäterin kann ich aus leidvoller Erfahrung sprechen, dass ein Großraumbüro für mich nicht mehr infrage kommt. Zumindest dann nicht, wenn nichts für eine Schallminderung getan wird und jeder im Büro in sein Headset brüllt. Getrennte, mit Glaswänden voneinander abgegrenzte Bereiche für stilles Arbeiten und fürs Telefonieren würden das Ganze schon erträglicher machen. Am produktivsten bin ich aber tatsächlich, wenn ich alleine in Ruhe für mich arbeiten kann.

Es hilft HSP, zumindest für bestimmte Arbeiten, die hohe Konzentration erfordern, einen abgetrennten ruhigen Raum aufsuchen zu können, in dem sie alleine sind oder mit Kolleg:innen zusammen, die ebenfalls in Ruhe an etwas arbeiten (nicht telefonieren!). Falls es vom Aufgabengebiet her infrage kommt und von den Vorgesetzten bzw. der Firmenleitung unterstützt wird, sind Homeoffice-Tage eine gute Lösung, um nicht ständig dem Großraumbüro ausgesetzt zu sein.

Roger (Softwareentwickler): Man hat bei uns auf jedem Stockwerk ‚Silent Rooms' eingerichtet, in die man sich gegebenenfalls zurückziehen kann. Das sind kleine Besprechungsräume, die man nicht vorher buchen muss. Da wir alle inzwischen Laptops besitzen, ist das kein Problem mehr. Zusätzlich gibt es die Möglichkeit per ‚Mobilem Arbeiten' an einem Tag in der Woche von zu Hause aus zu arbeiten. Man bleibt per LAN-Einwählverbindung direkt mit allen benötigten Infos verbunden und kann per Videocall mit Kollegen sprechen, den Bildschirm teilen oder an Besprechungen teilnehmen.

Alexander (Sachbearbeiter): Wir sind vergangene Woche in ein neues Bürogebäude gezogen. Leider habe ich jetzt kein Einzelbüro mehr und spüre, dass mich die Nähe und die Geräuschkulisse meiner Kollegen sehr belasten. Ich überlege, ob ich Teilzeit arbeite oder zu einer anderen Firma wechsele. Für mich wäre es wichtig, teilweise oder ganz von zu Hause aus zu arbeiten.

Das Großraumbüro wird von vielen HSP als Beispiel für eine Umgebung mit zu hoher Reizbelastung genannt, deshalb habe ich das ausführlicher besprochen. Das Gesagte trifft aber auch auf viele weitere Arbeitsplätze zu. Ich denke außerdem noch an die diversen Außeneinflüsse, denen man auf Geschäftsreisen ausgesetzt ist. Obwohl HSP durchaus eine gewisse Abwechslung schätzen, kann eine rege Reisetätigkeit mit den Jahren zu viel werden.

4.1.2 Ausreichend ruhige Arbeitsphasen

Um gute Arbeitsergebnisse zu erzielen, ist es für HSP sehr wichtig, in Ruhe ihre Arbeit verrichten zu können. Das heißt: Es darf nicht allzu viel Ablenkung geben und keine allzu häufigen Unterbrechungen, damit es ihnen möglich ist, konzentriert an einer Sache zu bleiben.

Von der Reizfülle und Anspannung her sehr fordernde Situationen können HSP nur vorübergehend problemlos bewältigen, so bemüht sie auch sein mögen, sich zusammenzureißen und tapfer durchzuhalten. Wohlbefinden und Leistungskurve fallen bei ihnen deutlich eher ab, als das bei Nicht-HSP der Fall ist. Danach braucht es für HSP eine Pause beziehungsweise eine ruhige Arbeitsphase, in der sie für sich sind und sich ungestört irgendeiner Bearbeitung oder Ausarbeitung (z. B. administrativen Aufgaben) widmen können. Währenddessen legt sich die Erregung.

Der Punkt ist: Mit Pausen und Freizeit kann eine Tätigkeit, bei der die HSP sich andauernd in der Interaktion befindet, ihre Aufmerksamkeit ständig nach außen gerichtet ist, sie immer wieder angesprochen wird, Antworten geben muss bzw. Arbeiten auf Zuruf zu erledigen hat, nicht ausreichend ausgeglichen werden, erst recht nicht bei einer Vollzeitstelle. Die Regenerationszeiten reichen dann nicht aus. So viele Arbeitspausen, wie HSP sie bräuchten, sind gar nicht vorgesehen. Die gute Nachricht: Es kann schon sehr erholsam sein, wenn es zwischendurch immer wieder ruhigere Arbeitsabschnitte gibt, in denen HSP sich sammeln und regenerieren können.

Wichtig ist letztlich eine gute Balance von Aktivität und Ruhe. Idealerweise ist die Arbeit so geartet, dass sich reizerfüllte und angespannte mit reizarmen und eher entspannten Arbeitsphasen abwechseln. Das kann innerhalb eines Tages (dies wäre am besten) oder auch innerhalb einer Woche sein. Vor und nach turbulenten, vollgepackten Tagen sind ruhigere Arbeitstage mit weniger Terminen unabdingbar, um eine Erschöpfung zu vermeiden. Je selbstbestimmter der Wechsel geplant werden kann, desto besser.

4.1.3 *Eine angenehme Umgebung*

Nicht zu unterschätzen ist die Bedeutung des räumlichen Arbeitsumfelds. Es spielt eine große Rolle für HSP, auf was sie im Laufe des Arbeitstages schauen, welche Geräusche und Gerüche sie aufnehmen und welche Raumatmosphäre auf sie einwirkt. Lärm und Gestank sind ganz eindeutig furchtbar, aber auch optisch gibt es Zumutungen. HSP haben einen Sinn für Ordnung, Schönheit und Ästhetik. Ein Durcheinander, vollgepackte Räume, eine hässliche Einrichtung und ein unschöner Ausblick aus dem Fenster – vielleicht auf eine graue Hauswand oder in einen tristen Hof – stören das ästhetische Empfinden und beeinträchtigen das Wohlbefinden, die Arbeitsfreude und letztlich auch die Arbeitsleistung.

Ich erinnere mich, dass ich einmal eine Arbeitsstelle, die vom Aufgabengebiet für mich weniger attraktiv erschien (Sekretärin für einen Finanzmananger), ernsthaft in Erwägung zog, weil vor dem Gebäude in Frankfurt-Niederrad ein hübscher Springbrunnen war. Gut, dass ich mich letztendlich doch dagegen entschied, denn so gewichtig ist solch ein Element nun auch wieder nicht. Aber: Ein Blick ins Grüne oder wenigstens auf einen Baum oder Strauch vom Arbeitsplatz aus ist schon etwas wert.

Darüber hinaus sind die Eindrücke auf dem Weg zur Arbeit und wieder nach Hause von Belang. Eine Coachingnehmerin aus München erzählte mir einmal, wie negativ die Fahrten mit der U-Bahn zu ihrem früheren Arbeitsplatz in der Innenstadt sie stimmungsmäßig beeinflusst hatten. Sie betonte, wie viel angenehmer die Fahrten zu ihrem neuen Arbeitsplatz etwas außerhalb der Stadt waren.

Mara (Lehrerin in der Erwachsenenbildung): Toll wäre eine Arbeitsstelle außerhalb der Stadt, wo man ohne Stress einfach hinfahren kann, wenig Stau, vorhandene Parkplätze, vielleicht Grün in der Nähe, ein Park für die Pause ... Die Gegend nicht weit vom Bahnhof, wo ich gerade arbeite, überfordert mich total, es ist hässlich, versifft, laut, chaotisch.

Rebecka (Sachbearbeiterin): Schön wären einige Bänke oder Tische mit Stühlen im Freien, damit man in der warmen Jahreszeit Mittagspause draußen machen kann. Dort auch Plätze für Nichtraucher, damit man nicht neben dem Aschenbecher sein Essen einnehmen muss. Schön wäre auch ein angenehmer Raum drinnen für die Mittagspause. Nicht ein steriler Raum, in dem jede Stuhlbewegung zu einem ohrenbetäubenden Geräusch wird.

Im Bereich des eigenen Arbeitsplatzes kann man, falls es erlaubt ist und man einen festen Platz hat, einige schöne Gegenstände aufstellen oder wohltuende Bilder aufhängen.

Birgit (pensionierte Mitarbeiterin einer Landesbehörde): Mein Traumjob war das nicht, aber die meiste Zeit haben mir die abwechslungsreiche Tätigkeit, das selbstständige Arbeiten sowie der Umgang mit Menschen Freude bereitet. Priorität hatte bei mir immer ein gutes Verhältnis zu den Kollegen sowie ein Büro zum Wohlfühlen. Ich habe mir am Arbeitsplatz ein Wohlfühlambiente geschaffen mit Grünpflanzen, Bildern an den Wänden und jahreszeitlicher Deko.

4.1.4 *Die richtige Dosis Menschen*

HSP interessieren sich für Menschen, und dank ihrer Empathiefähigkeit liegen ihnen im Grunde Kontaktaufbau, Kontaktpflege und Kooperation. Sie schätzen Verbundenheit und sind gern in irgendeiner Weise behilflich. Aber: Die Dosis muss stimmen, sonst wird es zu strapaziös.

Typisch für HSP ist, dass Gespräche und unmittelbare Zusammenarbeit bzw. Arbeit mit Menschen sie relativ schnell erschöpfen. Das gilt insbesondere für introvertierte HSP, aber auch extravertierte HSP brauchen viel eher als extravertierte Nicht-HSP den Rückzug und die Erholung vom Miteinander. Eine ununterbrochene Arbeit mit Menschen könnte sich auch für sie als ungeeignet erweisen.

Bea (Krankenschwester): Mir ist es sehr wichtig, während der Arbeit nicht zu viele Kollegen um mich zu haben. Ich mag sie zwar überwiegend sehr gerne, aber meine Aufgaben verrichte ich lieber alleine. Deswegen ist in meinem Beruf der Nachtdienst genau das Richtige. Auch wenn mein Biorhythmus nicht immer erfreut ist. In der Zusammenarbeit gefällt es mir, wenn ich häufig die gleichen Kollegen in der Schicht habe, sodass keine großartigen Absprachen über Vorgehensweisen nötig sind.

Einen wichtigen Unterschied macht die Konstellation. Ich habe von HSP oft gehört, dass ihnen der Eins-zu-eins-Kontakt mit Menschen am liebsten ist. Auch in einer kleinen überschaubaren Gruppe ist es meist noch okay. Große Gruppen und ein Auftritt vor Publikum passen eher nicht. (Ausnahmen bestätigen die Regel!)

Wie viel Kontakt zu Menschen als angenehm empfunden wird, hängt sehr davon ab, ob die HSP introvertiert oder extravertiert ist. Introvertierte HSP fühlen sich wohler, wenn sie einen Großteil der Zeit allein arbeiten, nicht zu viel in Teamarbeit eingebunden sind und in der Regel nicht mit mehreren Menschen gleichzeitig zu tun haben. Extravertierte HSP mögen mehr Kontakte und brauchen diese auch für die Arbeitsmotivation und als Quelle der Inspiration. Sie „versauern“, wenn sie zu wenig mit Menschen zu tun haben. Bei HSP denkt man oft nur an drohende Überstimulation, aber auch zu wenig Stimulation kann kritisch werden. Die herausfordernde

Aufgabe ist, den oftmals engen individuellen Wohlfühlbereich zu treffen: nicht zu viel und nicht zu wenig.

4.1.5 Ein passendes Tätigkeitsfeld

Dieser Abschnitt korrespondiert mit der Auflistung der möglichen Berufe, die ich in Kapitel 3 „Berufswahl und Berufsweg" besprochen habe.

Ein passendes Tätigkeitsfeld ist eines, das es HSP ermöglicht, sich mit ihrer Wesensart sowie ihren persönlichen Stärken, Fähigkeiten und Kompetenzen Nutzen stiftend einzubringen und ihre Potenziale zu entfalten. Außerdem eines, das ihnen nichts abverlangt, was sie nicht oder nur unter großen Mühen erbringen können. Das heißt, die Arbeitsinhalte sollen interessant und herausfordernd sein, aber nicht ihre Fähigkeiten übersteigen, weder von der Menge noch vom Schwierigkeitsgrad her. Anderseits führen zu viele Routineaufgaben schnell zu drückender Langeweile. Langeweile und Unterforderung ist im Endeffekt ähnlich schlimm wie Stress und Überforderung.

Marie (Unternehmensberaterin): Der Grat zwischen Unter- und Überforderung ist bei mir relativ schmal. Zu wenige Herausforderungen führen zu Langeweile und Demotivation, zu viele Herausforderungen arten schnell in Stress aus und führen zu schlechteren Arbeitsergebnissen.

Sophie (Controllerin): Inhaltlich bevorzuge ich einen guten Mix aus Routineaufgaben und neuen Herausforderungen. Die Aufgaben dürfen geistig anspruchsvoll ausfallen, müssen aber machbar sein.

HSP sind in der Regel vielseitig interessiert und finden leicht Zugang zu neuen Themenfeldern. Ein breit gefächertes Tätigkeitsfeld entspricht ihnen insofern eher als eine eng eingegrenzte Spezialisierung. Viele HSP sagen mir, dass sie sich eine abwechslungsreiche Tätigkeit wünschen. Sie haben es lieber bunt als einfarbig. Dies gilt in besonderem Maße für hochsensible „Scanner" (siehe Kapitel 1).

Lieber vertiefen und differenzieren HSP ein Thema, als es oberflächlich und einseitig zu behandeln. Sie wollen Dinge wirklich verstehen, erschließen sich gern neues Wissen, fragen und forschen nach. Für HSP gut geeignet sind Tätigkeitsbereiche, in denen ein ausgiebiges Recherchieren, eine ganzheitliche Themenbehandlung, das Ausarbeiten von komplexen Konzepten oder von verschiedenen Alternativen gefragt sind.

HSP legen hohe Maßstäbe an sich selbst an, wollen sehr gute Arbeitsergebnisse abliefern und sind um Perfektion bemüht. Daher sollte es bei ihrer Tätigkeit mehr auf Qualität als auf Quantität ankommen. Sehr ungünstig wäre es, wenn in erster Linie ein schnelles Abarbeiten von Vorgängen zählt. Da würde sie der Zeitdruck belasten und ihnen die Anerkennung für ihre Stärke Gründlichkeit fehlen.

Da HSP von Natur aus den aufmerksamen Blick für Feinheiten haben und eine regelrechte Liebe zum Detail mitbringen, sind sie prädestiniert für Tätigkeiten, in denen es gilt, auf Kleinigkeiten zu achten, präzise zu arbeiten, Fehler zu erkennen, Abweichungen und Unstimmigkeiten aufzuspüren – sei es, dass es ihre Aufgabe ist, selbst notwendige Ergänzungen und Korrekturen vorzunehmen oder andere darauf aufmerksam zu machen. Aber: Die Forderung nach absoluter Fehlerfreiheit kann den gewissenhaften HSP zu schaffen machen.

HSP mit ihrer Besonnenheit, ihrem vorausschauenden Denken, ihrem Problem- und Risikobewusstsein und ihrem Bestreben um Nachhaltigkeit sind richtig am Platz, wenn es darauf ankommt, nicht nur Chancen und Möglichkeiten zu sehen, sondern auch etwaige Gefahren und unerwünschte Nebenwirkungen von Handlungen. Durch ihre Hinweise und Lösungsideen wird es oftmals möglich, bisher fehlende oder vernachlässigte Gesichtspunkte miteinzubeziehen sowie problematischen Entwicklungen vorzubeugen beziehungsweise entgegenzuwirken. Frustrierend für sie wäre es, wenn der kritische Blick und das Äußern von Bedenken (nehmen wir einmal an, dass dies in konstruktiver Weise geschieht) von Kolleg:innen und Entscheidungsträgern als lästig, überflüssig und zu pessimistisch angesehen werden und Lösungsstrategien und Verbesserungsvorschläge ungeprüft vom Tisch gewischt werden.

4.1.6 Eine als sinnvoll empfundene Tätigkeit

Mit einer Tätigkeit ihren Lebensunterhalt zu verdienen reicht HSP meist nicht, jedenfalls nicht auf Dauer. Arbeit soll mehr sein als ein Tausch von Lebenszeit und Lebensenergie gegen Geld. In den beruflichen Coachings wird der Wunsch, „einen Sinn in der Arbeit finden", zumeist als dringlich genannt. Schauen wir uns an, wie Sinn entsteht.

Sinnempfinden ist subjektiv. Etwas erscheint uns sinnvoll, wenn es eine Bedeutung für uns hat. Das heißt, grundlegende Voraussetzung für ein Sinnempfinden ist, dass wir uns für die Inhalte und Ziele unserer Arbeit wirklich interessieren. Arbeit erscheint bedeutsam und damit sinnvoll, wenn sie zu sichtbaren nützlichen Ergebnissen führt, das heißt, wenn wir mitbekommen, dass sie für andere hilfreich und unterstützend ist, dass sie zum Wohl anderer beiträgt, dass sie das Leben anderer erleichtert oder bereichert, dass sie Probleme löst, dass sie einer wichtigen größeren Sache dient.

Zur Arbeitszufriedenheit und zu einem Gefühl der Sinnhaftigkeit trägt bei, wenn wir merken, dass wir einen Unterschied machen für unsere Mitmenschen, wenn wir mit unserer Arbeit einen offensichtlichen Beitrag zum guten Funktionieren eines Teams, einer Abteilung, einer Organisation etc. leisten. Positive Feedbacks helfen uns zu erkennen, dass unsere Arbeitsbeiträge anderen einen Nutzen bieten bzw. dass wir einen Anteil am gemeinschaftlichen Erfolg haben.

Sinnempfinden ist individuell. Um etwas von der Bandbreite aufzuzeigen, zitiere ich nachfolgend einige HSP, die mir auf die Frage geantwortet haben, worin sie – auf ihre Arbeit bezogen – Sinn sehen.

Miriam (Sozialpädagogin): Die Sinnhaftigkeit geht für mich weit über den Aspekt des Geldverdienens hinaus. Ich wünsche mir, dass mittel- und langfristig etwas von meiner Arbeit und von mir ‚bleibt', dass ich etwas bewirken und anstoßen kann, das dem Wohl von Menschen dient.

Bea (Krankenschwester): Unser Beruf ist notwendig, nicht wegzudenken, nicht von Maschinen zu übernehmen. Die Alten und Kranken werden uns weiterhin brauchen, das persönliche Wort, den Kontakt, die Fürsorge – und das ist meiner Meinung nach sehr sinnvoll.

Sophie (Controllerin): Sinnhafte Arbeit hat für mich mit Qualität und Tiefe zu tun. Idealerweise erreicht man, dass etwas verschönert oder verbessert wird, dass Dinge geradegerückt werden, die aus dem Gleichgewicht geraten sind. Für mich ist es auch sinnhaft, wenn die Arbeit die Grundlage für Verbesserungen schafft, indem sie Dinge transparent macht, die dann besprochen und geändert werden können. Zum Beispiel zeige ich in meiner Rolle als Controllerin durch Zahlen und Berichte die unternehmerische Situation und Zusammenhänge auf.

Claus (Produktmanager): Das Produkt muss mich interessieren. Ich muss nachempfinden können, dass es Sinn stiftet, den Kunden Freude bereitet und nützt, in ihrem Leben einen Mehrwert liefert. In meinem Fall sind das Produkte, mit denen man kochen kann. Wenn ich meinen Job richtig mache, kann dieser Sinn erfüllt werden. Gleichzeitig möchte ich auch, dass die Verantwortlichen im Unternehmen meine Rolle in den Prozessen und meine Expertise sehen und anerkennen.

Marie (Unternehmensberaterin): Ich empfinde Sinn, wenn ich etwas Neues konzipiere, mich dabei weiterentwickeln und etwas lernen kann, wenn ich mich mit anderen austausche, mein Wissen teile und wir gemeinsam etwas schaffen, wenn ich gesehen und gehört werde, wenn sich jemand für meine Arbeit interessiert.

Veronika (Textredakteurin): Arbeit ist für mich sinnvoll, wenn sie jemandem hilft oder nützt, wenn sie etwas Gutes zum Vorschein bringt, was vorher nicht erkennbar oder nicht da war, wenn ich jemandem zu einem Lernerfolg verhelfen kann, wenn Zusammenhänge klarer werden, wenn ich selbst einen Erkenntnisfortschritt mache.

Einem Sinnempfinden entgegenstehen würde es unter anderem, wenn Prozesse und die Einbettung der eigenen Arbeit unklar bleiben, die Arbeitsergebnisse keine (erkennbare) weitere Verwendung finden, Aufgaben nach nicht nachvollziehbaren Vorgaben ausgeführt oder ineffiziente Arbeitsabläufe eingehalten werden müssen, unkoordiniert nebeneinander her gearbeitet wird, offensichtliche Fehler nicht behoben und Verbesserungsvorschläge nicht berücksichtigt werden, anerkennende Rückmeldungen ausbleiben.

Madeleine (Softwarebetreuerin): Ich zweifle am Sinn meiner Arbeit, wenn ich ‚für die Tonne' arbeite, das heißt Zeit in Aufgaben investiere, die dann nicht beachtet werden, anderweitig priorisiert oder plötzlich ganz anders hätten erfüllt werden sollen (Meinungswechsel der Vorgesetzten). Es ist für mich vergeudete Lebenszeit, wenn meine Arbeit nicht verwendet wird und nicht zu etwas Größerem beiträgt.

Trotz großem Verständnis für den Wunsch nach einer sinnvollen Berufstätigkeit gebe ich den Rat, den Anspruch diesbezüglich nicht allzu hochzuschrauben und die Möglichkeiten nicht allzu eng zu fassen. Etwas plakativ ausgedrückt: Nicht jede:r kann und möchte in einem helfenden Beruf arbeiten oder für eine Non-Profit-Organisation tätig sein oder an der Entwicklung einer neuartigen Umwelttechnologie arbeiten. Es gibt eine Vielzahl anderer Tätigkeiten, die in einer Gesellschaft gebraucht werden und denen man einen Sinn abgewinnen kann.

Was meines Erachtens manches Mal bei den Überlegungen rund um den Sinn der Arbeit in den Hintergrund gerät: Die allermeisten Menschen arbeiten in erster Linie, um Geld zu verdienen. Das ist dann der Sinn und Zweck der Arbeit. Schließlich braucht man eine gewisse Summe Geld für den eigenen Lebensunterhalt und die eigene finanzielle Absicherung sowie gegebenenfalls für den Lebensunterhalt und die Absicherung der Familie bzw. einen Teil davon. Dies ist ein achtenswerter Grund zu arbeiten und durchaus auch schon ein beträchtlicher Teil der Sinnhaftigkeit.

Alexander (Sachbearbeiter): Der Sinn ergibt sich aus der Kombination, dass die Arbeit mir den Lebensunterhalt ermöglicht und ich anderen Menschen durch meine sorgfältige Prüfung der Unterlagen helfen kann. Viele sinnhafte Tätigkeiten werden leider nur schlecht bezahlt. So muss also ein Kompromiss her. Vielleicht bedeutet das sogar nur, eine Tätigkeit zu haben, die niemandem schadet.

Nicht nur die Arbeit an sich sorgt für Zufriedenheit, Erfüllung und Sinnerleben. Sinn stiften können auch die Beziehungen zu den Menschen, die man im Rahmen der Arbeit trifft.

AM RANDE

Sinnerfüllende Beziehungen im Arbeitskontext

In einem *Spiegel*-Artikel (Kullmann 2023) mit der Überschrift „Lob der Arbeit" zum Thema Work-Life-Balance heißt es, man dürfe den Anspruch haben, dass nicht nur die Freizeit, sondern auch die Arbeitszeit eine schöne Zeit ist. Arbeit könne „maßgeblich dazu beitragen, zufrieden durchs Leben zu gehen. ‚Und dabei muss einen nicht immer die Arbeit selbst erfüllen', so Pohl [Anm.: Psychotherapeutin Gabriele Pohl]. Man könne auch Akten abstempeln, wenn man dabei Leute treffe, die man mag."

Eine wichtige Aussage im Artikel ist, dass die Zeit, die man am Arbeitsplatz verbringt, erfüllend erscheint, wenn sie bereichernde Beziehungen beinhaltet. Das gelte auch für langweilige Jobs. Der Artikel schließt: „Wer also seine Leidenschaft nicht im Job ausleben kann, wer vor allem arbeitet, um seinen Lebensunterhalt zu verdienen, dem rät der Psychiater [Anm.: Harvard-Professor Robert Waldinger, Autor des Buches *The Good Life*, 2023]: ‚Knüpft einige sinnerfüllende Beziehungen, während ihr dort seid.'"

Abschließend: Es gehört zur Lebenskunst, einen Sinn auch schon in kleineren Dingen zu erkennen. Ich denke da an ein Zitat von Hermann Hesse: „Wir verlangen, das Leben müsse einen Sinn haben – aber es hat nur ganz genau so viel Sinn, als wir selber ihm zu geben imstande sind." Demnach ginge es mehr um Sinngebung als um Sinnfindung.

4.1.7 Übereinstimmung mit den eigenen Werten

Werte sind die Einstellungen und Überzeugungen dazu, was im Leben wichtig ist, wie man am besten handelt und lebt. Natürlich möchte jeder Mensch die persönlichen Wertvorstellungen auch im Arbeitsleben verwirklichen können bzw. repräsentiert sehen. Für HSP ist die Kompatibilität der Arbeit mit dem eigenen Wertegebäude außerordentlich wichtig. Sie achten dabei auch auf den Zweck, die Ziele und die Philosophie des Unternehmens. Diese sollte sich nicht nur schön lesen, die definierten Unternehmenswerte sollten auch gelebt werden.

Beispiele für Werte, die im Arbeitsleben gemeinhin als erstrebenswert gelten, sind Freundlichkeit, Respekt, Mitgefühl, Fairness, Vertrauen, Loyalität, Ehrlichkeit, Toleranz, Integrität, Seriosität, Gerechtigkeit, Gleichberechtigung, Verantwortung, Disziplin, Zuverlässigkeit, Genauigkeit, Professionalität. Aus sozialen Werten (wie z. B. Respekt) leiten sich Normen und Spielregeln für das Miteinander ab. Die Werte, denen man folgt, bestimmen das eigene Verhalten sowie die Erwartungen an das Verhalten der Mitmenschen.

Auf der persönlichen Ebene rangiert für HSP Authentizität weit oben. Sich selbst weitgehend treu bleiben zu können ist für sie überaus wichtig. Ferner sind Sicherheit, Gesundheit, Harmonie und Frieden als besonders relevante Werte für HSP zu nennen.

Kommt in einer Arbeitsumgebung Konkurrenzdenken vor Kooperationsbereitschaft, Ellbogenmentalität vor Gemeinschaftssinn, kurzfristiger Geschäftserfolg vor Nachhaltigkeit, Gewinnmaximierung vor sozialer Verantwortung, widerstrebt das HSP, und es wird keine rechte Arbeitsfreude aufkommen.

Lisa (Ergotherapeutin): Für mich ist es schwierig, mich mit gegebenen Bedingungen [in Rehakliniken bzw. einer Wertstatt für Menschen mit Behinderung] abzufinden. In meinem Idealismus möchte ich Umstände verändern und verbessern und laufe dabei häufig gegen Wände, was mich dann frustriert und auf Dauer resignieren lässt. In meiner Branche sind die Bedingungen häufig sehr starr und die Mühlen mahlen langsam, wenn überhaupt mal eine Veränderung angeschoben wird.

Herrschen in einem Unternehmen Ungerechtigkeit und Diskriminierung und / oder kollidieren geforderte arbeitsbezogene Handlungen mit den eigenen Werten, wie das beispielsweise bei unseriösen Verkaufsmethoden und überhaupt jeglicher Form unethischen Verhaltens der Fall wäre, wird der daraus resultierende innere Konflikt für HSP schnell untragbar.

4.1.8 Ein gutes Betriebsklima

Schauen wir zunächst einmal darauf, was Ursachen eines schlechten Betriebsklimas sein können. Personalabbau, fehlende Transparenz bezüglich strategischer Entscheidungen auf Leitungsebene, unrealistische Zielsetzungen, generell fehlende Beachtung und Würdigung von Anstrengungen und guten Arbeitsleistungen seitens der Vorgesetzten, überzogener Leistungsanspruch und destruktive Kritik vergiften das Betriebsklima und führen unter den Mitarbeitenden zu Unsicherheit, Angst vor Kündigung, Frustration, Ärger und zu vielen Fällen von innerer Kündigung.

Da HSP äußerst empfänglich sind für Problemlagen, Spannungen und Missstimmungen, leiden sie mehr noch als andere darunter, wenn im Unternehmen bzw. in der Organisation ein schlechtes Betriebsklima herrscht. Pessimismus, Unzufriedenheit, Unfreundlichkeit und Gereiztheit von anderen im Arbeitsumfeld übertragen sich im Nu auf sie. Eine negative Gesamtatmosphäre drückt sehr auf die eigene Stimmung und mindert erheblich die eigene Motivation, Arbeitszufriedenheit und Arbeitsleistung.

Ein raues Klima, ein schroffer Umgangston, unkollegiales Verhalten, schwelende oder offene Konflikte mit Kolleg:innen oder mit dem / der Vorgesetzten oder von anderen untereinander widersprechen dem ausgeprägten Harmoniebedürfnis von HSP. Manches Mal sind HSP von Konflikten anderer so sehr in Mitleidenschaft gezogen, dass es ihnen noch schlecht geht, wenn andere sich schon wieder gefangen und arrangiert haben. Fälle von Mobbing, die sie beobachten, beunruhigen zutiefst, Mobbing, dem sie selbst ausgesetzt sind, ist extrem verletzend und völlig inakzeptabel.

Positiv formuliert: Um entspannt, produktiv und kreativ arbeiten zu können, brauchen HSP ein sicheres Umfeld und eine überwiegend harmonische Arbeitsatmosphäre. Solidarität, offene und respektvolle Kommunikation, konstruktive Zusammenarbeit, gegenseitige Unterstützung, eine positive Fehlerkultur, Anerkennung und Würdigung des Geleisteten sind wünschenswerten Qualitäten in der Zusammenarbeit auf allen Hierarchieebenen und über sie hinweg.

Smilla (Sekretärin): Ein respektvolles, freundliches und offenes Miteinander ist für mich das Allerwichtigste. Das bezieht sich auch auf die / den Vorgesetzte(n). Es darf gern stressig sein und viel zu tun. Solange das Arbeitsklima stimmt, ist alles möglich. Lachen und Ernsthaftigkeit sollten sich nicht gegenseitig ausschließen.

Svenja (Grafikdesignerin): Für mich ist ein gutes Betriebsklima enorm wichtig, damit ich mich bei der Arbeit wohlfühle. Ich brauche auch mindestens eine Kollegin oder einen Kollegen, zu der oder dem ich Vertrauen habe, idealerweise ein freundschaftliches Verhältnis, eine Art Anker an der Arbeitsstelle.

Rebecka (Sachbearbeiterin): Sehr wichtig ist mir, dass das Zwischenmenschliche passt und man sich mit Respekt begegnet. Ich habe Stellen gehabt, wo die Aufgaben monoton und nicht wirklich interessant waren. Dafür hatte ich nette Kollegen und wir hatten zusammen viel Spaß auf der Arbeit.

HSP mit ihrer Feinsinnigkeit haben eine gute Chance, in der Bewerbungsphase und besser noch bei einem Probearbeitstag zu erspüren, wie es um das Betriebsklima im Unternehmen bestellt ist. Spätestens in der Probezeit fallen ein unfreundlicher Umgang der Mitarbeitenden untereinander, hässliches Lästern über Abwesende, unfairer Konkurrenzkampf und problematisches Vorgesetztenverhalten auf. Dann ist noch Zeit, wieder zu gehen! Denn das wird sich aller Wahrscheinlichkeit nach nicht ändern und man selbst wird als Einzelne:r kaum so viel positiven Einfluss nehmen können, dass sich das Blatt wendet.

4.1.9 Genug Freiraum

HSP verfügen über ein reiches kreatives Potenzial, das sich jedoch nur unter geeigneten Bedingungen entfalten kann. Voraussetzung für Kreativität und Innovation sind gewisse Freiheiten und ein ausreichend großer Gestaltungsspielraum. Bei HSP zeigt sich – mehr noch als bei anderen Mitarbeitenden –, dass Termin- und Leistungsdruck, stark hierarchische Strukturen, starre Regeln, eng gefasste Vorgaben und Kontrollen die Kreativität und Eigeninitiative behindern, außerdem die Arbeitsfreude trüben, die Einsatzbereitschaft mindern und die Arbeitsergebnisse verschlechtern.

Immer wieder berichten HSP, wie schrecklich sie es finden, unter enger Beobachtung, strenger Aufsicht und starker Kontrolle zu stehen. Schaut ihnen jemand über die Schulter, werden sie nervös und machen Fehler, die sie sonst nicht machen würden bzw. sogleich selbst bemerken und korrigieren würden.

Angela (Verwaltungsassistentin): Bei mir ist der Freiraum sehr wichtig im Sinne von nicht unter Beobachtung zu sein. Ich kann quasi nicht mehr richtig denken, wenn ich mich beobachtet fühle. Auch wenn die Leute nett sind.

Die besten Leistungen erbringen HSP, wenn sie innerhalb eines gesetzten Rahmens relativ viel Freiraum bezüglich Selbstorganisation, Arbeitseinteilung und Vorgehensweise haben, also verhältnismäßig unabhängig, selbstbestimmt und eigenverantwortlich ihre Arbeitsaufgaben ausführen können. Selbstverständlich halten sie sich an geltende Richtlinien, nehmen an notwendigen Abstimmungsmeetings teil und liefern nach Vereinbarung Zwischenergebnisse ab.

Ella (kaufmännische Angestellte): Soweit es das Aufgabenfeld oder die Tätigkeit zulassen, arbeite ich gerne selbstbestimmt und bin am effektivsten, wenn ich meinen Tagesablauf frei gestalten kann.

Marie (Unternehmensberaterin): Ich möchte genug Freiraum und Gestaltungsspielraum, freie Zeiteinteilung und Priorisierung. Ich mag keine Überwachung und Kontrolle. Andererseits brauche ich ab und zu einen Termin, eine Ergebnispräsentation, einen Workshop oder Ähnliches, um mich zu fokussieren und zu motivieren.

HSP brauchen es, dass man ihnen vertraut. Ganz sicher ist es nicht nötig, sie zu Genauigkeit, Sorgfalt und Zuverlässigkeit anzuhalten. Sie sind von sich aus bestrebt, ihr Bestes zu geben und gute Ergebnisse abzuliefern. Misslingt ihnen etwas, sind sie darüber sehr betrübt. Konstruktives Feedback und Unterstützungsangebote sind hilfreich, Vorwürfe und Zurechtweisungen hingegen würden demotivierend und demoralisierend wirken. Eher würde es HSP guttun, in ihrer Aufregung über eine eigene Fehlleistung von der / dem Vorgesetzten beruhigt zu werden.

Günstig ist auf jeden Fall eine in der Organisation etablierte Fehlerkultur, also ein allgemein entspannter Umgang mit Fehlern. In vielen Bereichen ist Weiterentwicklung und Innovation verknüpft mit dem Mut zu Fehlern. Versuch und Irrtum gehören zu einem kontinuierlichen Verbesserungsprozess. Niemand kann aktiv, kreativ und experimentierfreudig sein und dabei keine Fehler machen. Wichtig ist lediglich, Fehler möglichst frühzeitig zu entdecken und daraus zu lernen.

4.1.10 *Klar definierte und abgegrenzte Aufgaben*

Es gibt HSP Sicherheit, wenn der Aufgaben-, Zuständigkeits- und Verantwortungsbereich eindeutig abgesteckt ist. Wissen HSP, welche Erwartungen an sie gestellt werden, können sie sich dazu äußern und (hoffentlich!) einen gewissen Einfluss auf Anforderungen und Zielsetzungen nehmen. Im Team sollte es möglichst klare Absprachen geben, wer was zu machen hat. HSP neigen sonst dazu, sich über Gebühr verantwortlich zu fühlen und womöglich mehr Aufgaben als nötig zu übernehmen, was einerseits zu Schwierigkeiten im Team und andererseits zu einer Überlastung führen kann.

Ella (kaufmännische Angestellte): Von meinem Vorgesetzten wünsche ich mir, dass er / sie sich an Absprachen und Zusagen hält und klare Anweisungen und Vorgaben gibt.

Häufig hilft es HSP, ihre(n) Vorgesetzte(n) fragen zu können, wo bei einer größeren Menge an Aufgaben die Prioritäten liegen und wie detailliert und ausführlich bestimmte Ausarbeitungen werden sollen.

Für HSP wird es schnell eng, wenn die Fülle an Aufgaben unüberschaubar wird und sie andauernd mit der Erledigung ihrer Aufgaben ins Hintertreffen geraten. Manchmal entspricht die Arbeitsmenge realistisch betrachtet nicht der Kapazität einer Arbeitskraft, ganz unabhängig von Hochsensibilität. In diesem Fall würde die einzelne HSP zu Unrecht an der eigenen Leistungsfähigkeit zweifeln.

4.1.11 Akzeptanz und Wertschätzung erfahren

Elaine Aron berichtet im Buch *Sind Sie hochsensibel?* (2015) von dem häufig vorgebrachten dringlichen Anliegen von HSP, mit den Belastungen durch ihre Arbeit besser zurechtzukommen: „Das ist insofern verständlich, als lange Arbeitstage, Stress und zu viele Reize im Arbeitsumfeld uns daran hindern, wirklich erfolgreich zu sein." (S. 185) Dann kommt sie auf einen wesentlichen Punkt zu sprechen: „Dennoch glaube ich, dass viele unserer Schwierigkeiten in Bezug auf unsere Arbeit in der mangelnden Wertschätzung unserer Rolle, unserer Wesensart und dessen, was wir potenziell beisteuern können, begründet liegen." (S. 185)

HSP wünschen sich sehnlichst, in dem, was sie ausmacht, gesehen, respektiert, anerkannt und gewürdigt zu werden und sich als wertvolle Mitarbeitende zugehörig fühlen zu können. Sie erleben Zufriedenheit und Erfüllung, wenn sie nicht nur ihrer beruflichen Qualifikation und Kompetenz entsprechend, sondern auch ihrem feinsinnigen Wesen gemäß eingesetzt werden und sich mit ihren besonderen Stärken (z. B. Empathievermögen, Umsicht, Qualitätsbewusstsein …) einbringen können. Erfahren sie wirkliche Akzeptanz und echte Wertschätzung, blühen sie auf.

Viele HSP, die zu mir in ein berufliches Coaching kommen, beklagen, dass sie speziell vom direkten Vorgesetzten zu wenig Anerkennung bekommen. Ein Mangel an Wertschätzung ist leider ein verbreitetes Phänomen, das bei allen Mitarbeitenden zu Negativität, Frustration, Verunsicherung und Misstrauen führt. Ich denke allerdings, dass HSP es noch stärker als andere als eine Missachtung ihrer Person und eine persönliche Kränkung erfahren. Bleibt Wertschätzung aus, fällt es ihnen schwer, ein positives Selbstbild aufrechtzuerhalten.

Ganz allgemein spielt eine Kultur der Wertschätzung hinsichtlich Arbeitgeberattraktivität eine sehr wichtige Rolle. Herrscht in einer Organisation ein respektvolles, wertschätzendes Miteinander, trägt das neben den Arbeitsinhalten wesentlich dazu bei, dass die Mitarbeitenden Freude am Job haben, motiviert und engagiert arbeiten, sich dem Unternehmen verbunden fühlen und loyal sind.

Den meisten HSP geht es nicht in erster Linie um das Gehalt, selbst wenn sie mit dem Job ihr Auskommen sichern müssen. Dennoch wollen sie angemessen und fair entlohnt werden, auch Gehaltserhöhungen erhalten, nicht zuletzt, weil das Anerkennung zeigt. Wertschätzung wird außerdem zum Ausdruck gebracht über wiederkehrendes positives Feedback, Angebote zur beruflichen Weiterbildung und Weiterentwicklung, gegebenenfalls Beförderungen.

Auch häufige Gespräche zwischen Führungskräften und Mitarbeitenden sind bedeutsam. Aufgaben und Projekte sollten nicht ohne Absprache zugeteilt und Abgabetermine nicht einfach diktiert werden. Im Arbeitsalltag zeigt ein einfaches Danke Anerkennung für gelieferte Antworten, abgeschlossene Projekte oder besondere Anstrengungen (z. B. geleistete Überstunden). Außerdem fühlen sich Mitarbeitende respektiert und anerkannt, wenn sie um ihre Meinung gefragt werden und wenn ihre Ideen, Hinweise und Verbesserungsvorschläge Gehör finden. Unbedingt erforderlich ist es, dass sie bei Problemen Unterstützung finden. Vorgesetzte drücken persönliche Wertschätzung überdies aus, indem sie ein gewisses (angemessenes) ehrliches Interesse am Privatleben und Befinden der Mitarbeitenden bekunden.

AM RANDE

Wertschätzung versus Lob

Oberflächliches und nichtssagendes Lob kommt nicht gut an. Kritisch am Lob ist aber vor allem, dass es zumeist sehr deutlich von oben herab gegeben wird. Wer lobt, bestimmt, was gut und was schlecht, was richtig und was falsch ist. Lob und Tadel liegen dicht beieinander. Beidem geht eine Beurteilung voraus, und zwar einzig nach den Bewertungskriterien des Beurteilenden. Dass Loben auf hierarchischen Verhältnissen basiert und von oben nach unten gegeben wird, wird dadurch anschaulich, dass man es als unpassend empfindet, wenn ein:e Mitarbeiter:in seine(n) / ihren Chef:in lobt.

Des Weiteren wird Lob häufig strategisch eingesetzt, um erwünschtes Verhalten herbeizuführen bzw. zu verstärken. Spürt die gelobte Person die manipulative Absicht und den massiven Anspruch auf die Zukunft gerichtet, fühlt sie sich gar nicht wohl mit dem Lob.

Wertschätzung findet im Gegensatz dazu auf Augenhöhe aus einer respektvollen Haltung heraus statt. Äußert sich eine Person in diesem Sinne anerkennend, bleibt sie bei sich und schildert, welche positive Auswirkung eine Handlung auf sie hatte. Beispiel: „Ihr ausführlicher Bericht hat mir bei der Einschätzung der Sachlage sehr geholfen“ statt einfach nur „Das haben Sie gut gemacht“. Eine weitere Alternative zum Lob ist eine freundliche Hinwendung zur anderen Person und ein aufmerksames Interesse an dem, was sie tut.

4.1.12 *Flexible Arbeitszeiten, genug arbeitsfreie Zeiten*

Manche Menschen sind Nachteulen, denen es schwerfällt, früh aufzustehen, andere Lerchen, die morgens besonders energiegeladen sind. Ein Gleitzeitmodell, bei dem den Beschäftigten ein Spielraum für Beginn und Ende der Arbeitszeit gegeben wird, ist auf jeden Fall von Vorteil. Können HSP ihre Arbeitsstunden innerhalb einer weiten Spanne flexibel wählen, liegt es in ihrer Entscheidung, früh zu kommen und die ruhigeren ersten Stunden für Aufgaben zu nutzen, die hohe Konzentration erfordern. Oder sie kommen später und bleiben länger, um in Ruhe noch etwas fertig zu machen, wenn die meisten anderen schon gegangen sind.

Matilda (Verwaltungsleiterin): Für mich ist die Frage: Muss ich morgens zu einer bestimmten Zeit im Büro sein oder kann ich mich an meinem Biorhythmus orientieren? Ich nehme mir gerne Zeit, ruhig in den Tag zu starten. Was mich stresst, ist ein festgelegter Arbeitsbeginn und ebenso ein festgelegtes Arbeitsende. Ich beende eine Aufgabe gerne, bevor ich Feierabend mache. Insofern ist Gleitzeit für mich ideal, auch um die Hauptverkehrszeiten zu vermeiden.

Wichtig ist außerdem, dass im Laufe des Arbeitstags Pausen gewährleistet sind, in denen man sich vom Arbeitsplatz entfernen, etwas essen und trinken, sich etwas bewegen, vielleicht frische Luft schnappen kann.

Anja (Erzieherin): Wichtig sind für mich feste Pausenzeiten, auch in Stresssituationen. In meinem Arbeitsalltag als Erzieherin habe ich häufig das Problem, dass ich nicht einmal fünf Minuten Zeit habe, um in Ruhe auf die Toilette zu gehen, etwas zu essen oder einfach kurz durchzuatmen. Vor allem, wenn wir knapp besetzt sind, z. B. weil Kolleg:innen krank sind, und die Kinder trotzdem betreut werden müssen. Dann schiebt man sich zwischendurch ein Brötchen in den Mund und versucht, sämtliche eigenen Bedürfnisse entweder zu unterdrücken oder ganz schnell zu ‚erledigen'. Das rächt sich leider immer. Ich bekomme dann spätestens abends Bauchschmerzen oder Kopfschmerzen.

Ein leidiges Thema für HSP sind Überstunden. Sie sollten die absolute Ausnahme sein, sonst bleibt einfach nicht genug Freizeit zur Erholung. Es darf nicht sein, dass das Arbeitspensum nur mit regelmäßigen Überstunden zu schaffen ist.

Ungünstig ist Schichtarbeit, weil da die beruhigende Struktur regelmäßiger Arbeitszeiten fehlt. Standby-Dienst bzw. Rufbereitschaft, also Zeiten, in denen man nicht arbeitet, aber jederzeit verfügbar sein muss, um bei Bedarf einzuspringen und gegebenenfalls zum Einsatzort zu kommen, sind keine wirklich freien Zeiten, obwohl sie nicht als Arbeitszeit gerechnet werden. Im Hinterkopf ist immer der Gedanke, dass ein Anruf kommen könnte.

4.1.13 *Eventuell Teilzeit*

Es können private Verpflichtungen (z. B. kleine Kinder) sein, die eine Teilzeitbeschäftigung erforderlich machen. Aber auch abgesehen davon kann es bei HSP sein, dass die relativ knappe Freizeit bei einer Vollzeitbeschäftigung nicht genügend Erholung ermöglicht. Nicht nur das Arbeitspensum als solches kostet Energie, sondern auch die Zeit, die man am Arbeitsplatz verbringen muss, insbesondere bei belastenden Umgebungsbedingungen (z. B. hoher Geräuschpegel). Es schafft spürbare Entlastung, weniger Stunden zu arbeiten.

AM RANDE

Gründe für Teilzeitarbeit

In einem *Spiegel*-Artikel mit der Überschrift „Einmal Teilzeit, immer Teilzeit" wird von Ergebnissen einer repräsentativen Umfrage berichtet. Darin heißt es: „Teilzeitarbeit kann zu mehr Lebensqualität führen, doch nur ein Drittel der nicht akademischen Fachkräfte hat sich aus diesem Grund gegen Vollzeit im Beruf entschieden" (Kaufmann, 2023). Der häufigste Grund sei Kindererziehung, an zweiter Stelle folgten Krankheit, Behinderung und Unfallfolgen. Danach kämen die Gründe, dass kein Vollzeitjob gefunden werden kann und Angehörige zu pflegen sind. Die Teilzeitquote liege laut statistischem Bundesamt bei Frauen generell viel höher als bei Männern, 49 im Vergleich zu 12,7 Prozent.

Weniger als 25 Prozent der Befragten sagten, dass sie später wieder Vollzeit würden arbeiten wollen. „Eine große Antwortgruppe will dabei der Arbeit nicht so viel Bedeutung beimessen. Eine andere häufige Antwort zielt auf die Belastungen im Beruf: ‚Ich kann mir nicht vorstellen, in der Pflege Vollzeit zu arbeiten. Das ist zu hart!'" Im Artikel wird gefolgert: „Teilzeitangebote machen herausfordernde Tätigkeiten für manche erst attraktiv."

Eine Stundenreduktion ist der physischen und mentalen Gesundheit zuliebe oftmals wünschenswert, wenn nicht gar unumgänglich. Am liebsten würde ich Teilzeit (ich denke an irgendetwas zwischen 50 und 80 Prozent) allen HSP empfehlen, weil dabei das Verhältnis zwischen Arbeit und Erholung hochsensiblen Bedürfnissen weitaus besser entspricht – vor allem auf lange Sicht. Viele HSP haben mir gesagt, dass das nicht gut gehen könne: acht Stunden am Tag (einschließlich Pausen und Wegzeiten oft über zehn Stunden), fünf Tage in der Woche, ein ganzes Arbeitsleben lang.

Ella (kaufmännische Angestellte): Was Teilzeit oder Vollzeit betrifft, denke ich, dass es drauf ankommt, wie wohl man sich bei der Arbeit fühlt. Sowohl im Team als auch mit den Aufgaben, die man hat. Wenn das alles sehr anstrengend ist, bevorzuge ich Teilzeit.

Sophie (Controllerin): Ideal wären nur vier Tage pro Woche statt einer Vollzeitstelle. Davon maximal zwei Tage pro Woche im Büro. Ein längeres Wochenende bzw. ein freier Tag unter der Woche würde mir mehr Zeit geben zum Erholen und mehr Energie lassen, um mich um Hobbys, Interessen und Beziehungen zu kümmern, ohne zu viel Druck, Schlafmangel und Stress.

Madeleine (Software-Betreuerin): Was die Arbeitszeit anbelangt, wäre für mich eine 30-Stunden- oder Viertagewoche ideal, da es mich regelrecht fertigmacht, wenn ich es nicht schaffe, Zeit für mich selbst zu beanspruchen. Mit diversen monetären Verpflichtungen liegt dieses Ziel aber nicht so greifbar, wie es mir lieb wäre.

Vier Arbeitstage in der Woche können leichter verkraftet werden als fünf. Am besten wäre es natürlich, wenn das ohne Gehaltseinbuße möglich wäre, wie es manche Arbeitgeber in jüngster Zeit ausprobieren, auch um angesichts des Fachkräftemangels ihre Attraktivität zu erhöhen.

AM RANDE

Viertagewoche

Unter der Überschrift „Positives Fazit nach britischem Pilotprojekt zur Viertagewoche" wird im Krautreporter Newsletter „Morgenpost" vom 22. Februar 2023 berichtet: „Rund 2900 Mitarbeiter:innen, 61 Unternehmen, 6 Monate Laufzeit: In Großbritannien lief vergangenes Jahr [2022] von Juli bis Dezember eines der bisher größten Pilotprojekte zum Arbeiten in einer Viertagewoche. Gestern sind erste Ergebnisse veröffentlicht worden und sie sind eindeutig positiv. Während die Produktivität gleich blieb, wuchs die Zufriedenheit und die Zahl der Fehltage ging zurück. Die Firmen schufen unter anderem durch Digitalisierung einiger Aufgaben, durch weniger Meetings und durch bessere Übergaben die nötigen Freiräume. [...] Viele Unternehmen haben sich wegen der hohen Zufriedenheit der Belegschaft mit dem Modell entschieden, den Pilotversuch freiwillig zu verlängern" (Fahrenbach, 2023).

Im Normalfall bedeutet eine Stundenreduktion ein geringeres Einkommen. Mir ist bewusst, dass es in vielen Fällen um die Frage geht, ob das wegen der finanziellen Verpflichtungen und des gewünschten Lebensstandards überhaupt machbar ist. Wer weniger arbeitet, zahlt außerdem weniger in die Rentenkasse ein, hat also auch gewisse Einbußen bei der Alterssicherung. Ein anderer Nachteil kann sein, dass sich bestimmte Berufe bzw. Arbeitsaufgaben weniger für Teilzeit eignen, beispielsweise wenn eine kontinuierliche Zusammenarbeit im Team erforderlich ist.

Trotz alledem rate ich den HSP, die sich permanent überlastet und erschöpft fühlen, alle erdenklichen Stellschrauben in der Lebensgestaltung und der Finanzplanung zu prüfen, bevor sie zu dem Schluss kommen, dass sie sich eine Stundenreduktion nicht leisten können.

Entscheidet man sich für eine Reduzierung der Arbeitszeit in einer Stelle, die man schon innehat, sollte unbedingt auch tatsächlich die Menge der Aufgaben und Zuständigkeiten entsprechend verringert werden, damit nicht dieselbe Arbeit in weniger Zeit zu leisten ist. Noch ein praktischer Tipp: Von einigen HSP habe ich gehört, dass ein freier Tag in der Mitte der Woche sich in puncto Entlastung noch mehr bewährt als ein verlängertes Wochenende oder kürzere tägliche Arbeitszeiten.

4.1.14 *Homeoffice als Möglichkeit*

Seit der Pandemie hat das Arbeiten aus dem Homeoffice eine größere Verbreitung und eine höhere Akzeptanz bei Arbeitgebern gefunden. Für viele Mitarbeitende ist das Homeoffice eine willkommene Alternative zur Präsenzarbeit geworden.

AM RANDE

Im Homeoffice zufriedener

In einem Posting auf dem Instagram-Account von *ZDF heute* vom 22. Juni 2023 heißt es: „Beschäftigte im Homeoffice sind zufriedener und nach eigener Aussage produktiver. Zu diesem Ergebnis kommt eine Studie aus dem Juni 2023 der TU Darmstadt [Umfrage unter 1136 deutschen Wissensarbeitenden im Januar und Februar 2023]. 76 Prozent der Befragten geben an, im Homeoffice produktiv zu arbeiten. Im Büro gilt dies nur für 61 Prozent. 81 Prozent sind im Homeoffice alles in allem zufrieden – im Unternehmensbüro sagen dies lediglich 57 Prozent der Beschäftigten." Beschäftigte würden die Entscheidung, an welchem Ort sie arbeiten, vor allem danach treffen, wo sie am effizientesten arbeiten können. Arbeitgeber seien gefordert, dem Wunsch nach Remote Work künftig verstärkt nachzukommen.

Unter den Beschäftigten sind es vermutlich die HSP und mehr noch die Introvertierten unter ihnen, die besonderen Gefallen am Homeoffice finden, weil sie zu Hause konzentrierter und entspannter arbeiten können. Positiv ist außerdem, dass an Homeoffice-Tagen die oft zeitraubenden und nervenaufreibenden Fahrten zwischen Arbeitsstelle und zu Hause wegfallen.

Den Bestrebungen mancher Arbeitgeber, die Mitarbeitenden wieder vermehrt aus dem Homeoffice ins Büro zurückzuholen, stehen die HSP, mit denen ich gesprochen habe, mehrheitlich ablehnend gegenüber. Sie wünschen sich die Möglichkeit, zumindest teilweise im Homeoffice zu arbeiten, weil sie das als große Erleichterung empfinden, vor allem, wenn sie vor Ort in einem Großraumbüro arbeiten müssen. Und sie wünschen sich, dass die Vorgesetzten ihnen das dafür nötige Vertrauen entgegenbringen.

Rebecka (Sachbearbeiterin): Seitdem ich Homeoffice kennengelernt habe, wünsche ich mir das auch nach der Pandemie. Drei bis vier Tage in der Woche wären optimal und eine Flexibilität bezüglich der Tage wäre auch schön. Ich bin fast so weit, dass ich wegen fehlendem Homeoffice kündigen möchte. Habe aber momentan keine vernünftige Alternative.

Natürlich eignet sich längst nicht jede Tätigkeit fürs Homeoffice. Und selbst wenn, ist es nicht jedermanns oder jederfraus Sache. Manche haben zu Hause keine ruhige Umgebung (z. B. wegen Anwesenheit anderer Familienmitglieder), manche stört die weniger klare Trennung zwischen Arbeit und Privatleben, andere vermissen den informellen kollegialen Austausch jenseits von Online-Nachnachrichten und Online-Besprechungen, fühlen sich nicht genug ins Team eingebunden. Am besten passt häufig ein Mix aus Homeoffice und Präsenzarbeit, um auch an Meetings vor Ort teilnehmen zu können und den Kontakt zu Kolleg:innen zu pflegen.

Madeleine (Softwarebetreuerin): Der Homeoffice-Arbeitsplatz ist für mich ideal. Ein- oder zweimal die Woche ins Büro zu fahren finde ich aber dennoch schön, da es auch guttut, sich real mit den Kollegen austauschen zu können. So entsteht ein besseres Zugehörigkeitsgefühl. Es kommt sehr auf die Firmenkultur an, ob man im Homeoffice ein Außenseiter ist. Für mich ist es wichtig, vollwertiges Mitglied im Kollegenkreis zu sein, mich angenommen und respektiert zu fühlen. Ohne diese emotionale Komponente fällt es mir sehr schwer, tatsächlich produktiv zu sein.

Marie (Unternehmensberaterin): Ich möchte hauptsächlich im Homeoffice arbeiten, mit gelegentlichen Treffen mit Kolleg:innen in einem schönen Büro. Gerade der informelle Austausch mit Menschen mit ähnlichen Interessen und ähnlichem Mindset, der berühmte Tratsch in der Kaffeeküche, bedeutet mir viel.

Im Rahmen neuer Arbeitsplatzkonzepte keinen festen Arbeitsplatz mehr vor Ort zu haben entspricht allerdings weniger den Bedürfnissen von HSP.

Matilda (Verwaltungsleiterin): Ganz schlimm finde ich ‚Flex-at-work'-Arbeitsplätze, wo man sich morgens seinen Rollcontainer abholt und einen freien Arbeitsplatz sucht. Wenn ich an einem fremden Arbeitsplatz arbeite, brauche ich immer erst mal einige Zeit, um mich dort einzurichten. Das führt bei mir zu einer absolut ineffizienten Arbeitsweise.

AM RANDE

New Work – Moderne Arbeitswelt

Der Begriff „New Work" bezeichnet flexible Formen der Organisation und Gestaltung von (Büro-)Arbeit in Zeiten von Globalisierung und Digitalisierung mit der Idee, Arbeit lebenswerter zu machen und den Mitarbeitenden mehr Freiheit und Eigenverantwortung einzuräumen. Zu dem umfassenden Konzept gehören auch Gleitzeit und ortsunabhängiges Arbeiten. Häufig gibt es dann im Unternehmen keine festen Arbeitsplätze mehr, vielmehr wird „Desk Sharing" praktiziert, bei dem Mitarbeitende in der Präsenzzeit einen Arbeitsplatz frei wählen.

4.1.15 *Lern- und Entwicklungsoptionen*

HSP sind in aller Regel sehr offen für persönliche und berufliche Weiterentwicklung und wünschen sich vom Arbeitgeber interessante Fortbildungsangebote und – gerade in jüngeren Jahren – attraktive Entwicklungsperspektiven. Daraus kann für sie viel Motivation erwachsen. HSP sind wissensdurstig und lernen gerne etwas dazu, es sei denn, sie sind durch ihre reguläre Arbeit schon völlig ausgelastet oder gar überlastet.

Nach meiner Erfahrung streben HSP tendenziell weniger danach, im klassischen Sinne Karriere zu machen, das heißt in höhere Positionen mit Personalverantwortung aufzusteigen. Eher darf es für sie in Richtung von erweiterten Befugnissen, interessanten Spezialaufgaben, Beratungsfunktionen und höherem Expertenstatus gehen. Nach meiner Beobachtung ist es für sie oftmals reizvoller, Fachkraft als Führungskraft zu sein.

Albert (59, Sachbearbeiter): Früher habe ich auf Karriere gebaut, wollte unbedingt Filialleiter werden. (Habe es aber nur bis zum stellvertretenden Filialleiter geschafft.) Heute wäre ich froh, ich hätte es nicht angestrebt. Verantwortung kann auch überfordern. Lange Arbeitszeiten tun ihr Übriges. Ich wollte es meinen Mitarbeitern, den Kunden und meinen Chef immer recht machen. Das Ergebnis war ein Burn-out.

Marie (56, Unternehmensberaterin): Karrierechancen spielen für mich keine große Rolle mehr, ich habe ein relativ hohes Niveau in der Beratung erreicht und möchte mir nicht noch mehr administrative Verantwortung zumuten.

Matilda (45, Verwaltungsleiterin): Nach zwei Burn-outs und mit nunmehr einem Jahr Abstand zur letzten Tätigkeit als Führungskraft ist mein Fazit, dass ich ohne Führungsverantwortung deutlich ruhiger lebe, viel weniger unter Stress und unter Strom stehe. Derzeit kann ich mir nicht vorstellen, wieder als Führungskraft zu arbeiten. Ich sehe mich selbst eher in einer hochspezialisierten Expertenfunktion, in der ich nur für mich selbst und meine Arbeit verantwortlich bin.

Mit einer Führungsposition ist häufig eine höhere Arbeitslast verbunden, die problematisch sein kann. Zudem liegt für hochsensible Führungskräfte eine Schwierigkeit darin, dass Erwartungen und Anforderungen von mehreren Seiten kommen, von der oberen Führungsebene, von den eigenen Mitarbeitenden, von Kundenseite usw. Umgang mit Dilemma-Situationen, schnelle Entscheidungen, direktive Anweisungen, konsequentes Delegieren und souveräne Konfliktbewältigung sind weniger ihre natürlichen Stärken, was nicht heißt, dass sie diese nicht aufbauen können, wenn sie entsprechend motiviert sind.

Andererseits kann es hochsensiblen Führungskräften gut gelingen, hochreflektiert und vorausschauend zu agieren und auf empathische Weise vertrauensvolle Beziehungen zu ihren Mitarbeitenden aufzubauen. Als Führungskräfte werden HSP werteorientiert agieren und eher einen „weichen“, kooperativen Führungsstil praktizieren, da sie Arbeitsbeziehungen auf Augenhöhe und partnerschaftliche Zusammenarbeit bevorzugen. Ich dachte sofort an die Eignung von HSP, als ich auf der Website von *brand eins* folgendes Zitat von Warren Bennis las: „Die Kernkompetenz von Führung ist Charakter“ (Lotter, 2015).

4.2 Bleiben oder gehen?

Wenn Sie sich in der gegenwärtigen Arbeitsstelle im Großen und Ganzen wohlfühlen und Ihre wichtigsten Anforderungen erfüllt sind, werden Sie das zu schätzen wissen und sehr wahrscheinlich dort bleiben wollen. Vielleicht bieten sich Ihnen Alternativen, ohne dass Sie aktiv danach suchen, oder Sie spielen ab und zu einfach so mit dem Gedanken an eine berufliche Veränderung. Aus einer komfortablen Situation heraus können Sie Alternativen sorgsam prüfen und dabei die von Ihnen priorisierten Faktoren aus der voranstehenden Aufzählung als Kriterien anlegen.

Wenn Sie sich in Ihrem Job dauerhaft unglücklich fühlen, viele Ihrer Bedürfnisse auf der Strecke bleiben und Ihre Gesundheit gefährdet ist, wird es für Sie darum gehen, zeitnah entweder wesentliche Veränderungen dort, wo Sie sind, herbeizuführen oder tatsächlich den Arbeitsplatz zu wechseln.

Sollten Sie Scheu davor haben, den Status quo ernsthaft infrage zu stellen und einen Stellenwechsel anzustreben, sind Sie damit nicht allein. Aus verschiedenen Gründen tun sich HSP damit besonders schwer. Oftmals halten sie ihr ausgeprägtes Pflichtgefühl und ihre Loyalität dem aktuellen Arbeitgeber und den Kolleg:innen gegenüber zurück, selbst wenn ihnen der Job nicht (mehr) guttut. Des Weiteren ist ihnen klar, dass die Phase von Bewerbungen, Vorstellungsgesprächen, Entscheidungen und dem Übergang in eine neue Stelle eine unruhige Zeit bedeutet und ihnen dadurch eine unangenehme Überstimulation droht.

Schließlich können in HSP vielerlei Selbstzweifel und Unsicherheiten auftauchen: Darf ich einen sicheren Arbeitsplatz und ein gesichertes Einkommen aufgeben? Was, wenn die berufliche Veränderung auch nicht zur Zufriedenheit führt? Was, wenn es mir anderswo noch schlechter als bisher geht? Sollte ich mich nicht einfach mit dem, was ist, irgendwie arrangieren? Eine Menge Fragen, die sich nicht eindeutig beantworten lassen und die nicht selten in endloses Grübeln münden. Denn auch mit noch so viel Nachdenken werden immer Fragezeichen übrig bleiben.

4.2.1 Modifizieren statt abwählen

Neben den Optionen Kündigen oder Sichabfinden mit einer unliebsamen Arbeitssituation gibt es unter Umständen noch eine dritte Alternative, nämlich die, (vorerst) zu bleiben, sich aber zugleich nach Kräften dafür einzusetzen, die eigene Situation konkret zu verändern und zu verbessern.

Zunächst einmal gilt es herauszufinden, worin genau die Unzufriedenheit begründet liegt. Und dann: Was könnte Abhilfe schaffen? Wie könnten Härten vermieden werden? Was würde Erleichterung bringen? Kann vielleicht das Aufgabengebiet verändert werden? Können bestimmte Aufgaben oder Projekte abgegeben, andere übernommen werden? Was würde den Job interessanter machen? Gibt es eine Weiterbildung, die neue Perspektiven eröffnen würde? Ist es möglich, in ein anderes Arbeitsteam zu wechseln? Oder ist es denkbar, intern in eine ganz andere Stelle wechseln?

Die Devise lautet: Nicht abwarten, ausharren und aushalten, sondern aktiv werden, Eigeninitiative zeigen, selbstbewusst den / die Vorgesetzte(n) ansprechen, Vorschläge machen, nach Lösungswegen suchen.

AM RANDE

Job Crafting kann die Lösung sein

Als „Job Crafting" bezeichnet man das individuelle (Um-)Gestalten der eigenen Arbeit aus eigenem Antrieb heraus, um Sinnerleben und Motivation für sich selbst und das Team zu erhöhen. Arbeitgeber, die die Anliegen der Mitarbeitenden ernst nehmen und Job Crafting unterstützen, profitieren davon, weil dadurch die allgemeine Leistungsbereitschaft gefördert wird.

In einem Blog-Artikel von Tim Geier (o. J.) auf der Website der ZEIT Akademie mit dem Titel „Job Crafting – die Arbeit proaktiv gestalten" heißt es: „Job Crafting nennt man jene kleinen Veränderungen, mit denen man den eigenen Job nach seinem eigenen Rollenverständnis umformt und proaktiv mitgestaltet. Job Crafting bedeutet auf Deutsch übersetzt sinngemäß ‚die Arbeit / den Arbeitsplatz gestalten'. Grundsätzlich geht es also darum, dass Mitarbeitende kontinuierlich kleine Anpassungen an ihrem Job vornehmen – damit die Arbeit ihre Stärken miteinbezieht und ihre Motivation fördert." Ziel des Job Craftings sei, die Übereinstimmung der Merkmale zwischen Job und Person zu erhöhen.

Eine Möglichkeit, die immer auch ausgeschöpft werden sollte, liegt darin, die eigene Einstellung zum Job zu verändern. Haben Sie ausreichend auf das geschaut, was Ihnen am gegenwärtigen Job gefällt? Können Sie darauf noch mehr fokussieren? Lässt sich der Kontakt zu den Mitmenschen im Unternehmen, die Sie als positiv empfinden, intensivieren und der zu denjenigen, die negativ auf Sie wirken, verringern? Kann emotionale Abgrenzung gegenüber den schwierigen Mitmenschen in höherem Maße gelingen und somit mehr innerer Friede erreicht werden?

Darüber hinaus kann es sich lohnen, die gesamte Lebenssituation in den Blick zu nehmen und zu reflektieren. Was kann Ihr Wohlbefinden und Ihre Zufriedenheit im Ganzen erhöhen? Ist es möglich, einen Ausgleich außerhalb des Berufs zu schaffen? Bei viel Anspannung im Job: Können Sie in der Freizeit etwas tun, wodurch Sie wirksam Entspannung finden? Bei Monotonie im Job: Gibt es Dinge, die Ihnen anderenorts Abwechslung und Erfüllung bringen?

4.2.2 *Was für Kündigen spricht*

Bemühungen um konkrete Verbesserungen im Job können von vornherein aussichtslos sein oder letztendlich scheitern. Dann stehen die Zeichen auf Gehen. Manche Arbeitsumstände, eklatante Unter- oder Überforderung sowie eine Nichtpassung von Job und Person können derart negative Auswirkungen auf die Lebensqualität und die psychische und physische Gesundheit haben, dass es wirklich das Beste ist, sich etwas Neues zu suchen.

Mir ist sehr wohl bewusst, dass die Notwendigkeit, möglichst ohne Unterbrechung seinen Lebensunterhalt zu verdienen bzw. seinen Teil zum Familieneinkommen beizutragen, die Handlungsfreiheit einschränkt. Dennoch meine ich: Es gibt Grenzen dessen, was man sich auf Dauer zumuten sollte.

Der Job nimmt einen großen Teil unserer Lebenszeit und unserer Energie in Anspruch. Unglücklich im Beruf zu sein bedeutet, im Leben unglücklich zu sein. Jeden Tag mit Widerwillen zur Arbeit zu gehen, sich zusammenreißen zu müssen, um den Arbeitstag durchzustehen, stets nur den Feierabend, das Wochenende, den Urlaub herbeizusehnen, raubt nicht nur die Lebensfreude, es schwächt auch das Selbstwertgefühl und das Selbstvertrauen. Die Hürde, etwas Neues zu suchen, wird immer größer. Mit der Zeit verliert man immer mehr den Elan und die Zuversicht. Resignation macht sich breit und man rutscht zunehmend in die Passivität. Lassen Sie es nicht so weit kommen!

Folgendes sind stichhaltige Gründe zu gehen:

- Die Bezahlung ist sehr schlecht und entspricht nicht der Leistung.
- Ihre Fähigkeiten, Ihr Engagement und Ihre Leistungen werden gar nicht gesehen und anerkannt, Wertschätzung bleibt gänzlich aus.
- Das Menschliche spielt überhaupt keine Rolle, das Wohlbefinden der Mitarbeitenden ist für den Arbeitgeber nebensächlich, es kommt nur auf Produktivität an.
- Sie sind gezwungen, Dinge zu tun, die Ihren wichtigsten Werten zuwiderlaufen.
- Es herrscht ein vergiftetes Arbeitsklima. Andere gehen feindselig miteinander um. Sie selbst werden respektlos und herabwürdigend behandelt. Sie sind Mobbing ausgesetzt, finden im Unternehmen keine Unterstützung und Besserung ist nicht in Sicht.
- Es gibt keine Kolleg:innen, mit denen Sie erfreuliche Verbindungen pflegen und Solidarität empfinden können.
- Sie können sich weder mit der Tätigkeit noch mit dem Unternehmen identifizieren.
- Sie sind (objektiv gesehen) nicht gut in dem, was Ihre aktuelle Aufgabe ist, und wären eigentlich für eine andere Aufgabe viel besser geeignet – im selben Beruf oder vielleicht auch in einem ganz anderen.
- Sie erleben eine frustrierende Stagnation. Es ist kein Wachstum, keine Weiterentwicklung, kein Vorankommen möglich, obwohl Sie es sich wünschen. Wesentliche Potenziale liegen brach.
- Sie sind komplett unterfordert, langweilen sich furchtbar.
- Die Arbeit überfordert und erschöpft Sie so sehr, dass Sie keine Energie mehr für die Familie, für Freundschaften und für Ihre Hobbys haben. Sie finden kaum mehr in die Entspannung.
- Eine Teilzeitlösung wird Ihnen nicht ermöglicht, obwohl Sie sie dringend (aus welchen Gründen auch immer) brauchen.
- Ihre berufliche Unzufriedenheit wird zu einer generellen Unzufriedenheit und Lustlosigkeit.
- Ihre Psyche und Ihr Körper leiden. Sie sind häufiger krank, zum Beispiel mit Infekten, Kopfschmerzen, Rückenschmerzen u. a. m., von Anzeichen für Burn-out ganz zu schweigen.

Häufig kommen mehrere dieser Aufzählungspunkte zusammen, wenn jemand unglücklich im Job ist. Aber schon einer der Punkte (z. B. Mobbing!) kann zur Qual werden und Grund genug sein, sich dringend nach einer Alternative umzuschauen, gegebenenfalls sogar zu kündigen, bevor man eine neue Stelle gefunden hat. Gesundheit ist unersetzlich.

4.2.3 Entscheidungsfindung

HSP treffen Entscheidungen mit viel Besonnenheit, eine vorsichtige Haltung ist Teil ihrer Lebensstrategie. Weil sie die verfügbaren Handlungsoptionen hinsichtlich der absehbaren und vermuteten Folgen sowie möglicher Vor- und Nachteile sorgfältig durchdenken und gegeneinander abwägen, nimmt eine Entscheidungsfindung bei ihnen einige Zeit in Anspruch. Das gilt erst recht für eine Entscheidung von solch gravierender Tragweite wie die einen Stellenwechsel betreffend.

Das Zögern rührt auch daher, dass die Entscheidung für das eine den Verzicht auf das andere bedeutet. Und das, wogegen man sich entscheidet, muss man erst einmal loslassen. Das kann schwerfallen, denn auch an einem ungeliebten Job gibt es positive Aspekte.

Hinzu kommt der selbst auferlegte Druck, dieses Mal müssten sie alles richtig machen, der HSP mitunter regelrecht lähmt. Die Sorge, sich falsch zu entscheiden, ist groß. Oft gibt es eine tiefsitzende Annahme, man könne seine Entscheidung nicht mehr korrigieren. Auch wenn das so nicht stimmt. Man kann sie zwar wahrscheinlich nicht rückgängig machen, das heißt aber nicht, dass man keinen Handlungsspielraum mehr hätte. Nimmt man eine vielversprechende Stelle an, und später stellt sich heraus, dass das doch keine gute Wahl war, kann man dort ebenfalls wieder gehen, vielleicht schon in der Probezeit.

Ein großer Fehler wäre jedenfalls, aus Angst vor einer Fehlentscheidung in einer unguten Situation zu verharren. Der Punkt ist: Man kann einfach nicht wissen, wie es ist, bevor man es nicht ausprobiert hat. Hierzu fällt mir spontan ein Zitat des Philosophen Søren Kierkegaard ein: „Verstehen kann man das Leben nur rückwärts. Leben muss man es vorwärts.“

AM RANDE

Nachdenken ist nur begrenzt hilfreich

Rolf Dobelli schreibt in einer Kolumne der *Neuen Züricher Zeitung* vom 22. April 2017 unter der Überschrift „Wir Zauderer“ über unfruchtbares Nachdenken. In der Schriftstellerei gebe es ein Geheimnis: „Die besten Ideen kommen einem beim Schreiben, nicht beim Nachdenken.“ Diese Erkenntnis gelte für alle Bereiche, in denen Menschen aktiv sind. „Warum ist das so? Weil die Welt für uns opak ist – undurchsichtig, trüb wie Milchglas. Niemand leuchtet die Realität ganz aus, selbst der gebildetste Mensch sieht immer nur ein paar Meter weit in eine bestimmte Richtung. Will man diese

Erkenntnisgrenze überschreiten, muss man vorwärtsgehen, nicht stehen bleiben – tun, nicht überlegen."

Nachdenken sei gut und schön, nur komme man irgendwann an den Punkt, an dem weiteres Nachdenken keine zusätzlichen Erkenntnisse mehr bringt. Dobelli nennt diesen Punkt den „Punkt des maximalen Grübelns" und führt aus: „Nichts gegen das Nachdenken! Schon nach kurzer Zeit des Überlegens erzielt man enorme Erkenntnisfortschritte. Doch mit der Zeit werden diese Fortschritte kleiner und kleiner, und es ist erstaunlich, wie schnell man den Punkt des maximalen Grübelns erreicht."

Sobald man bei größeren Entscheidungen alle verfügbaren Fakten zusammengetragen habe, brauche es maximal einige Tage Nachdenkzeit. „Geht es um einen Karrierewechsel, höchstens eine Woche. Vielleicht gibt man sich noch etwas mehr Bedenkzeit, damit momentane Gefühlsschwingungen nicht allzu stark einwirken. Doch dann hilft Denken nicht mehr weiter – man muss agieren, um zu neuen Erkenntnissen zu kommen."

Häufig würde man viel zu lange im Nachdenken verharren und zaudern. „Warum? Weil es bequemer ist. Weil es angenehmer ist, nachzudenken, als die Initiative zu ergreifen. Weil es behaglicher ist, vor sich hin zu sinnieren, als etwas in die Tat umzusetzen. Weil das Risiko eines Misserfolgs beim Nachdenken null, beim Tun hingegen stets grösser als null ist. [...] Wer nachdenkt, reibt sich nie an der Realität und kann daher gar nicht scheitern. Wer etwas tut, hingegen schon – dafür sammelt er Erfahrungen."

Wie viel man in einem Entscheidungsprozess auch hin und her überlegt, man kann nun einmal nicht in die Zukunft schauen, kennt nicht den weiteren Verlauf des Geschehens. Man kann nur Vermutungen anstellen, bewegt sich allenfalls im Bereich von Wahrscheinlichkeiten. Risiko und Chance liegen dicht beieinander. Fürs Gelingen gibt es keine Garantie.

Wahlmöglichkeiten zu haben bedeutet einerseits Freiheit, andererseits auch Unsicherheit. Verständlicherweise ist da auch die Angst vor dem Unbekannten und Ungewissen. Mit folgendem Zitat möchte ich für entschlossenes Handeln trotz aller Unsicherheiten werben: „Ich weiß nicht, ob es besser wird, wenn es anders wird. Aber es muss anders werden, wenn es besser werden soll" (Georg Christoph Lichtenberg).

Alles Neue ist naturgemäß mit einer Menge Unwägbarkeiten verbunden, die nicht ausgeräumt werden können. Hält man am Alten fest, weiß man zumindest, was man hat. Es braucht die Bereitschaft, mit der Ungewissheit zu leben. Und es braucht den Mut, sich trotz einer gewissen Angst auf etwas Neues, etwas Unbekanntes einzulassen. Ich denke hierbei an ein Filmzitat: „Mut ist nicht die Abwesenheit von Angst, sondern vielmehr die Erkenntnis, dass etwas anderes wichtiger ist als Angst. Die Tapferen leben vielleicht nicht ewig, aber die Vorsichtigen leben überhaupt nicht." (Anne Hathaway als Amelia „Mia" Thermopolis in *Plötzlich Prinzessin*)

Die Botschaft von Brené Brown geht in dieselbe Richtung. In ihrem Buch *Verletzlichkeit macht stark. Wie wir unsere Schutzmechanismen aufgeben und innerlich reich werden* (2017) gibt sie eine Definition von Verletzlichkeit: „Ich definiere Verletzlichkeit als Ungewissheit, Risikobereitschaft und emotionale Exposition." Ihr ganzes Buch ist ein Plädoyer dafür, Verletzlichkeit zuzulassen, das heißt Risiken einzugehen, der Ungewissheit ins Auge zu blicken und sich emotional zu exponieren, um ein lebendiges Leben aus vollem Herzen zu führen (S. 50 ff.).

Ich möchte dazu ermutigen, entschlussfreudig zu sein, aber darauf hinweisen, dass man keine Entscheidungen von großer Tragweite treffen sollte, wenn man gerade in einer vorübergehend schlechten mentalen oder körperlichen Verfassung ist (z. B. noch unter dem Eindruck einer Kränkung, unausgeschlafen, erkältet, von Kopfschmerz geplagt).

4.3 Sich bewerben

Die Suche nach einer neuen Stelle ist herausfordernd: Der Arbeitsmarkt ist komplex, die Optionen, die Ihnen offenstehen, sind nicht so leicht zu überblicken und schon gar nicht leicht konkret zu finden.

Steht ein Stellenwechsel an, besteht das konkrete Handeln darin, sich nach potenziellen neuen Arbeitgebern und Stellenangeboten umzusehen, Bewerbungen zu schreiben und Vorstellungsgespräche zu führen. Im gesamten Bewerbungsprozess bewegen sich HSP definitiv außerhalb ihrer Komfortzone. Was aber nicht heißt, dass sie das nicht bewältigen können. Es ist ja nur eine Übergangszeit und es ist für einen guten Zweck: für eine bessere berufliche Zukunft.

Der Jobwechsel ist ein spannendes Projekt. Sie erfahren etwas über Ihre Chancen am Stellenmarkt. Sie kommen mit unterschiedlichen potenziellen Arbeitgebern in Kontakt, gewinnen erste Einblicke in andere Unternehmen, vielleicht auch in andere Branchen, können Vergleiche anstellen. Und Sie können die Stellenangebote jeweils daraufhin abklopfen, inwieweit sie Ihre wichtigen eigenen Anforderungen erfüllen.

Einmal ganz abgesehen vom Jobprofil, das natürlich passen muss, können Sie schon vorab in der Stellenanzeige und auf der Website des Unternehmens nach Hinweisen auf die Unternehmenskultur suchen und schauen, ob Sie damit übereinstimmen.

Als positive Stichworte sehe ich zum Beispiel: Vereinbarkeit von Beruf und Familie, gelebte Diversität, Fokus auf den Menschen, Betriebliches Gesundheitsmanagement, Fehlerkultur, Betonung von Soft Skills, Weiterbildungsangebote … Inwieweit die Außendarstellung und die Unternehmensrealität übereinstimmen, gilt es dann noch herauszufinden.

In Ihren Bewerbungsschreiben und Vorstellungsgesprächen werden Sie bemüht sein, sich selbst als attraktive:n Bewerber:in zu präsentieren. Dafür ist es gut, wenn Sie sich Ihrer Stärken sehr bewusst sind, der typisch hochsensiblen Stärken ebenso wie Ihrer ganz individuellen Stärken – für ein positives Selbstbild und eine selbstsichere Ausstrahlung.

Die authentische Formulierung des Bewerbungsanschreibens unter Einbeziehung der Hochsensibilität ist eine anspruchsvolle Aufgabe, bietet aber auch die Gelegenheit, sich von anderen Bewerbern abzuheben. Kaum je werden ausdrücklich hochsensible Mitarbeitende gesucht. Darum sollten Sie im Normalfall auch nicht direkt erwähnen, dass Sie hochsensibel sind, sondern vielmehr die damit verbundenen Eigenschaften, Werte und Vorlieben konkret benennen (Empathie, Kollegialität, Vertrauenswürdigkeit, Zuverlässigkeit, Gründlichkeit, Qualitätsbewusstsein u. a. m.). Beziehen Sie sich im Anschreiben insbesondere auf die Punkte aus der Stellenanzeige und auf der Website, mit denen Sie besonders in Resonanz gehen.

In jedem Vorstellungsgespräch kommt unweigerlich die Frage nach den Stärken. Überlegen Sie sich im Vorfeld, welche Ihrer Eigenschaften, Stärken und Fähigkeiten zum Unternehmen und zum angestrebten Job passen und einen Mehrwert für den Arbeitsgeber schaffen können. Vielleicht können Sie konkrete Beispiele aus vergangenen Jobs anführen, wie Sie Ihre Stärken schon erfolgreich und Nutzen stiftend eingesetzt haben. Eigenwerbung darf sein! Aber realistisch bleiben. Keine Stärken nennen, die Sie nicht haben, und keine Entwicklung in Aussicht stellen, die Sie nicht werden vollziehen können und wollen.

Auch nach einer Selbsteinschätzung bezüglich der Schwächen wird ein:e Bewerber:in üblicherweise gefragt. Bereiten Sie sich auch auf diese Frage vor. Selbstverständlich wäre es ungeschickt, eine Schwäche zu nennen, die für den Job eine zentrale Kompetenz darstellt, beispielsweise bei einem Verkaufsjob zu sagen, dass man ungern auf Menschen zugeht (wenn dem so wäre, würde man sich darauf natürlich gar nicht bewerben). Welche Schwächen sind der Erwähnung wert, aber dennoch eher nebensächlich? Fügen Sie hinzu, welchen konstruktiven Umgang Sie damit finden. Zum Beispiel: „Ich werde leicht unruhig, wenn viele Aufgaben gleichzeitig auf mich zukommen. Ich helfe mir, indem ich alles auf eine Liste schreibe, Prioritäten setze und die Aufgaben entsprechend abarbeite.“ Eine weitere Idee ist, Schwächen zu relativieren. Ein Beispiel: Statt „Es liegt mir gar nicht, über längere Zeit unmittelbar mit anderen zusammenzuarbeiten" eventuell so: „Ich bin kooperations- und teamfähig, bestimmte Aufgaben erledige ich allerdings am liebsten und am besten in Ruhe allein." Gern gesehen ist jemand, der authentisch und selbstreflektiert ist und für sich Verantwortung übernimmt.

Im Laufe des Bewerbungsprozesses ist es auch völlig legitim, die wichtigsten eigenen Anforderungen zur Sprache zu bringen bzw. nach Arbeitsbedingungen und Regelungen zu fragen (z. B. Gleitzeit? Überstunden? Homeoffice-Möglichkeiten?). Notieren Sie sich vorab alle wichtigen Fragen, die Sie an das Unternehmen haben. Es hilft nicht, etwas Essentielles auszuklammern. Eine Inkompatibilität würde sich eher früher als später herausstellen.

Versuchen Sie, so viel wie möglich über die Jobrealität herauszufinden. Lassen Sie sich einen typischen Arbeitstag beschreiben, bitten Sie darum, dass man Ihnen den Arbeitsplatz zeigt, Sie durchs Unternehmen führt, Sie mit den potenziellen Kolleg:innen bekannt macht. Fragen Sie danach, ob ein Probearbeitstag vereinbart werden kann. Der ist besonders gut geeignet, um zu sondieren, ob Aufgabengebiet und Umfeld für Sie passen.

Durch Ihre sensible Wahrnehmung und Ihre gute Intuition sollte es Ihnen relativ gut möglich sein, in den Gesprächen, auf dem Rundgang im Unternehmen und mehr noch während des Probearbeitens die Arbeitsatmosphäre zu erspüren. Wie ist die allgemeine Stimmung? Wie ist der Umgang der Mitarbeitenden untereinander? Wie wird über Vorgesetzte gesprochen? Wie offen und freundlich begegnet man Ihnen als Bewerber:in? Können Sie sich vorstellen, in dem Arbeitsbereich, in der Umgebung und mit den Menschen zu arbeiten?

Ein schwieriger Punkt sind für HSP die Gehaltsverhandlungen. Den meisten HSP liegt es weniger, sich selbst zu vermarkten. Häufig sind sie selbstkritisch und unterschätzen ihren Wert für das Unternehmen. Vielfach sehen sie es so, dass ihnen andere Faktoren (z. B. sich am Arbeitsplatz wohlzufühlen und eine sinnstiftende Tätigkeit auszuüben) wichtiger sind als das Gehalt. Aber das muss kein Entweder-oder sein! Bereiten Sie sich auf den Punkt Gehalt besonders gut vor. Beraten Sie sich mit wohlwollenden und erfahrenen Menschen aus Ihrem persönlichen Umfeld. Lassen Sie sich von ihnen im selbstbewussten Auftreten und Nennen Ihrer Gehaltsvorstellungen bestärken. Gute Qualifikationen, erworbene Kompetenzen, bisherige Leistungen und eine hohe Einsatzbereitschaft sollten einfach auch monetär honoriert werden. Allenfalls beim ersten Job nach der Ausbildung oder nach einer Umschulung kann es stimmig sein, einem niedrigeren Gehalt zuzustimmen, sofern der Job einen guten Einstieg in das gewünschte Berufsfeld und / oder attraktive Weiterbildungsmöglichkeiten und Entwicklungsperspektiven bietet.

In vielen Fällen fühlen sich HSP unsicher, weil sie keinen gradlinigen Lebenslauf vorweisen können, sondern eher einen wendungsreichen, „krummen" und „bunten", der vielleicht nicht einmal einen (leicht ersichtlichen) roten Faden aufweist. Vielleicht hat es zudem häufige Stellenwechsel gegeben. Zunächst einmal denke ich, man sollte sich ein Stück weit lösen von der engen Vorstellung eines „vorbildlichen" Lebenslaufs und einer „perfekten" Beschäftigungsdauer. Wichtig ist wohl vor allem, Richtungswechsel, Neuanfänge und mehrere kurze Stationen (unter einem Jahr) im beruflichen Lebenslauf gut begründen zu können. Sicher kommt es auch darauf an, wo man sich bewirbt. In einigen Branchen sind Wechsel üblicher als in anderen und ein Start-up beispielsweise wird weniger strenge Kriterien anlegen als ein konservatives Unternehmen.

Ermutigend ist, dass sich aufgrund des Fachkräftemangels der Arbeitsmarkt in vielen Bereichen zugunsten der Stellensuchenden gedreht hat. Entsprechend sind die Unternehmen tendenziell offener und toleranter geworden und erwarten auch nicht mehr unbedingt, dass der berufliche Werdegang gradlinig und lückenlos verlaufen ist. Ohnehin weniger ein Thema im Lebenslauf ist ein Weggang in der Probezeit.

Noch ein paar Worte zur Probezeit: Lange Zeit hat man die Probezeit (meist sechs Monate, in denen beide Seiten kurzfristig und ohne Begründung kündigen können) hauptsächlich als eine Bewährungszeit für die Stellenneulinge gesehen. Heute wird sie häufiger auch von den Mitarbeitenden genutzt, um zu prüfen, ob sie tatsächlich bleiben möchten. Das ist gut so. Hier wäre nur zu raten, die Orientierungsphase nicht vorschnell und allzu impulsiv aus einer akuten Verärgerung oder Frustration oder einer Überlastungssituation heraus zu beenden. Es dauert nun mal eine Weile, bis man den Job in allen Facetten kennengelernt hat, bis man sich irgendwo eingefunden und eingelebt hat, mit der Umgebung und den Menschen vertraut geworden ist. Vielleicht braucht man mehr Unterstützung und Begleitung in der Einarbeitungszeit. In diesem Fall und bei anderen auftretenden Problemen am besten frühzeitig von sich aus das Gespräch mit dem / der Vorgesetzten suchen und klären, ob das, was nicht passt, noch passend gemacht werden kann. Und mit etwas Geduld abwarten, was sich tut. Sollte es dann immer noch nicht passen, kann man sich guten Gewissens anderweitig orientieren und in der Probezeit gehen.

5. Stress und Burn-out

Stress gibt es in jedem Lebensbereich. Jedoch ist in den meisten Fällen der Beruf eine Hauptquelle von Alltagsstress. Stress aufgrund einer Überlastung im Arbeitskontext betrifft beileibe nicht nur HSP, aber sie geraten eher in Stress als andere und ihnen macht Stress noch mehr zu schaffen als anderen. Und sie sind eher in Gefahr, in einen Burn-out zu geraten.

Bei HSP wird Stress noch dadurch verstärkt, dass ihr Nervensystem leichter irritierbar ist, dass sie jegliche Eindrücke intensiver aufnehmen, empfinden und verarbeiten und es bei ihnen länger dauert, bis der Nachhall der Eindrücke wieder abklingt. Hinzu kommt, dass HSP tendenziell perfektionistisch an ihre Aufgaben herangehen, an sich selbst extrem hohe Ansprüche stellen, eine Menge Verpflichtungen übernehmen sowie die Erwartungen anderer unbedingt erfüllen wollen. Ungünstig im Hinblick auf Stressauslöser ist auch, dass sie sich oftmals schwer tun mit dem Neinsagen und Sichabgrenzen.

Die Psychologin Prof. Corina Greven, die an der Radboud-Universität Nijmegen (Niederlande) zu Environmental Sensitivity in Health forscht, sagte am 15. März 2023 in einem Online-Vortrag mit dem Titel „The highly sensitive person: An introduction based on scientific research“ (im Rahmen einer Online-Veranstaltung der Forschungsgruppe von Prof. M. Pluess), dass 57 Prozent der hochsensiblen Erwachsenen von sich berichten, irgendwann einmal einen Burn-out gehabt zu haben, verglichen mit 17 Prozent im Bevölkerungsdurchschnitt. Im Fazit hält sie fest: Hochsensibilität sei mit erhöhter Stressanfälligkeit und verstärkten Stresssymptomen verbunden. Sich dessen bewusst zu sein könne zu verbesserter Stressprävention führen.

So stressanfällig und Burn-out-gefährdet HSP auch sein mögen, so sehr verfügen sie potenziell über die Fähigkeit, Fehlentwicklungen und Gefahrenzeichen frühzeitig zu erkennen, das Problem treffend zu analysieren, geeignete Lösungswege zu ersinnen und sich adäquate Hilfe zu holen. Auf unterstützende Angebote sprechen sie sensibel an und profitieren davon nachhaltig.

AM RANDE

HSP profitieren sehr von unterstützenden Einflüssen

Auf sensitivityresearch.com findet sich ein interessanter Blog-Beitrag vom 7. August 2021 von Prof. Michael Pluess zur sogenannten Vantage Sensitivity Theory.

Michael Pluess ist Professor für Entwicklungspsychologie an der Queen Mary University of London und führender Experte für Sensibilität bei Kindern und Erwachsenen. Er leitet mehrere große Forschungsprojekte zur Sensibilität auf der ganzen Welt.

Im genannten Beitrag heißt es unter anderem: In der Vergangenheit sei „die Sensibilität gegenüber der Umwelt im Allgemeinen als eine Verwundbarkeit verstanden [worden], die das Risiko für die Entwicklung psychologischer Probleme erhöht, wenn Menschen Widrigkeiten erleben". Neuere Sensibilitätstheorien würden hingegen ebenso herausstellen, „dass sensible Menschen nicht nur stärker von negativen Erfahrungen betroffen sind, sondern auch besonders stark von positiven Erfahrungen profitieren".

Im Folgenden werde ich Erklärungen geben zu Stress, Stressfolgen und Burn-out sowie Möglichkeiten der Stressbewältigung und der Burn-out-Prävention darlegen. Sich hiermit eingehend zu befassen kann für HSP in besonderer Weise hilfreich sein.

5.1 Fakten betreffend Stress

Unter Stress versteht man die starke Beanspruchung eines Organismus durch innere oder äußere Reize, die als Stressoren bezeichnet werden. Stressoren können auf sensorischer, körperlicher, emotionaler, mentaler oder sozialer Ebene liegen. Stressoren stören das innere Gleichgewicht des Organismus und lösen eine Alarm- und Anpassungsreaktion aus, die den Organismus befähigen soll, die herausfordernde Situation zu meistern.

Auf der Website der Bundeszentrale für gesundheitliche Aufklärung heißt es unter dem Begriff „Stress und Stressbewältigung": „Die evolutionär betrachtet lebenswichtige Aktivierung des Organismus in Bedrohungssituationen ist heutzutage häufig mit negativen Auswirkungen für Körper und Psyche verbunden. Da Stress durch die Interaktion einer Person mit ihrer Umwelt entsteht, können Präventionsmaßnahmen sowohl auf Individualebene als auch auf struktureller und gesellschaftlicher Ebene ansetzen" (Ernst, Franke & Franzkowiak, 2022).

5.1.1 *Positiver und negativer Stress*

Die meisten Menschen sehen Stress nur als etwas Negatives. Dabei gibt es auch positiven Stress, den sogenannten Eustress. Das ist ein nicht zu lang andauernder und nicht zu starker Stress, den man noch unter Kontrolle halten kann. Eustress hält wach, schärft die Sinne, steigert die Konzentration und die Leistungsfähigkeit. Er wird im Zusammenhang mit Herausforderungen erlebt, denen man sich gern stellt, bei denen man zuversichtlich ist, sie bewältigen zu können, und die man als Chancen sieht. Eustress belebt und motiviert zum aktiven, gestaltenden Handeln. Er kann mit Freude und Begeisterung einhergehen, auch mit Zufriedenheit und Stolz erfüllen, wenn man etwas Schwieriges geschafft hat und die Anstrengung sich gelohnt hat. Maßgebend ist, dass man selbst Kontrolle über die Situation behält, dass nach Stressphasen immer auch wieder Erholungsphasen folgen und man zwischendurch wirklich abschalten kann.

Negativer Stress, auch Disstress genannt, beschreibt einen unangenehmen, mit Anspannung verbundenen Zustand, bei dem es nicht oder nur teilweise gelingt, die anstehende Situation zu bewältigen. Disstress wird als überfordernd, belastend und bedrohlich empfunden, schränkt die Handlungsfähigkeit ein, ruft Angst und Hilflosigkeit hervor. Kurz anhaltender Stress schadet nicht, chronischer Stress kann hingegen gesundheitsschädlich sein. Dauert Stress länger an, ist kein Ende abzusehen und keine Lösung in Sicht, gibt es keine Phasen der Entspannung mehr, kann es zu einer erheblichen Beeinträchtigung des Wohlbefindens und letztlich zu einer Stresserkrankung kommen.

Der Übergang zwischen Eustress und Disstress ist fließend, Eustress kann jederzeit zu Disstress werden. Überdies wird Stress sehr subjektiv erlebt. Anforderungen können für den einen noch als beherrschbar erscheinen, für den anderen schon als überwältigend. Das hängt von der Perspektive und der Bewertung der betreffenden Person ab, natürlich auch von in der Persönlichkeit und in der Biografie begründeten Faktoren und verfügbaren individuellen Ressourcen.

5.1.2 *Was sind Stressursachen?*

Disstress (im Folgenden spreche ich der Einfachheit halber nur noch von Stress) wird verursacht durch Reizüberflutung (u. a. Umgebungsgeräusche und Lärm), Zeitdruck, Leistungsdruck, Informationsüberlastung, Überforderung durch zu viele und / oder zu schwierige und / oder unerwartet auftauchende Aufgaben, ständige Erreichbarkeit und Verfügbarkeit, Doppelbelastung Beruf und Familie, einen Mangel an empfundener Sicherheit, ungelöste Probleme, Situationen, die ärgern und frustrieren, zwischenmenschliche Konflikte, Konkurrenzsituationen, Ausgeschlossensein, Feindseligkeit am Arbeitsplatz, toxisches Arbeitsklima, unklare Veränderungsprozesse, drohender Jobverlust, Krankheiten, Schicksalsschläge, Umbrüche u. a. m.

Der Soziologe Hartmut Rosa präzisiert in der *Sternstunde Philosophie* vom Schweizer Radio und Fernsehen mit dem Titel „Zeit, unsere kostbarste Ressource" vom 8. Januar 2023, was seiner Erfahrung nach Stress bereitet: „Es ist nicht in erster Linie die Menge der Arbeit, sondern die unklare Priorität der gleichzeitig anstehenden Aufgaben mit der Schwierigkeit, Prioritäten zu setzen und die Dinge, die zu tun sind, in eine sinnvolle Reihenfolge zu bringen. Wenn man das eine tut, denkt man, das andere müsste vielleicht doch eher getan werden, und so weiter …"

Nicht zu unterschätzen ist der Stress, der durch vielfältige sich überlappende Krisen (Weltlage, Kriege, Klima, Inflation, politische Entwicklungen …) entsteht.

5.1.3 *Wie äußert sich akuter Stress?*

Ausgelöst vom sympathischen Nervensystem werden Stresshormone ausgeschüttet wie Adrenalin, Noradrenalin und Cortisol, um die Leistungsbereitschaft des Körpers kurzfristig zu erhöhen (evolutionär: den Organismus auf Flucht oder Kampf vorzubereiten). Der Körper ist in einen Alarmzustand versetzt. Akute Stresssymptome sind: innere Unruhe, Herzklopfen, beschleunigter Puls, Blutdruckanstieg, schnelle, flache Atmung, angespannte Muskeln, Schwitzen, Nervosität, hastiges Sprechen, Versprechen, schlechtes Erinnern, geistige Blockade.

5.1.4 *Was passiert bei chronischem Stress?*

Anhaltende oder häufig wiederkehrende Stressreaktionen können die Anpassungsfähigkeit des Organismus übersteigen, sodass er dann nicht mehr gut in der Lage ist, über die Selbstregulation das Gleichgewicht der Körperfunktionen (Homöostase) wiederherzustellen. Chronischer Stress hat schädigende Auswirkungen auf Körper und Psyche, die beide aufs Engste zusammenhängen. Als mögliche Folgen der Daueranspannung sind zu nennen: Verspannungen, Kopf-, Nacken- und Rückenschmerzen, Magen-Darm-Probleme, Hautausschlag, Tinnitus, Schlafstörungen, ständige Müdigkeit, Reizbarkeit, Schwächung des Immunsystems, Infektanfälligkeit, erhöhtes Risiko für Herz-Kreislauf-Erkrankungen, Substanzmissbrauch (Nikotin, Alkohol, Medikamente …), Vernachlässigung von körperlicher Bewegung und gesunder Ernährung, Niedergeschlagenheit, Erschöpfungsdepression, Burn-out.

5.1.5 Ansätze zur Stressbewältigung

Alle Strategien der Stressbewältigung zielen darauf ab, das innere Gleichgewicht auf körperlicher und psychischer Ebene wiederzuerlangen.

Für das individuelle Stressmanagement sind dreierlei Ansätze hilfreich. Erstens die, die über aktives Handeln auf eine faktische Veränderung der Situation und konkrete Problemlösungen abzielen (Stressoren abmildern oder ausschalten, verbessertes Zeitmanagement, günstigere Arbeitsroutinen, Suche nach Unterstützung …). Zweitens die, die die eigene Stressreaktion in den Blick nehmen und auf eine Veränderung der dahinter liegenden Denkweise hinwirken (hinderliche Denkmuster erkennen und umformen, förderliche Einstellungen entwickeln, Gefühle akzeptieren …). Und drittens die, die auf kurzfristige und langfristige Regeneration setzen und die Resilienz erhöhen (sich entspannen, sich erholen, sich bewegen und Sport treiben, Ausgleich schaffen …). Man kann nicht generell sagen, welcher Ansatz am wirksamsten ist, es kommt auf den Einzelfall an. Meist ist eine Kombination aus allen drei Ansätzen mit individueller Gewichtung am erfolgversprechendsten.

Auf der Website der Bundeszentrale für gesundheitliche Aufklärung heißt es unter der Überschrift „Stress und Stressbewältigung“: „Stressbewältigung [gelingt] vor allem Personen, die über ein breites Repertoire an Copingstrategien verfügen und diese situationsangemessen und flexibel einsetzen können. Diese Flexibilität wird unterstützt durch persönliche und soziale Ressourcen, die einer Person zur Verfügung stehen (z. B. soziales Netzwerk, finanzielle Reserven, externe Hilfeangebote)“ (Ernst, Franke & Franzkowiak, 2022).

5.2 Fakten betreffend Burn-out

Auf einer Info-Website des Bundesministeriums für Gesundheit (gesund.bund.de) findet man zum Thema Burn-out-Syndrom grundlegende Informationen. „Der Begriff Burn-out kam zum ersten Mal in den 1970er-Jahren in den USA auf. Der Psychotherapeut Herbert Freudenberger beschrieb damit die Folgen starker Belastungen in den sogenannten helfenden Berufen. Demnach seien Ärztinnen, Ärzte und Pflegekräfte, die sich durch ihre Arbeit besonders für andere Menschen aufopfern, häufig ‚ausgebrannt‘. […] Mittlerweile wird der Begriff weiter gefasst, denn offenbar kann jeder Mensch ein Burn-out bekommen. […] Da der Begriff nicht klar definiert ist, lässt sich nicht konkret sagen, was es heißt, ein Burn-out zu haben und wie es festgestellt wird. […] In allen bisherigen Definitionen des Burn-out-Syndroms werden die typischen Beschwerden als Folgen belastender beruflicher oder auch außerberuflicher Tätigkeiten und Situationen gesehen. Als außerberufliche Belastung wird beispielsweise die Pflege von Angehörigen genannt."

Schon lange währt die Diskussion darüber, ob Burn-out als eine eigenständige Krankheit anzusehen ist. Die Weltgesundheitsorganisation (WHO) hat Burn-out in der neuesten Fassung des internationalen Klassifikationssystems der Krankheiten (ICD-11) als ein Syndrom beschrieben, nicht jedoch als Krankheit definiert und nicht unter den psychischen Störungen gelistet. Ein Syndrom bezeichnet in der Medizin und der Psychologie eine Häufung von Symptomen. Im Unterschied zu einer klinischen Erkrankung wie beispielsweise einer Depression ist Burn-out nicht präzise definiert, es gibt eine Reihe ganz verschiedener Symptome, die bei einem Burn-out auftreten können, nicht aber müssen. Ein Burn-out wird nicht auf der Grundlage von objektiven Kriterien festgestellt, sondern basiert vorrangig auf dem subjektiven Empfinden der Betroffenen. Als wesentliche Kennzeichen für Burn-out gelten: Erschöpfung, Entfremdung von der beruflichen Tätigkeit und verringerte Leistungsfähigkeit.

Burn-out wird von der WHO nun ausschließlich in den beruflichen Kontext gesetzt. Zuvor war Burn-out im ICD-10 weder als Krankheit noch als Syndrom bezeichnet worden, sondern unter „Probleme mit Bezug auf Schwierigkeiten in der Lebensbewältigung" aufgeführt, ohne Verweis auf das berufliche Umfeld.

AM RANDE

Was ist die ICD?

ICD ist die Abkürzung für International Statistical Classification of Diseases and Related Health Problems, auf Deutsch: Internationale statistische Klassifikation der Krankheiten und verwandter Gesundheitsprobleme.

Die ICD ist ein Klassifikationssystem, das dazu genutzt wird, um Todesursachen, Krankheiten und Verletzungen zu definieren und voneinander abzugrenzen. Die Leitsymptome der unterschiedlichen Krankheiten sind als Diagnosekriterien in der ICD aufgelistet.

Die ICD findet prinzipiell weltweit Anwendung, es gibt jedoch landesspezifische Anpassungen. Die ICD-11 trat am 1. Januar 2022 in Kraft. In deutscher Sprache gibt es sie bisher nur in einer Entwurfsfassung (Stand 2023).

5.2.1 Die WHO-Definition im Wortlaut

Auf quarks.de vom WDR finde ich einen Beitrag (Deus, 2022) mit der Überschrift „Das passiert bei einem Burn-out", der übersichtlich und fundiert aufklärt. Darin wird auch die Burn-out-Definition der WHO, wie sie in der ICD-11 steht, als Übersetzung aus dem Englischen wiedergegeben:

„Burn-out ist ein Syndrom, das aus chronischem Stress am Arbeitsplatz hervorgeht, der noch nicht erfolgreich bewältigt wurde. Es ist charakterisiert in drei Dimensionen:

1. Gefühle von Energieschwund oder Erschöpfung;
2. erhöhte mentale Distanz zum Beruf oder Gefühle von Negativismus oder Zynismus in Verbindung mit dem Beruf;
3. reduzierte professionelle Effizienz.

Burn-out bezieht sich spezifisch auf Phänomene im Beschäftigungsumfeld und sollte nicht angewendet werden, um Erfahrungen in anderen Lebensbereichen zu beschreiben."

5.2.2 Was sind Ursachen für einen Burn-out?

Ein Burn-out-Syndrom kann praktisch jeden Menschen treffen, der sich von den Anforderungen des Arbeitsalltags dauerhaft überfordert fühlt. Das Risiko ist allerdings erhöht bei bestimmten Faktoren, die in der Persönlichkeit und in der Arbeits- und Lebenseinstellung liegen: extrem hohe Erwartungen an sich selbst und andere, eine Neigung zum Perfektionismus, starker Ehrgeiz, ein übersteigertes Verantwortungsbewusstsein, unrealistische Vorstellungen, was im Außen möglich sein sollte, eine Fehleinschätzung, wie viel man selbst bewältigen kann, Aufopferungsbereitschaft und anderes mehr. Betroffene arbeiten sich ab an ihren eigenen zu hoch gesteckten Zielen. So kommt es zu Selbstüberforderung, fehlenden Erfolgserlebnissen und Enttäuschungen.

Die äußeren Stressfaktoren am Arbeitsplatz tun ihr Übriges. Es sind nicht nur ewig lange To-do-Listen, unangemessen enge Abgabetermine und schwierige Aufgaben, die zu einem Gefühl der Überforderung führen. Eine Menge Frustration und Stress erwachsen aus einem Arbeitspensum, das beim besten Willen und trotz größter Anstrengung nicht zu schaffen ist, und aus dem Erleben von Misserfolg durch die Diskrepanz zwischen Anforderungen und erreichter Leistung. Außerdem resultiert Stress aus widersprüchlichen Anweisungen, einem eingeschränkten Handlungsspielraum, zu wenig individuellen Gestaltungsmöglichkeiten, zu viel Fremdbestimmung,

Kontrollverlust. Hinzu kommen sozial-emotional belastende Faktoren: das Ausbleiben von Wertschätzung der geleisteten Arbeit, mangelnde Unterstützung durch Vorgesetzte, ungerechte Behandlung, gehäufte Kritik, ein negatives Arbeitsklima, gravierende Konflikte mit Kolleg:innen, Vorgesetzten oder auch Kund:innen, Mobbing. Kommen mehrere Faktoren zusammen und dauern sie über längere Zeit an, übersteigt das die Widerstandskräfte und der allgemeine Überforderungs- und Erschöpfungszustand spitzt sich zu.

Die WHO-Beschreibung, die den Burn-out ausschließlich dem beruflichen Bereich zuordnet, vernachlässigt die Wechselwirkung zwischen Beruf und Privatleben, die eigentlich offensichtlich ist. Ursachen und Auslöser für die Entwicklung eines Burnouts können erfahrungsgemäß außer im beruflichen auch im privaten Bereich liegen. Verschiedene verantwortungsvolle Rollen im Alltag einzunehmen und eine Reihe von Verpflichtungen zu erfüllen erhöht sicherlich das Burn-out-Risiko. Hier ist vor allem an die Doppelbelastung durch Beruf und Care-Arbeit in der Familie zu denken. Oder auch an kräftezehrende Ehrenämter zusätzlich zum Beruf. Es ist zum einen der mit den Aufgaben tatsächlich verbundene Aufwand, zum anderen die unsichtbare „Mental Load" (d.h. die Belastung, die durch das umfangreiche Verantwortlichsein und das ständige Bedenken, Planen und Organisieren diverser Alltagsaufgaben entsteht). Zudem werden Anforderungen im Beruf vor dem Hintergrund von privaten Verpflichtungen und Projekten, Sorgen und Problemen als noch bedrückender wahrgenommen.

5.2.3 *Burn-out kommt schleichend*

Burn-out kommt nicht plötzlich, sondern entsteht langsam. Die Arbeit fühlt sich immer mehr wie eine enorme Belastung an, die Freizeit bringt nicht mehr die nötige Erholung. Häufig kämpfen Betroffene zunächst mit enormem Kraftaufwand eine ganze Zeit lang gegen das Gefühl von Erschöpfung an, sie ignorieren das Problem und verstärken ihren Einsatz, nehmen Arbeit mit in den Feierabend und ins Wochenende, machen weiter, obwohl sie eigentlich nicht mehr können. Kritisch wird es, wenn das dringende Bedürfnis nach Erholung für längere Zeit übergangen wird, Freizeitaktivitäten immer mehr eingeschränkt und soziale Kontakte reduziert werden. Je länger man im erschöpften Zustand weiterarbeitet, desto länger braucht man am Ende, um sich zu erholen.

Wird in der Frühphase eines Burn-outs nicht gegengesteuert, kommt ein Teufelskreis in Gang. Im unausgeruhten Zustand bewertet man alle Härten des Berufsalltags als noch drastischer als sonst schon, fühlt sich noch schneller persönlich angegriffen, reagiert gereizter, Arbeitsbeziehungen verschlechtern sich weiter. Die Belastungen summieren sich nicht nur auf, sondern verschlimmern sich gegenseitig.

AM RANDE

Burn-on: Arbeiten trotz Dauererschöpfung

Auf der Website der Barmer-Krankenkasse wird unter der Überschrift „Burn-on-Syndrom – immer kurz vor dem Zusammenbruch" ein relativ neues Schlagwort gut erläutert (Jetten, 2023): Burn-on. Es beschreibt Menschen, die „so viel leisten, dass sie permanent gestresst und erschöpft sind – aber noch funktionieren. Menschen, die weiterbrennen statt auszubrennen."

Sie räumen der Arbeit im Leben hohe Priorität ein, identifizieren sich nach wie vor stark mit ihrer Arbeit, machen sie eigentlich auch gern, merken aber, dass ihnen alles zu viel wird und sie nicht mehr so produktiv sind, wie sie es gern wären. Geprägt wurde der Begriff von Berndt te Wildt und Timo Schiele mit ihrem Buch *Burn On: Immer kurz vorm Burn Out* (aus dem Jahr 2021). „Auf [den Begriff] gekommen sind der leitende Psychologe und der Chefarzt der Psychosomatischen Klinik im Kloster Dießen am Ammersee durch Beobachtungen und Gespräche, die sie mit Patienten und Patientinnen führten, die wegen eines vermeintlichen Burn-outs zu ihnen in Behandlung kamen – aber letztlich nicht so ganz ins Beschwerdebild passten."

Zwar komme es nicht wie beim Burn-out zum Zusammenbruch, aber auch die chronische Überlastung müsse ernst genommen werden. Burn-on-Betroffene würden häufig unter massiven Verspannungen leiden und hätten ein stark erhöhtes Risiko für diverse stressbedingte Krankheiten.

5.2.4 *Das Erscheinungsbild eines Burn-out-Syndroms*

Das Erscheinungsbild eines Burn-out-Syndroms kann sich sehr vielfältig ausprägen. Wie zuvor schon in der WHO-Definition genannt, lassen sich typischerweise Kennzeichen in drei Dimensionen beschreiben:

1. Dimension: Eine völlige emotionale Erschöpfung, Antriebslosigkeit, Energielosigkeit, andauernde Müdigkeit, Verlust der Lebensfreude, Reizbarkeit, Rückzug aus (Arbeits-)Beziehungen.
2. Dimension: Eine mentale Distanzierung zum Job und eine ausgeprägte Abneigung gegen die Arbeit, Motivationsverlust, Desinteresse, Resignation, Empfinden von Sinnlosigkeit, negative Einstellung. Unter Umständen auch: Alles den Job Betreffende wird abwertend und verächtlich gesehen und kommentiert.

3. Dimension: Eine beträchtlich herabgesetzte Leistungskraft. Energie, Konzentrationsfähigkeit und Durchhaltevermögen sind stark vermindert. Die täglichen Arbeitsaufgaben können nicht mehr bewältigt werden.

Aus der Burn-out-Situation heraus können sich psychische Störungen (Depressionen, Angststörungen, Schlafstörungen …) und psychosomatische Störungen (Herz-Kreislauf-Probleme, Magen-Darm-Beschwerden, Hörsturz, Tinnitus, Rücken-, Nacken- und Kopfschmerzen …) entwickeln.

Das letzte Stadium des Burn-outs ist gekennzeichnet von völliger emotionaler, geistiger und körperlicher Erschöpfung. Betroffene sind dann nicht mehr arbeitsfähig und brauchen lange, um wieder zu genesen.

AM RANDE

Burn-out-Symptome hallen lange nach

Im bereits genannten Quarks-Artikel über Burn-out (Deus, 2022) wird von einer Studie berichtet:

„Forschende aus Schweden haben 217 Frauen und Männer, die in einer Stressklinik wegen beruflicher Überlastung behandelt wurden, über mehrere Jahre immer wieder zu ihrem psychischen Wohlbefinden befragt. Das Ergebnis: Nur 16 Prozent der Befragten hielten sich nach sieben Jahren für vollständig genesen. 80 Prozent gaben zwar an, dass es ihnen besser gehe – sie aber immer noch Symptome an sich beobachteten."

5.2.5 *Professionelle Hilfe suchen*

Bei Verdacht auf Burn-out ist es grundsätzlich ratsam, sich professionelle Hilfe zu suchen. Erste Anlaufstelle sind Hausärzt:innen. Diese können an Spezialist:innen überweisen (Psychiater:innen, Psycholog:innen und Psychotherapeut:innen). Empfehlenswert ist auch, abklären zu lassen, ob körperliche Krankheiten die Ursache für das Gefühl der Energielosigkeit und weitere Beschwerden sind und der Behandlung bedürfen.

Man sollte auf Warnsignale achten – wie zum Beispiel sich ständig gehetzt fühlen, nicht mehr abschalten und entspannen können, keinen erholsamen Schlaf mehr finden, nur noch wenig Lebensfreude empfinden – und diese ernst nehmen. Und man sollte frühzeitig geeignete Gegenmaßnahmen ergreifen, um einem schlimmen Erschöpfungszustand vorzubeugen.

5.3 Stressmanagement ist Burn-out-Prävention

HSP mögen sich wünschen, stressresistenter zu sein, aber sie sind es nun einmal nicht. Dies für sich zu akzeptieren und ernst zu nehmen ist Grundvoraussetzung für gelingendes Stressmanagement. Selbstakzeptanz bedeutet auch, besonders gut auf sich aufzupassen und alle Möglichkeiten der Prävention auszuschöpfen. Nicht im Sinne einer auf Leistung ausgerichteten Selbstoptimierung, die an sich wieder Druck macht, sondern im Sinne einer liebevollen Selbstfürsorge.

Die folgenden Überlegungen und Empfehlungen zielen auf Selbstreflexion und Selbsthilfe ab. Dabei ist mir bewusst, dass Selbsthilfe in schwierigen Lebensphasen manches Mal an ihre Grenzen stößt. Deshalb sei an dieser Stelle nochmals betont, dass jede:r, der/die das Gefühl hat, keine tauglichen Lösungen für sich finden zu können und allein nicht weiterzukommen, professionelle Unterstützung in Anspruch nehmen sollte.

Man kann sagen: Erfolgreiches Stressmanagement ist wirksame Burn-out-Prävention. Stressmanagement ist dabei ein Sammelbegriff für Bewältigungsstrategien, die dazu dienen, belastenden Stress zu umgehen, ihn zu verringern oder abzubauen. Das kann auf vielfältige Weise geschehen. Ich halte es für wichtig, in einem individuellen Mix von den verschiedenen Ansätzen zum Stressmanagement Gebrauch zu machen. Ziel ist, eine umfangreiche Stresskompetenz zu entwickeln, aus seinen Fehlern in der Vergangenheit zu lernen, sich auf seine Stärken und Ressourcen zu besinnen, ein möglichst hohes Maß an Selbstbestimmung und Kontrolle über das eigene Leben (zurück) zu erlangen sowie den eigenen Handlungsspielraum zu sehen und tatkräftig zu nutzen. Im Zuge der persönlichen Weiterentwicklung und des aktiven Tuns können Zuversicht, Selbstwertgefühl und Selbstvertrauen steigen sowie die Überzeugung wachsen, auch schwierige Situationen und Herausforderungen aus eigener Kraft meistern zu können (Selbstwirksamkeit).

Mir geht es darum, hier einen Überblick zum Gesamtspektrum der Maßnahmen und Strategien zu geben. Die einzelnen Möglichkeiten können im Rahmen dieses Buches nur erwähnt und grob skizziert, nicht aber so weit ausgeführt werden, dass es für die erfolgreiche praktische Anwendung ausreichend wäre. Dafür gibt es Anleitungen in spezifischen Ratgebern, in Online- und Präsenzkursen oder in einem therapeutischen Setting.

5.3.1 *Lebens- und Arbeitsgestaltung (Instrumentelle Stresskompetenz)*

Die Bemühungen, von denen ich in diesem Abschnitt spreche, zielen auf aktives Handeln und konkrete Maßnahmen ab. Wir sollten zuvorderst dort ansetzen, wo Stress aufkommt, und uns nicht auf Bemühungen beschränken, schon entstandenen Stress abzubauen. Wir sollten äußere Stressoren identifizieren und von vornherein so weitgehend wie möglich ausschalten bzw. verringern. Wir sollten umfassend denken und uns ernsthaft überlegen, wie wir unser Leben im Allgemeinen und unser Berufsleben im Speziellen so (um)gestalten und regeln können, dass manche Stressfaktoren gar nicht mehr auftreten, dass nicht zu viele Stressfaktoren zusammenkommen und der Stresspegel insgesamt verträglich bleibt.

Es kann auf Dauer nicht gut gehen, wenn wir Tag für Tag durch unseren Alltag hetzen, ihn mit unzähligen Aufgaben vollpacken, uns permanent beruflich und privat überfordern, regelmäßige Pausen und Auszeiten sträflich vernachlässigen. Es kann nicht gut gehen, wenn das, was wir beruflich tun, an den Nerven zerrt, uns nur Kraft kostet, kein bisschen Freude bereitet und wir uns durch die Arbeitstage quälen. Das lässt sich irgendwann nicht mehr mit Erholung in der Freizeit ausgleichen.

Wie groß die faktischen Änderungen sein müssen, um ein Zuviel an Stress zu vermeiden, ist völlig individuell. Mit Blick auf den beruflichen Bereich reicht die Bandbreite vom Etablieren neuer Regelungen und Verhaltensgewohnheiten im Arbeitsalltag (siehe unten stehende Aufzählung) über ein Reduzieren der Arbeitszeit bis hin zum Stellen- oder auch Berufswechsel.

Ich verkenne nicht, wie schwer es ist, Entscheidungen von großer Tragweite zu treffen, weiß aber auch, dass es in vielen Fällen genau solche gewichtigen Entscheidungen braucht, um Besserung zu erreichen, aller Ungewissheit zum Trotz.

Konkrete Maßnahmen im Arbeitsalltag zur Stressminderung

Mir ist sehr wohl klar, dass es von der Position abhängt, wie viel Freiraum man hat, hilfreiche Änderungen zur Stressminderung eigenständig durchzuführen, aber all die Punkte können auch Vorgesetzten gegenüber angesprochen werden – mit dem stichhaltigen Argument, dass es dabei um Produktivität und den Erhalt der Arbeitskraft geht.

- *Die Menge an Aufgaben reduzieren*
  Machen Sie eine Auflistung, was alles an Ihnen hängt, und stellen Sie (sich) die Frage, ob das wirklich alles von Ihnen erledigt werden muss. Ein häufig anzutreffendes Phänomen – gerade bei fähigen und zuverlässigen Mitarbeitenden – ist, dass mit der Zeit immer mehr Aufgaben und Verantwortlichkeiten hinzukommen, nicht aber auf der anderen Seite entsprechend viele wegfallen. Teilweise kann das durch viel Berufserfahrung und große Routine aufgefangen werden, aber irgendwann werden das Arbeitspensum und das, was man alles im Blick zu behalten hat, einfach zu viel. Wirken Sie also darauf hin, die Menge Ihrer Zuständigkeiten zu reduzieren, und achten Sie darauf, dass sie nicht automatisch ständig wächst. Wenn irgend möglich, delegieren Sie Aufgaben, die nicht zum Kern Ihres Aufgabengebiets gehören, oder geben Sie sie ganz ab.

- *Zeitmanagement anwenden*
  Wenden Sie Methoden aus dem Zeitmanagement an, um sich selbst gut zu organisieren, die Arbeitstage sinnvoll zu planen und die zur Verfügung stehende Arbeitszeit effektiv zu nutzen (Ziele setzen, Aufgaben nach Wichtigkeit und Dringlichkeit unterscheiden, Prioritäten und Strategien festlegen, To-do-Listen erstellen, Zeiten für wichtige langfristige Aufgaben fest einplanen, größere Aufgaben in Arbeitsschritte unterteilen, gleichartige Aufgaben bündeln …) Es empfiehlt sich, ganz viel aufzuschreiben, um nicht alles im Kopf behalten zu müssen. Sehr wichtig ist eine realistische Zeiteinteilung. Man unterschätzt regelmäßig, wie viel Pufferzeiten für Unvorhergesehenes gebraucht werden. Unbedingt auch Pausen einplanen.

- *Anzahl der Meetings reduzieren*
  Meetings können ein wahrer Zeit- und Energiefresser sein. Klären Sie ab, an welchen Meetings Sie wirklich teilnehmen müssen.

- *Erreichbarkeit in der Freizeit einschränken*
  Finden Sie eine praktikable Regelung bezüglicher der Erreichbarkeit, um das gedankliche Abschalten außerhalb der offiziellen Arbeitszeit zu erleichtern. Auch wenn Sie nur kurz am Handy einen Anruf entgegennehmen oder eine berufliche Nachricht lesen und beantworten, sind Sie mit den Gedanken wieder bei der Arbeit und einem Stressmoment ausgesetzt, der womöglich – je nach der Angelegenheit, um die es geht – für einige Zeit nachhallt.

- *Um Hilfe bitten*
  Wenn Sie bei der Erledigung Ihrer Aufgaben auf ein Problem stoßen, scheuen Sie sich nicht, eine andere Person, die sich damit auskennt, um Unterstützung zu bitten. Manchmal findet sich zu zweit viel leichter eine Problemlösung. Es wäre falscher Ehrgeiz, um jeden Preis ohne Hilfe auszukommen zu wollen.

- *Öfter Nein sagen*
  Wenn Sie darum gebeten werden, außer der Reihe eine Arbeitsaufgabe zu übernehmen, die einen gewissen Aufwand bedeutet (oder Überstunden zu machen oder eine Vertretung zu übernehmen oder oder …), widerstehen Sie dem Impuls, spontan zuzustimmen. Ja zu sagen mag im ersten Moment leichter erscheinen als Nein zu sagen, und es würde wahrscheinlich Ihrer hilfsbereiten Haltung entsprechen, dann aber würde die größere Arbeitslast Ihnen Druck machen. Überlegen Sie also gut, ob Sie die zusätzliche Aufgabe wirklich erledigen können, ohne in Stress zu geraten und ohne Ihre eigentlichen Aufgaben zu vernachlässigen. Sagen Sie daher aus Gründen des Selbstschutzes öfter auch einmal Nein. Tun Sie das vorwurfsfrei und freundlich, aber dennoch bestimmt, und geben Sie Ihrem Gegenüber eine kurze Erklärung, warum Sie ablehnen (keine lange Rechtfertigung).

- *Fokuszeiten einführen*
  Ein verbreitetes Problem ist, dass Menschen bei Arbeiten, die eigentlich Konzentration erfordern, häufig unterbrochen werden – durch Anrufe, durch eingehende Textnachrichten, die am Bildschirm angezeigt werden (eventuell noch mit Tonsignal), durch Personen, die ins Büro kommen (ob nun mit oder ohne Anklopfen) und etwas sagen oder fragen. Unterbrechungen verbrauchen Denkkraft, weil man sich immer wieder aufs Neue in die Arbeit hineindenken muss, und sie bereiten Stress. Wenn hingegen nichts und niemand stört, wird Wissensarbeit (Konzepte, Berichte, Artikel etc. schreiben, Ideen und Strategien entwickeln, Berechnungen anstellen, Analysen vornehmen, Planungen ausarbeiten u. v. a. m.) in deutlich weniger Zeit und in besserer Qualität geschafft. (Arbeit, bei der man sich mit fokussierter Aufmerksamkeit in eine Aufgabe vertieft, nennt man auch „Deep Work".) Suchen Sie im Team nach Lösungen, wie Sie und andere zu bestimmten Zeiten vor störenden Unterbrechungen geschützt sind und konzentriert arbeiten können. Fokuszeiten können zum Beispiel in einem Teamkalender eingetragen werden. Im Büro kann eine geschlossene Tür die Bitte um Ruhe signalisieren. Das Telefon kann umgeleitet werden oder auf den Anrufbeantworter laufen. Man selbst ist aufgerufen, ob nun im Büro oder im Homeoffice, Multitasking zu vermeiden und für bestimmte Zeiten auch sein Handy außer Sicht- und Reichweite zu legen und lautlos zu stellen, um effizientes und präzises – und stressarmes – Arbeiten zu gewährleisten.

Work-Life-Balance

Ein gängiger Begriff, bei dem jede:r weiß, was gemeint ist, ist eigentlich irritierend: Work-Life-Balance. Er suggeriert, dass es einerseits das Leben gibt und andererseits die Arbeit. Dabei steht der Teil „Work" schlecht da. Als würde man während der

Arbeit nicht leben, als fände das Leben außerhalb der Arbeit statt. Mir scheint es vielmehr um die Frage zu gehen, wie Arbeit zu einem wertvollen Bestandteil des Lebens werden kann und wie die berufliche Tätigkeit auf der einen Seite und private Aktivitäten und das Bedürfnis nach Erholung auf der anderen Seite gut austariert werden können. So gesehen könnte es vielleicht heißen: Arbeit-Freizeit-Balance oder vielleicht auch Lebensbalance. Klar ist: Zu einem gesunden Lebensstil gehört eine gute Balance zwischen Arbeit und Freizeit.

AM RANDE

Ein neuer Begriff: Work-Life-Blending

Work-Life-Blending bezeichnet etwas, was ohnehin schon vielfach zur Normalität geworden ist, nämlich dass sich Berufs- und Privatleben immer mehr vermischen. So ist es beim Work-Life-Blending völlig akzeptabel und ohne schlechtes Gewissen möglich, wenn während der eigentlichen Arbeitszeit eine private Angelegenheit erledigt wird (z. B. ein kurzes Telefonat, eine Haushaltsverrichtung oder ein Arzttermin). Im Gegenzug ist man während der Freizeit offen für das Ausführen einer beruflichen Angelegenheit (z. B. einen Anruf von dem/der Vorgesetzten annehmen, an einem wichtigen Meeting an einem eigentlich freien Tag teilnehmen).

Der Vorteil liegt in mehr Flexibilität und Selbstbestimmung für Arbeitnehmende, der Nachteil in der Gefahr von Überlastung und Überforderung, wenn es keinen richtigen Feierabend mehr gibt. Arbeit durchdringt dann das ganze Leben und das Setzen von Grenzen wird immer schwieriger.

Es bedarf also einer sehr bewussten Auseinandersetzung mit diesem neuen Konzept und letztlich einer vernünftigen Umsetzung, die das Bedürfnis nach Abschalten und Erholen ausreichend berücksichtigt.

5.3.2 *Einstellungsänderung und Persönlichkeitsentwicklung (Mentale Stresskompetenz)*

Die positiven und negativen Erfahrungen, die wir im Laufe unseres Lebens gemacht haben, haben unseren Blick auf uns selbst, die Welt und unsere Lebenseinstellung geprägt. Wir sind zu einer bestimmten Grundhaltung und Denkweise gelangt, haben bestimmte Überzeugungen entwickelt. In Bezug auf unsere Stressfaktoren und unser Stresserleben ist es so: Unsere Einstellung und unsere Denkweise beeinflussen in hohem Maße, wie wir Dinge wahrnehmen und bewerten und wie wir auf sie reagieren. Das kann Stress verstärken oder vermindern. Aus unserer Denkweise ergeben sich unsere Verhaltensweisen. Unsere konkreten Handlungen wiederum führen unter Umständen ein Stressgeschehen herbei. Das sind Zusammenhänge, die uns nicht immer so bewusst sind, die wir uns aber bewusst machen können. Und wir können Überzeugungen und Einstellungen überprüfen und verändern, sie sind nicht in Stein gemeißelt. Wachstum und Weiterentwicklung sind in einem Entwicklungsprozess möglich. Dieser Prozess braucht den Entschluss, Verantwortung zu übernehmen, uns mit uns selbst zu beschäftigen und die Punkte herauszufinden, an denen wir am besten ansetzen. Und dieser Prozess braucht Geduld und Beharrlichkeit.

AM RANDE

„Growth Mindset"

Der seit einiger Zeit populär gewordene Begriff „Mindset" bezeichnet die Gesamtheit der Überzeugungen und Einstellungen einer Person, ihre Geisteshaltung, ihre Mentalität, ihre generelle Denkweise.

Jochen Mai berichtet auf karrierebibel.de in einem Artikel (2024) mit dem Titel „Mindset: Was ist das und wie erfolgreich macht es?" über psychologische Forschung zum Mindset: „Die US-Motivationspsychologin Carol Dweck forscht seit Langem zum Mindset und wie Menschen mit Niederlagen umgehen oder was manche dazu veranlasst, völlig unbeeindruckt Herausforderungen zu suchen, während andere aufgeben. Das Ergebnis ihrer Studien sind zwei Formen des Mindsets: das Growth Mindset (growth = englisch für Wachstum, wachstumsorientiert, dynamisch) und das Fixed Mindset (fixed = englisch für starr, unflexibel)."

Hinter der Wirkmacht des Mindsets stehe eine Art selbsterfüllende Prophezeiung, ein Resonanzphänomen: Was man ausstrahlt, zieht man an. Wer zum Beispiel davon überzeugt ist, nicht gemocht zu werden, verhält sich weniger offen und wirkt dadurch auf andere abweisend, was dazu führt, dass sie weniger auf ihn oder sie zugehen. So wird die ursprüngliche Annahme gefestigt.

Erstrebenswert sei das Growth Mindset. „Ein Growth Mindset (auch: agiles Mindset) zeichnet sich durch ein dynamisches Selbstbild aus. Menschen mit dieser Denkweise [...] können aus Fehlern lernen und interpretieren Misserfolge als Hinweise darauf, wie sich etwas besser machen lässt. Sie fokussieren mehr auf Chancen als auf Risiken und sehen auch eher den potenziellen Erfolg als das Scheitern."

Es gehe darum, ein ungünstiges Mindset zu erkennen, offen zu sein für Veränderungen, über seinen Schatten zu springen und Neues zu wagen. „Unser Mindset ist geprägt durch Erfahrungen. Diese können uns allerdings Angst machen und blockieren.

Auch hier gilt: Der beste Weg aus der Angst heraus ist durch die Angst hindurch. Erfahrungen sagen nichts über die Zukunft und sind auch keine Kausalitäten. Sie sind mit zwei Versuchen auf die Nase gefallen? Das ist kein Beweis, dass es im dritten Anlauf nicht klappt [...] Haben Sie mehr Mut, probieren Sie weiter aus, lernen Sie dazu – und sehen Sie zu, wie sich Ihre Einstellung nachhaltig verändert."

Bevor wir uns daranmachen, Glaubenssätze, die stressverschärfend wirken oder an sich Stressursachen darstellen, kritisch zu betrachten, ist es wichtig, zu sehen, dass sich solche Überzeugungen nachvollziehbar aus negativen Vorerfahrungen (unsicheres Umfeld, Pech, Scheitern, Verletzungen, Kränkungen, Enttäuschungen ...) ergeben haben und dem Grunde nach eine sinnvolle Funktion haben, nämlich die, uns vor neuerlichen negativen Erfahrungen zu schützen. Dies gilt es zu würdigen. Des Weiteren gilt es aber auch zu erkennen, dass diese Funktion häufig nicht (mehr) zuverlässig erfüllt wird und – selbst wenn – dass wir dafür einen hohen Preis zahlen.

Anmerkung: Bei sehr belastenden Vorerfahrungen kann eine Psychotherapie vonnöten sein, um festgefahrene destruktive Denk- und Verhaltensmuster zu bearbeiten und zum Positiven hin zu verändern.

Ungünstige Glaubenssätze wandeln

Wenn es Ihnen gelingt, die Einstellungen, Denkmuster, Annahmen und Glaubenssätze, die Stress bereiten oder verstärken, zu relativieren, umzuwandeln oder zu verwerfen und durch neue zu ersetzen, gewinnen Sie mehr Flexibilität, Souveränität und Freiheit und wirken Stress entgegen. Schauen wir uns nun einige Glaubenssätze an, die viel Anspannung und Stress mit sich bringen.

- *„Ich muss immer Leistung zeigen."*

  In unserer Gesellschaft herrscht das Leistungsprinzip, das besagt, dass Ehrgeiz, Leistungsstreben und Arbeitserfolg extrem wichtig sind. Geflügelte Worte wie „Erst die Arbeit, dann das Vergnügen" und „Ohne Fleiß kein Preis" sind tief in unseren Köpfen verankert. Wir merken oft lange nicht, wie sehr wir uns diesem Prinzip unterwerfen und dafür vieles andere, nicht zuletzt unsere Gesundheit, opfern. Wir finden nichts dabei, die Grenzen unseres Leistungsvermögens zu überschreiten, uns zu überarbeiten, uns einem hohen Stresslevel auszusetzen, immer weiter zu funktionieren und unser Erholungsbedürfnis zu übergehen.

Das zu erkennen ist der erste Schritt zu einer Relativierung des Leistungsgedankens, zu einem Zurückschrauben des Ehrgeizes und zu einer Neudefinition von Erfolg. Wenn wir es schaffen, Leistung und Selbstwertgefühl zu entkoppeln, verringern wir den selbst auferlegten Druck und erlauben uns auch wieder Entspannung und Erholung.

***Neu:** „Ich bin ein wertvoller Mensch, unabhängig von meiner Leistung."*

- *„Ich bin nicht gut genug."*

Bei HSP, die ihr Leben lang immer wieder von verschiedenen Seiten zu hören bekommen haben, sie seien zu empfindlich, zu gefühlig, zu nachdenklich, zu …, und die sich im eigenen Vergleich mit anderen im Hintertreffen gefühlt haben, hat sich häufig ein instabiles Selbstwertgefühl ausgeprägt.

Der Hauptfehler im Glaubenssatz „Ich bin nicht gut genug" liegt darin, dass er den Wert der eigenen Person in ihrem Sein grundlegend anzweifelt. Das stimmt nicht! Jede:r ist gut genug, so wie er / sie ist! Bezieht man den Satz auf das Können, dann ist der nächste Fehler, dass er viel zu allgemein formuliert ist. Niemand ist für alle Aufgaben gleich gut geeignet und niemand kann in allem gut sein. Jede:r hat Stärken und Schwächen. Ein weiterer Fehler liegt in dem Wort „genug". Wer legt fest, was wofür genug ist? Ob wir uns für gut genug halten bzw. für gut genug gehalten werden, hängt auch von unseren eigenen Erwartungen und Ansprüchen bzw. denen anderer ab. Die sind unter Umständen unangemessen und überhöht.

Es geht um eine realistische Sicht auf das, was wir können. Vieles können wir sehr gut bzw. gut genug, anderes nicht oder noch nicht. Eine spezifische Aussage wie „Ich bin in dem und dem (noch) nicht gut genug, um das und das zu tun" entspricht viel besser der Wahrheit. (Wenn wir etwas gerade erst noch lernen und trainieren, passt der Satz mit dem Wort „noch".)

Nebenbei gesagt: Die Chance, dazuzulernen und besser zu werden, kann anspornen, darf aber nicht unter Druck setzen, sonst würden wir beim schädlichen Perfektionismus landen.

***Neu:** „Ich bin als Mensch gut genug, so wie ich bin."*

- *„Ich muss immer perfekt sein."*

  Der ungesunde Perfektionismus ist abzugrenzen vom gesunden Perfektionismus, das heißt dem Bestreben, gute Arbeit zu leisten, sein Bestes zu geben, etwas ausgesprochen Schönes zu erschaffen, sich in seinem Wissen und Können zu verbessern – aus einem freudigen inneren Antrieb heraus.

  Selbstverständlich sind Genauigkeit, Gründlichkeit, Gewissenhaftigkeit und Sorgfalt wertvolle Qualitäten, bei manchen Aufgaben unabdingbar. Nur in ihrer Übersteigerung und Einseitigkeit werden sie zum ungesunden Perfektionismus.

  Hinter ungesundem (dysfunktionalem) Perfektionismus steht als Motivation das Ringen um Bestätigung von außen und der Gedanke, man könne der Gefahr, durch Kritik, Abwertungen oder persönliche Angriffe beschämt und verletzt zu werden, entgehen. Allerdings funktioniert diese Strategie auch mit noch so viel Einsatz nicht zuverlässig, weil es sich in großen Teilen unserer Kontrolle entzieht, wie andere uns und unser Tun wahrnehmen und bewerten.

  Wichtig ist, zu erkennen: Perfektion ist eine Illusion, ein bewegliches Ziel, das man nie erreicht. Es gäbe immer noch etwas zu verbessern. Niemand ist perfekt. Insofern sollten wir realistisch bleiben in den Erwartungen an uns selbst. Ein wirksames Gegengewicht schaffen wir, indem wir uns um eine gute Portion Pragmatismus, Gelassenheit, Großzügigkeit, Güte und Nachsicht bemühen.

  Neu: *„Ich mache meine Arbeit mit viel Sorgfalt. Aber ich bin nicht perfekt."*

- *„Ich darf mir keine Fehler erlauben."*

  Fehler, Irrtümer, Pannen, Rückschläge sind völlig normal. Sie gehören zum Leben. Aus gutem Grund gibt es Redewendungen, die Fehler als verzeihlich oder sogar als nützlich darstellen. „Es ist noch kein Meister vom Himmel gefallen", „Irren ist menschlich", „Aus Fehlern lernt man".

  Dennoch werden Fehler in der Arbeitswelt leider häufig als ein Zeichen von mangelnden Fähigkeiten und als Schwäche angesehen. In solch einem Umfeld haben die Mitarbeitenden verständlicherweise Angst vor Fehlern und bemühen sich krampfhaft, alles richtig zu machen, was viel Anspannung bedeutet.

  Eine positive Fehlerkultur im Unternehmen akzeptiert Fehlschläge und Irrtümer, kommt ohne Schuldzuweisungen aus und sieht Fehler als Lern- und Wachstumschancen an. Passiert ein Fehler, wird er besprochen, und es werden gemeinsam Problemlösungen erarbeitet. Nur über Fehlertoleranz und einen offenen Umgang mit Fehlern sind Innovationen und Fortschritt möglich. Wichtig ist nur, zu seinen Fehlern zu stehen, sie zu korrigieren und aus ihnen zu lernen.

Mir gefällt folgendes Zitat: „Den größten Fehler, den man im Leben machen kann, ist, immer Angst zu haben, einen Fehler zu machen" (Dietrich Bonhoeffer).

Auch wenn eine wünschenswerte Fehlerkultur in dem Arbeitsumfeld, in dem wir arbeiten, nicht anzutreffen ist, brauchen wir eine akzeptierende Haltung gegenüber unserer eigenen Fehlbarkeit. Jedem passieren Fehler, auch uns.

***Neu:** „Ich bin ein Mensch und als solcher fehlbar."*

- *„Ich muss alles im Griff haben."*

Die Motivation hinter einem Kontrollstreben ist, gegen Unsicherheiten und Ängste vorzugehen. Das Bemühen, das Umgebungsgeschehen und uns selbst fest in den Griff zu bekommen, ist jedoch zum Scheitern verurteilt und erhöht letztlich die innere Anspannung.

Eine hilfreiche Einsicht ist, dass wir überhaupt nur in einem gewissen Rahmen die Kontrolle haben können. Sehr vieles, von dem wir betroffen sind und das wir gerne kontrollieren würden, liegt nun mal außerhalb unserer Kontrolle, da sind wir sozusagen „ohnmächtig". Immerhin bleibt uns die Entscheidung, wie wir mit den Umständen und Geschehnissen umgehen, was auch schon viel wert ist. Zwischen Macht und Ohnmacht liegt ein Zwischenbereich, in dem wir unseren Einfluss geltend machen können, nicht aber das alleinige Sagen haben. Hier kann man von „Teilmacht" sprechen.

Ein derart differenziertes Verständnis zu entwickeln und sich vom Schwarz-Weiß-Denken (auch als Opfer-Gestalter-Modell bekannt) zu lösen kann uns enorm entlasten. Wir können uns die ebenso kräftezehrende wie aussichtslose Anstrengung, alles unter Kontrolle halten zu wollen, sparen und schauen, was realistisch betrachtet möglich und machbar ist. Auch was unsere Gedanken und Gefühle angeht, sollten wir uns von der strengen Selbstkontrolle verabschieden. Gerade in Überforderungssituationen (z. B. in einem zwischenmenschlichen Konflikt) geht es viel eher um Selbsteinfühlung und Selbstregulation als um Selbstkritik und Selbstkontrolle.

***Neu:** „Ich akzeptiere, dass ich nicht alles im Griff haben kann, und schaue, was mir möglich ist."*

- *„Ich muss das allein hinbekommen."*

Menschen sind zutiefst soziale Wesen, die durch Kooperation stark sind. Insofern ist es dem Grunde nach unnatürlich, wenn wir konstant versuchen, Herausforderungen allein zu bewältigen. Teamgeist ist viel günstiger als Einzelkämpfertum, erst recht in puncto Stressbelastung. Wir beraten und unterstützen andere und wir holen uns Rat und Unterstützung von anderen. Übrigens: Es macht Menschen sympathisch, wenn sie um Hilfe bitten.

Neu: *„Ich darf selbstverständlich um Hilfe bitten."*

- *„Ich werde das nicht schaffen."*

Mit einer pessimistischen Einstellung bleiben wir passiv, meiden Herausforderungen, trauen uns nichts zu, gehen im Zweifelsfall von einem negativen Verlauf der Dinge aus. Wir schauen eher auf Nachteile als auf Vorteile, eher auf Risiken als auf Chancen, eher auf Probleme als auf Lösungen. Pessimismus drückt sich in Sätzen aus wie „Da bin ich aber sehr skeptisch", „Das wird nicht klappen", „Ich habe bestimmt wieder Pech", „Ich rechne lieber mal mit dem Schlimmsten", die wir zu uns selbst sagen oder aussprechen. Vermeintlich schützen wir uns auf diese Weise vor Enttäuschungen. In Wahrheit nehmen wir einen möglicherweise negativen Ausgang und die Traurigkeit darüber nur schon vorweg, geben uns nicht einmal die Chance, dass ein Tun auch gelingen kann. Es kann schiefgehen, muss es aber nicht. In vielen Fällen ist es einen Versuch allemal wert.

Affirmationen, die das absolute Gegenteil von negativen Sichtweisen ausdrücken wie zum Beispiel „Ich schaffe es!", „Ich bin erfolgreich!", „Ich bin stark und selbstbewusst!", sind allerdings so überzogen, dass wir sie uns selbst nicht glauben. Schon deshalb verfehlen sie die oftmals propagierte Wirkung. Weitaus geeigneter erscheint es, in moderater Weise ein Stück mehr in Richtung Optimismus und Selbstvertrauen zu gehen: „Es kann auch gut gehen!", „Ich probiere es einfach mal!", „Vielleicht habe ich Glück!", und eventuell auch schon einen Plan B parat zu haben: „Wenn es so nicht gelingt, finde ich einen anderen Weg!"

Neu: *„Ich gehe es an. Vielleicht schaffe ich es ja."*

- *„Ich kann nicht Nein sagen."*

  Ein hohes Arbeitsethos kann ebenso wie Selbstunsicherheit dazu führen, dass wir uns verausgaben und uns nicht ausreichend abgrenzen. Im Beruf ist Abgrenzung schwieriger als im privaten Bereich, da wir einen Vertrag geschlossen haben, der besagt, dass wir unsere Arbeitsleistung geben und dafür eine Gehaltszahlung bekommen. Wir tun uns in dreierlei Hinsicht schwer. Die erste ist abzuschätzen, wie weit das Arbeitspensum geht, das unstrittig von uns erwartet werden kann. Die zweite, klar zu erkennen, wo unsere Belastungsgrenzen liegen, und die dritte, uns schließlich ganz konkret mit einem Nein abzugrenzen.

  Wir sollten auf Warnsignale achten und dann proaktiv handeln, wenn der Stress droht überhandzunehmen. Das heißt: Möglichst rechtzeitig die Grenzen des Machbaren aufzeigen und – wenn nötig – tatsächlich ein klares Nein äußern. „Nein, ich übernehme diese Zusatzaufgabe nicht", „Nein, ich mache heute keine Überstunden" mit anschließender kurzer Begründung (mit ruhiger Stimme). Dabei sollte deutlich werden, dass unsere Motivation in einer vernünftigen Selbstfürsorge liegt, nicht in einer Arbeitsunlust. Am Ende wäre niemandem gedient, wenn wir in die Überforderung rutschen und stressbedingt an Leistungskraft einbüßen oder gar ganz ausfallen.

  Neu: *„Ich darf Nein sagen, wenn es notwendig ist."*

5.3.3 Möglichkeiten der Erholung und des Ausgleichs (Regenerative Stresskompetenz)

Manche Stressoren kann man nicht ausschalten, auch die Änderung der eigenen Einstellung ist nur in einem gewissen Rahmen möglich. Schließlich bleibt noch, die Stressreaktionen bestmöglich abzufangen und die negativen Auswirkungen von Stress auf Körper und Psyche zu mindern. Das umfasst Maßnahmen zur kurzfristigen Erleichterung in akuten Stresssituationen sowie zum langfristigen Wahren einer gesunden Balance von Anspannung und Entspannung. Gefährlich wird es, wenn der hohe Stresspegel ein Dauerzustand ist. Daher ist das Entscheidende, dass man immer wieder einen Ausgleich schafft, egal ob mit Entspannungsmethoden oder mit Freizeitaktivitäten, bei denen man abschalten kann und Spaß hat. Die jederzeit und für jede:n passende Strategie, Methode oder Aktivität gibt es nicht. Es ist individuell, in welchen Situationen man wie viel Stress empfindet, ebenso individuell ist es, was einem guttut, einen am zuverlässigsten aus dem Stress herausbringt und auch ein Stück weit vor Stress schützt.

Weil wir Erholung hauptsächlich in der Freizeit finden, lohnt es sich, gut hinzuschauen, wie wir eigentlich unsere Freizeit verbringen. Nutzen wir sie so, dass sie uns auch wirklich Erholung und Stärkung bringt? Wer zum Beispiel in seiner Freizeit am Computer sitzt, um private Mails zu beantworten, oder das Smartphone in die Hand nimmt, um seinen Instagram-Account zu pflegen, ist schnell erneut in einer Art Arbeitsmodus. Wer nach einem Arbeitstag mit ausschließlich sitzender Tätigkeit am Computer abends nichts anderes tut, als vom Sofa aus auf den TV-Bildschirm zu schauen, verschafft seinem Körper keinen Ausgleich. Andererseits: Es kann auch der Freizeitaktivitäten zu viel werden, das ist dann der berühmte Freizeitstress.

Für HSP scheint mir besonders wichtig, dass neben all den notwendigen Dingen, die in der Freizeit erledigt werden müssen, und willkommenen Beschäftigungen, die mit Terminen verbunden sind (z. B. Yoga-Gruppe oder ein Treffen mit Freunden), auch noch gänzlich unverplante Zeit übrig bleibt, in der man sich treiben lassen und spontan Dinge tun kann, so, wie sie sich ergeben, ganz nach Lust und Laune. letztlich kommt es nicht nur darauf an, was wir tun, sondern auch, wie wir es tun, ob mit dem ständigen Blick auf die Uhr oder geruhsam und mit Muße. Schließlich noch folgender Punkt: Viele HSP stellen fest, dass sie ausreichend Alleinzeit brauchen, um sich wirklich erholen zu können.

Unterschiedliche Arten von Erholung

Erholung ist überaus wichtig, um wieder produktiv sein zu können und Freude an der Arbeit zu haben. Je nachdem, was man arbeitet und unter welchen Umständen man arbeitet, treten unterschiedliche Arten von Erschöpfung auf, die nach entsprechend unterschiedlichen Arten von Erholung verlangen. Regeneration wird über ein Beheben der spezifischen Defizite erreicht. Sicherlich wird man das zum Teil schon rein intuitiv für sich wählen, aber man kann auch ganz bewusst für einen passenden Ausgleich sorgen.

Es gilt also, Dinge zu finden und zu tun, die ganz anders sind als das, was einen ermüdet hat – in den Pausen zwischendurch, nach Feierabend, an den Wochenenden, im Urlaub. Dinge, die man als freudvoll und wohltuend erlebt. Dabei sollte man unbedingt auch nach kleinen Möglichkeiten der Erholung schauen und diese in den (beruflichen) Alltag einbauen.

- ***Wer lange konzentriert und fokussiert gearbeitet hat …***

  ist mental erschöpft und braucht mentale Erholung. Wohltuend sind dann Zerstreuung und Bewegung. Es tut zum Beispiel gut, in den Pausen die Gedanken schweifen zu lassen, lockere Gespräche mit Kolleg:innen zu führen (nicht nur über die Arbeit reden!) oder mal vor die Tür zu gehen. Nach der Arbeit wenigstens einen kleinen Spaziergang zu machen.

- ***Wer körperlich anstrengende Arbeit verrichtet hat …***

  ist körperlich erschöpft und braucht körperliche Erholung. Nach schwerer körperlicher Arbeit tut ein Ausruhen mit Nichtstun gut. Wer viel gestanden hat, wird laufen oder die Beine hochlegen wollen. Wer viel herumgelaufen ist, wird sich hinsetzen wollen. Langes Sitzen am Computer ist eine unnatürliche Belastung für den Körper und braucht unbedingt einen Ausgleich über Bewegung und Sport (auch zwischendurch immer wieder recken und strecken!).

- ***Wer einer anhaltenden Reizflut ausgesetzt war …***

  ist sensorisch erschöpft und braucht sensorische Erholung. Hilfreich ist eine Zeit der Reizarmut. Stille wird dann als sehr erholsam empfunden, ebenso ein Spaziergang in der Natur. Reize, die in einer natürlichen Umgebung anzutreffen sind, (Vogelgezwitscher, Plätschern eines Bachs, Rauschen der Blätter im Wind, Blütenduft …) sind angenehme, erholsame Reize. Sie binden die Aufmerksamkeit und stimulieren, stellen jedoch keine Überstimulation dar.

- ***Wer viel mit Menschen zu tun gehabt und viel geredet hat …***

  ist sozial erschöpft und braucht soziale Erholung. Ein vorübergehender Rückzug ist dann erholsam. Einfach mal nicht im Kontakt sein, nicht auf andere eingehen, sich nicht unterhalten müssen. Sich mal ganz auf sich selbst beziehen, sich nur um eigene Bedürfnisse kümmern.

  HSP im Allgemeinen und mehr noch introvertierte HSP profitieren sehr von Phasen der Abgrenzung, Ruhe und Entspannung, von ausreichend Alleinzeit.

- ***Wer emotional Belastendes erfahren hat …***

  ist emotional erschöpft und braucht emotionale Erholung. Achtsamkeitsübungen (auch ein achtsames Verrichten einfacher Tätigkeiten), ein Spaziergang in der Natur oder ein gutes Gespräch mit einem vertrauten Menschen können helfen, inneren Abstand zu gewinnen, Gedankenschleifen zu unterbrechen, Gefühle zu regulieren und wieder ins Lot zu kommen.

- ***Wer länger für sich allein arbeitet hat ...***

  braucht wahrscheinlich zur Belebung soziale Kontakte und Austausch mit anderen.

- ***Wer die ganze Zeit nach festen Vorgaben in Routinen gearbeitet hat ...***

  gewinnt Inspiration und neue Energie über das Betrachten von Kunst und über eigenes kreatives Schaffen.

Eine Reihe von Schutzfaktoren

Auf der einen Seite wirken Stressoren auf uns ein. Auf der anderen Seite stehen Schutzfaktoren, die die unmittelbare Stressreaktion abschwächen, sich zudem langfristig positiv auf die psychische und physische Gesundheit auswirken und unsere Stressresilienz erhöhen. Für HSP sehe ich im bewussten Einsatz der Schutzfaktoren eine besonders wichtige Ressource.

Ganzheitlich betrachtet geht es um eine gesunde Lebensführung. Dies bedeutet, das zu vermeiden bzw. reduzieren, was die Gesundheit belastet, und selbstfürsorglich das zu etablieren bzw. intensivieren, was die Gesundheit fördert und Stress entgegenwirkt. Für alle Faktoren gilt: Lieber Kleinigkeiten umsetzen bzw. klein anfangen, statt große Lösungen in Perfektion ausdenken, aber aufschieben.

Arbeitspausen und Auszeiten

Es geht um eine gute Balance zwischen Aktivität und Ausruhen, zwischen Anstrengung und Müßiggang, zwischen Arbeit und Erholung. Gemeint ist eine dynamische Balance, bei der es für eine Weile mehr in die eine Richtung gehen darf, dafür dann wieder eine Weile in die andere Richtung gehen sollte. Eine gesunde Balance über die Zeit kann nur über genug kleine und größere erholsame Arbeitspausen und Auszeiten erreicht werden.

Stress und Erschöpfung sind schon deshalb so verbreitet, weil der Alltag bei vielen Menschen so durchgetaktet ist, dass viel zu wenig Raum bleibt für Pausen zum Durchatmen. Hinzu kommt, dass es durch omnipräsentes Internet und Smartphone, durch Homeoffice und mobiles Arbeiten für viele Arbeitnehmende schwierig geworden ist, sich von der Arbeit abzugrenzen. Voraussetzung für Abschalten, Entspannen und Ausgleichfinden sind echte Pausen, eindeutige Feierabende (Überstunden nur in Ausnahmefällen!), arbeitsfreie Wochenenden und Urlaube.

Um nicht in eine völlige Erschöpfung zu rutschen, ist es wichtig, dem Stress rechtzeitig zu begegnen – mit Momenten der Ruhe, mit Pausen und Auszeiten. Zum Beispiel brauchen wir nach einer akuten Stresssituation dringend Erholung. Erscheint der nächste Stressor schon, bevor wir wieder zur Ruhe gekommen sind, sind wir anhaltend auf einem erhöhten Stresslevel. Wird das zum Dauerzustand, sind wir im Risiko für eine stressbedingte Erkrankung. Der Punkt ist: Ermüdung summiert sich nicht nur auf, sondern steigt exponentiell. Folglich dauert es immer länger, sich wieder zu erholen. Besser, wir nehmen uns Auszeiten frühzeitig und geplant als später unfreiwillig, weil gar nichts mehr geht.

Eine gute Maßnahme ist, in den Arbeitsalltag öfter kurze Pausen einzubauen, in denen wir uns von der Arbeit lösen, auf andere Gedanken kommen und uns gefühlsmäßig beruhigen. Das gelingt leichter, wenn wir uns auch vom Arbeitsplatz entfernen. Wer echte Pausen macht, arbeitet in Summe am Tag zwar etwas kürzer, schafft aber im Endeffekt mehr Aufgaben, erreicht eine bessere Arbeitsqualität und ist kreativer. Dazu ein schönes Zitat: „Pausen sind keine Zeitverschwendung. Sie sind eine Investition in die Klarheit und Effizienz des Denkens“ (Bruce Tulgan).

Auch Urlaube helfen, wieder Kraft zu schöpfen, aber allein auf die erholsame Wirkung von Urlauben zu setzen ist nicht die Lösung. In einem Interview auf spiegel.de (*SPIEGEL Psychologie,* 2/2023) mit der Überschrift „Wir brauchen eine Erholungsrevolution“ (Kleinschmidt, 2023) sagt die Ärztin Saundra Dalton-Smith: „Ich sehe es als großen Fehler, dass viele Menschen ihr ganzes Bedürfnis nach Erholung in den Urlaub packen. Damit beschränkt sich ihre Burn-out-Prävention auf zwei oder drei Ferien im Jahr. Die Menschen fokussieren sich auf die großen, seltenen Auszeiten, statt auf die kleinen Möglichkeiten der Erholung zu schauen, die man täglich umsetzen kann.“

Entspannungsmethoden und Achtsamkeitspraxis

Entspannungstechniken sind ein Weg der Selbstfürsorge und ein gutes Mittel, um innezuhalten, eine gewisse Entschleunigung zu erreichen, die Arbeit gedanklich loszulassen, innere Ruhe zu finden und wieder bei sich selbst anzukommen.

Man kann die verschiedenen Methoden für sich ausprobieren und herausfinden, was einem am meisten liegt und guttut: Atemübungen, autogenes Training, progressive Muskelentspannung, Yoga, Meditation, Achtsamkeitsübungen … Die Entspannungsmethode(n) der Wahl unter Anleitung richtig zu erlernen und einzuüben hilft, sie auch erfolgreich anwenden zu können, wenn es darauf ankommt. Und natürlich ist es sinnvoll, sie zur Vorbeugung und Stabilisierung regelmäßig zu praktizieren und in den Alltag zu integrieren. So kann sich die stressmindernde Wirkung besonders gut entfalten.

Schon einfache Atemübungen wie tiefes Ein- und langes Ausatmen helfen spontan, den Herzschlag zu verlangsamen, den Blutdruck zu senken und Entspannung zu finden. Atemübungen können sehr gut überall, auch im Büro oder unterwegs, angewendet werden, sobald man sich gestresst fühlt. Man braucht dafür nur wenige Minuten Zeit.

Meditation, eine spirituelle Praxis mit sehr langer Tradition, hilft, den Geist zu sammeln und zu beruhigen. Es gibt unterschiedliche Formen der Meditation, die sich in der Geisteshaltung und im äußeren Erscheinungsbild unterscheiden. Eine Unterscheidung ist die zwischen passiver, kontemplativer Meditation im Sitzen oder Liegen und aktiver Meditation in der Bewegung (z. B. Gehmeditation, bestimmte Kampfkunststile …) So verschieden die Meditationsformen auch sein mögen, allen gemeinsam ist die Ausrichtung der Aufmerksamkeit auf den gegenwärtigen Moment und das unmittelbare Erleben. Meditierende konzentrieren sich zum Beispiel auf bestimmte Objekte, auf ihren Atem, auf Sinneswahrnehmungen und körperliche Empfindungen. Meditation folgt dem Prinzip der Achtsamkeit.

Die Achtsamkeitspraxis findet unter anderem Anwendung in dem bekannten Stressbewältigungsprogramm MSBR (Mindfulness-Based Stress Reduction, d. h. achtsamkeitsbasierte Stressreduktion). MSBR wurde in den 1970er-Jahren vom Molekularbiologen Jon Kabat-Zinn entwickelt, basierend auf der buddhistischen Achtsamkeitsmeditation, angepasst an westliche Bedürfnisse. Das achtwöchige Stressbewältigungstraining wird weltweit zur Stressminderung und Stressprävention in vielen Kliniken und Gesundheitszentren eingesetzt und kann außerdem in Kursen erlernt werden. Es verbindet meditative Übungen in Ruhe und Bewegung mit Ansätzen aus der modernen Stressforschung. Teilnehmer:innen lernen, ihre volle Aufmerksamkeit auf den aktuellen Moment zu lenken und dabei ihre Gedanken, Körperempfindungen und Sinneseindrücke zu beobachten, ohne sie zu bewerten.

Gesunde Ernährung

Gesunde Ernährung ist eine wichtige Grundlage für körperliches Wohlbefinden, mentale Fitness und seelisches Gleichgewicht. In einem NDR-Beitrag mit dem Titel „Gesunde Ernährung kann vorbeugen und heilen“ schreibt Britta Probol: „Ernährung umfasst Essen und Trinken. Es geht um die Versorgung des Organismus mit Makronährstoffen (Kohlenhydrate, Fette, Eiweiß) und Mikronährstoffen (Vitamine und Mineralstoffe). Eine wichtige Rolle spielen außerdem die Ballaststoffe, die unser

Darm dringend braucht, und die sekundären Pflanzenstoffe. Viele dieser – teils noch kaum erforschten – Pflanzenstoffe haben eine entzündungshemmende Wirkung."

Sehr interessant finde ich, dass man mit Ernährungstherapie Erfolge bei der Behandlung von Depressionen erzielt (Riedl, 2022): „Wie Forscher herausfanden, spielen bei einem Teil der Erkrankten unterschwellige Entzündungen bei Entstehung und Fortbestand von Depressionen eine Rolle. Daher scheint vielfach eine antientzündliche, zuckerarme Ernährungsweise unterstützend gegen das Leiden zu wirken. Neueren Forschungsarbeiten, etwa einer australischen Studie, zufolge ist gesunde Ernährung als wichtige Säule in der Depressionstherapie anzusehen." So zu lesen im Artikel „Gute Ernährung kann helfen, Depression zu lindern" auf ndr.de, Rubrik Ratgeber Gesundheit.

Häufig ist uns schon bewusst, dass wir uns eigentlich gesünder ernähren sollten. Manchmal fehlt es an Motivation und Disziplin, oft aber auch an einer konkreten Vorstellung, wie man es anpacken könnte. Ich finde wichtig, zu sehen, dass es nicht auf Diät und Verzicht hinauslaufen soll. Das Essen soll schmecken und Spaß machen und man soll satt werden. Die Lebensqualität soll nicht eingeschränkt, sondern erhöht werden. Bei einer Umstellung der Ernährung geht es darum, krank machende Ess- und Trinkgewohnheiten durch gesündere zu ersetzen. Dabei können schon kleine Veränderungen viel bewirken. Alles auf einmal ändern zu wollen würde uns vielleicht überfordern.

Ich will einige Punkte aufzählen, die bei der Ernährung zu beachten sind: Möglichst wenig Fast Food und hochverarbeitete Fertigprodukte (zu salzig, zu hoher Zuckerzusatz, diverse Zusatzstoffen), wenig Fleisch (wenn überhaupt), sehr wenig Süßigkeiten, keine gesüßten Getränke (Zucker fördert Übergewicht und die Entstehung von Diabetes, die WHO empfiehlt max. 25 g zugesetzten Zucker am Tag), eher keine Zuckeraustauschstoffe (ändern nichts an der Vorliebe für sehr Süßes, wirken sich ungünstig auf die Darmflora aus), sehr wenig Produkte aus Auszugsmehlen (helles Brot, Brötchen, Kuchen …), stattdessen Vollkornprodukte (liefern wichtige Ballaststoffe), Gemüse und Kräuter (ganz viel Gemüse, möglichst abwechslungsreich), Obst (in Maßen, sehr gut sind Beeren), Hülsenfrüchte (liefern wertvolles pflanzliches Eiweiß), Nüsse (wichtige Lieferanten von Mineralstoffen, gelten zu Unrecht als Dickmacher), Milchprodukte mit niedrigem Fettgehalt, die richtigen Fette (pflanzlich, z. B. Olivenöl, Rapsöl, insgesamt ist man von der Empfehlung, sich möglichst fettarm zu ernähren, abgerückt), ausreichend Omega-3-Fettsäuren (z. B. aus Leinöl), genug trinken (Wasser, ungesüßter Tee), wenig oder kein Alkohol.

Empfehlungen für mehr Information: „Die Ernährungsdocs" vom NDR, zahlreiche TV-Sendungen (ARD-Mediathek) und Podcast-Folgen.

Die Bücher von Dr. Matthias Riedl, z. B. *Die neue Power-Küche: Mehr Kraft und Immunstärke bei Long Covid und chronischem Erschöpfungssyndrom* (nicht nur nützlich für Long Covid!)

Schlaf

Es ist wohl so, dass Schlaf in unserer Gesellschaft nicht hoch genug geschätzt wird. Oftmals gilt als faul und schwerfällig, wer viel schläft („Schlafmütze"), und als tüchtig und dynamisch, wer mit wenig Schlaf auskommt. Viele Menschen gönnen sich zu wenig Schlaf und viele schlafen nicht gut. Dabei ist ausreichend Schlaf (ca. sieben bis acht Stunden) unabdingbar, um immer wieder neue Kraft zu schöpfen und psychisch wie physisch widerstandfähig zu sein.

Obwohl Schlaf zweifellos die wichtigste Quelle für Regeneration ist, kann er allein es aber nicht richten. Man muss Voraussetzungen dafür schaffen, dass er seine Funktion erfüllen kann. In dem schon genannten *Spiegel*-Interview (Kleinschmidt, 2023) sagt die Ärztin Saundra Dalton-Smith dazu: „Schlaf ist eine passive Erholung. Er ist lebenswichtig. Aber guter Schlaf ist nur möglich, wenn man relativ ausgeglichen ist. Wenn man zum Beispiel mental erschöpft ist, kreisen die Gedanken – und an Schlaf ist nicht zu denken. Ist man körperlich sehr erschöpft, können einen beispielsweise Schmerzen vom Schlafen abhalten. Der Schlaf wird besser, wenn wir nicht zu erschöpft sind, nur dann kann er seine regenerative Kraft entfalten."

Jede:r kennt das: Wenn der Stress am Tag zu hoch ist, kann man am Abend schlecht abschalten und zur Ruhe kommen. Es hilft sehr, wenn wir schon im Laufe des Tages etwas für unsere Erholung tun, im Sinne der weiter oben ausgeführten unterschiedlichen Arten von Erholung.

Ganz allgemein wird das Einschlafen erleichtert und die Schlafqualität gefördert, wenn wir uns im Laufe des Tages ausreichend an der frischen Luft bewegen, wenn wir nicht spät noch etwas Schweres essen (mind. drei Stunden Pause zwischen letztem Essen und Schlafengehen), wenn wir am Abend keine aufregenden Filme oder Spätnachrichten schauen, keine Probleme wälzen (evtl. aufschreiben, um die Gedanken aus dem Kopf zu bekommen), keine Streitgespräche führen, sondern vielmehr Dinge tun, die uns positiv stimmen und beruhigend auf uns wirken (z. B. einen Abendspaziergang machen, etwas Erbauliches lesen, safte Musik hören, mit lieben Menschen einen harmonischen Abend verbringen …). Gleichbleibende Zeiten für Aufstehen und Schlafengehen, geliebte Rituale vor dem Zubettgehen, angenehme Nacht- und Bettwäsche sowie auf die persönlichen Vorlieben zugeschnittene Bedingungen am Schlafplatz unterstützen einen guten Schlaf.

Rituale

Rituale sind feste, sich wiederholende Abläufe von Handlungen. Sie regeln den Tages- und Wochenablauf und rhythmisieren den Alltag. Sie schaffen zeitliche und räumliche Orientierungspunkte, die wir brauchen, um nicht in einer unübersichtlichen Welt unterzugehen. Rituale nehmen Ängste, reduzieren Stress, geben Halt, Geborgenheit und Sicherheit. Sie fördern das Selbstvertrauen, erleichtern Selbstdisziplin (z. B. müssen wir nicht jeden Tag neu darüber nachdenken, ob wir eine Runde spazieren gehen). Rituale sind Automatismen, die das Leben vereinfachen, wir vollziehen sie, ohne sie reflektieren zu müssen.

Rituale wirken zudem festigend für Beziehungen und Gemeinschaften. Sie erleichtern die soziale Kommunikation und Interaktion und schaffen Verbundenheit. Gemeinsame Handlungen, die ritualisiert ausgeführt werden, müssen nicht jedes Mal aufs Neue besprochen werden.

Wir alle haben unsere bewährten persönlichen Rituale, die wir nicht missen möchten. Darüber hinaus können wir zusätzliche Rituale finden und etablieren, für uns allein und mit anderen, die uns guttun und die uns helfen, uns am Morgen gegen den Stress zu wappnen, im Laufe des Tages dem Stress zu begegnen und am Abend den Stress loszulassen. Wir haben außerdem die Freiheit, Rituale, die nicht mehr in unser Leben passen und uns nicht guttun, aufzugeben oder zu verändern (das Feierabendbier, die Zigarettenpause, den obligatorischen Sonntagsbesuch bei den Eltern u. v. a. m.)

Ein Beispiel für ein schönes kleines Ritual: ein Dankbarkeitstagebuch führen. Dabei nehmen wir uns jeden Abend die Zeit, uns gemütlich hinzusetzen, kurz nachzudenken und drei Dinge aufzuschreiben, für die wir dankbar sind. Und wir fügen jeweils hinzu, was wir selbst dazu beigetragen haben, dass die Dinge so positiv gelaufen sind beziehungsweise dass wir sie als so beglückend erlebt haben.

Musische und kreative Hobbys

Eine wichtige Quelle von Entspannung ist das Ausüben von Hobbys, die uns Freude bereiten, für uns allein oder zusammen mit anderen. Während wir uns mit einem Hobby beschäftigen, ist unsere Aufmerksamkeit auf das betreffende Tun gerichtet, und wir gewinnen Abstand zu dem, was uns gestresst und beunruhigt hat.

Musische Hobbys. Das Wort „musisch“ (aus dem Griechischen) bedeutet die schönen Künste betreffend (nicht zu verwechseln mit „musikalisch“). Die schönen Künste sind darstellendes Spiel, Kunst und Musik. Die Beschäftigung mit den schönen Künsten kann aktiv oder passiv sein, zum Beispiel bei der Musik: Musizieren (ein

Instrument spielen oder Singen) oder Musikhören. Musik kann beflügeln, die Stimmung verbessern, beruhigen und entspannen. Sie wirkt sich nachweislich positiv auf Herzschlag, Atemfrequenz, Blutdruck, Muskelspannung und Hormonhaushalt aus. Unter anderem werden Endorphine, die körpereigenen Glückshormone, und Dopamin, das Belohnungshormon, ausgeschüttet sowie das Stresshormon Cortisol verringert. Beim gemeinschaftlichen Musizieren oder Singen (Chorsingen) produziert das Gehirn zudem das Bindungshormon Oxytocin.

Kreative Hobbys. Unter Kreativität versteht man eine schöpferische Kraft. Bei kreativen Hobbys werden Dinge erschaffen oder gestaltet. Beispiele: Schreiben, Zeichnen, Malen (z. B. Mandalas ausmalen), Fotografieren, Basteln, Bauen und Zusammensetzen (z. B. Bausteine, Modelle, Puzzle), Töpfern, Handarbeiten (z. B. Nähen, Stricken, Häkeln …), Kochen, Gärtnern … Das Erleben oder Erschaffen von etwas Schönem ist gerade für HSP mit ihrem ausgeprägten Sinn für Ästhetik sehr befriedigend.

Natur

Eines der besten Mittel zur Stressreduktion ist der Aufenthalt im Freien, möglichst im Grünen, in einer Parkanlage, auf Feldern, im Wald, am Wasser … Ein Blick in die Weite einer Landschaft weitet auch unseren Blickwinkel auf unsere Probleme. Sehr entspannend und erholsam wirken Orte mit natürlicher Stille. Ganz anders als menschengemachte Geräusche, die uns häufig gehörig stressen, haben Naturgeräusche eine absolut beruhigende Wirkung.

Bewegung in der Natur, sei es ein ausgedehnter Spaziergang, eine Wanderung, eine Laufrunde oder eine Radtour, baut Stress ab, entspannt den Körper und befreit den Geist und hilft, ganz präsent zu sein. Vielleicht lassen sich kleine Einheiten Naturerleben oder zumindest frische Luft in den Alltag integrieren, zum Beispiel indem man auf dem Weg zur Arbeit oder nach Hause eine Station früher aus der Bahn aussteigt und den Rest der Strecke läuft. Vielleicht findet sich eine Grünfläche nahe der Arbeit, die man in der Mittagspause aufsuchen kann. Alles ist besser, als sich die ganze Zeit nur in geschlossenen Räumen aufzuhalten.

In der Natur erleben wir ein Gefühl der Geborgenheit und Verbundenheit, weil sie evolutionär unsere ursprüngliche Umgebung ist. Die Natur tut uns gut und wirkt heilsam, sie ist ein wunderbarer Ausgleich zu stresserfüllten Arbeitstagen. Der Aufenthalt in der Natur und das Praktizieren von Achtsamkeit lassen sich bestens kombinieren.

AM RANDE

Waldbaden

Aus Japan kommt die Tradition des Waldbadens (Shinrin Yoku). Waldbaden bedeutet Eintauchen in den Wald. Im Buch *Die wertvolle Medizin des Waldes: Wie die Natur Körper und Geist stärkt* von Dr. Qing Li (2018) werden die Praxis und die Wirkung des Waldbadens anschaulich beschrieben. Hier einige wesentliche Aussagen aus dem Buch.

„Shinrin Yoku heißt also, ein Bad im Wald zu nehmen, den Wald mit allen Sinnen wahrzunehmen. Es ist kein Sport, kein Wandern oder Joggen. Man hält sich einfach nur in der Natur auf und tritt mit allen fünf Sinnen mit ihr in Kontakt. [...] Und wenn wir unsere Sinne öffnen, beginnen wir uns mit der Natur zu verbinden“ (S. 22).

„Waldbaden sorgt [...] für guten Schlaf und eine bessere Stimmung – man wird weniger aggressiv und feindselig und überhaupt weniger mürrisch. Es senkt die Herzfrequenz und den Blutdruck und fördert die Gesundheit des Herz-Kreislauf- und des Stoffwechselsystems. Vor allem aber kann es das Immunsystem stärken“ (S. 92).

„Durch den Wald zu gehen reinigt unseren Geist und hilft uns beim Denken. [...] Spazierengehen in der Natur hilft uns außerdem, vom ständigen Nachdenken über unsere Probleme loszukommen. [...] Es zeigte sich, dass Spaziergänge in der Natur nicht nur Unruhe und andere Emotionen lindern können, sondern auch das positive Denken fördern. Mit anderen Worten, in der Natur unterwegs zu sein kann uns helfen, unsere Denkweise zu verändern und Dinge klarer zu sehen“ (S. 114–116).

„Wenn Sie Shinrin Yoku einmal erlernt haben, können Sie es überall praktizieren – auch in einem nahegelegenen Park oder in Ihrem Garen. Suchen Sie sich einen Ort, wo es Bäume gibt, und schon kann es losgehen!“ (S. 144).

Bewegung und Sport

Bewegung ist ein gutes Mittel zur Stressbewältigung und ein hervorragender Ausgleich zu einer hauptsächlich sitzenden Tätigkeit. Bewegung – am besten draußen – unterstützt die hormonelle Stressregulation, sorgt für ein besseres Körpergefühl, macht den Kopf frei, fördert die Kreativität und hebt die Stimmung. Jede Art von Bewegung tut gut. Für manche ist Spazierengehen das Richtige, andere treiben gern Sport. Wer sich allerdings zum Sport zwingt, tut seiner Psyche nichts Gutes. Bei Bewegung gilt: besser moderat und regelmäßig als intensiv und sporadisch. Schon ein täglicher 30-minütiger Spaziergang in der Natur verbessert das Wohlbefinden spürbar. Hundebesitzer, die regelmäßig bei jedem Wetter mit ihrem Hund Gassi gehen, haben einen gesundheitlichen Vorteil.

Entscheidet man sich für Sport, wählt man am besten eine Sportart, die den eigenen Vorlieben entspricht und Spaß macht. Nur so bleibt die Motivation erhalten. Vielleicht muss man erst herausfinden, was die passende(n) Sportart(en) ist / sind. Infrage kommen zum Beispiel: Wandern, Walken, Joggen, Tanzen, Schwimmen, Radfahren. Bei der Ausübung des Sports gilt es, das rechte Maß finden. Expert:innen raten dazu, unter der persönlichen Leistungsgrenze zu bleiben, sich nicht zu überfordern. Zu viel Ehrgeiz kann schnell in zusätzlichen Stress ausarten. (Bevor man mit Sport beginnt, empfiehlt sich gegebenenfalls eine ärztliche Voruntersuchung.)

Nach einem langen und stressigen Arbeitstag fällt es oft schwer, sich noch zur sportlichen Betätigung aufzuraffen, dabei wäre Bewegung gerade dann so wichtig. Um über körperliche Aktivität einen deutlichen gesundheitsförderlichen Effekt zu erzielen, braucht es Regelmäßigkeit. Diese erreicht man am ehesten, wenn Bewegung in den Alltag integriert zur Routine wird. Vielleicht kann man mit dem Fahrrad zur Arbeit fahren. Vielleicht kann man Bewegungsangebote im Rahmen eines betrieblichen Gesundheitsmanagements in Anspruch nehmen. Unter Umständen hilft es auch, die gewählte Bewegungsform bewusst nicht als Sport oder Fitnesstraining zu betiteln, falls das mit Überwindung und übergroßer Anstrengung assoziiert wird.

Was ebenfalls herauszufinden ist: ob man lieber allein körperlich aktiv ist oder in Gesellschaft. Zusammen mit jemand anderem einen Feierabend-Spaziergang zu machen, eine Wanderung zu unternehmen, zum Tanzen zu gehen oder in einer Gruppe von Menschen zum Beispiel eine Mannschaftssportart auszuüben verschafft nicht nur Bewegung, sondern auch die Freude an der gemeinschaftlichen Aktivität und ein Gefühl von Verbundenheit.

Gute Beziehungen

Wir Menschen sind zutiefst soziale Wesen. Um uns glücklich und zufrieden zu fühlen und gesund zu bleiben, brauchen wir gute zwischenmenschliche Beziehungen und das Eingebundensein in eine Gemeinschaft. Positive, stabile Kontakte tun uns gut, sie geben uns menschliche Wärme, Sicherheit, Rückhalt, Geborgenheit und Ermutigung. Gute Beziehungen sind ein wichtiger Schutzfaktor gegen Stress und ein gutes Mittel, um akuten Stress zu reduzieren oder ganz aufzulösen. Darüber hinaus helfen uns die Verbindungen zu lieben Menschen, mit dem Stress, den wir nun mal haben, besser zurechtzukommen. Durch das Mitgefühl und die Unterstützung von anderen fällt es uns leichter, uns bei Aufregung wieder zu beruhigen.

Um in stressigen Zeiten hilfreiche Kontakte aktivieren zu können, müssen wir natürlich die Beziehungen, die uns etwas bedeuten, gepflegt haben. Beziehungspflege braucht Zeit, und die ist häufig knapp. Unbestritten aber ist in Beziehungen investierte Zeit gut investierte Zeit. Beziehungen sind das Wichtigste im Leben. Und auch das wichtigste Regulativ, was Stress betrifft.

Es geht nicht darum, möglichst viele Freunde und Freundinnen zu haben, sondern gute. Und es geht nicht darum, die wichtigen Menschen besonders häufig zu sehen, sondern in einem guten Kontakt zu sein. Ausschlaggebend ist weniger die eingesetzte Zeit, sondern wie das Miteinander gestaltet wird. Es kommt darauf an, Nähe herzustellen, sich zu öffnen und offen zu sein für das Gegenüber, sich anzuvertrauen und sich als vertrauenswürdig zu erweisen, tiefgehende Gespräche zu führen, gemeinsam etwas Erfreuliches zu erleben, miteinander Spaß zu haben.

Unerlässlich ist auch, füreinander da zu sein und sich gegenseitig zu helfen. Es tut uns gut, bei Bedarf Hilfe zu empfangen, und es bereitet ein gutes Gefühl, wenn wir anderen helfen, weil wir uns dabei als tatkräftig und Nutzen stiftend erleben.

Wer unter chronischem Stress leidet, zieht sich oft von anderen Menschen zurück, was jedoch überhaupt nicht ratsam ist. Das Gegenteil hilft. Unser Stresslevel sinkt, wenn wir Zeit mit Menschen verbringen, die uns am Herzen liegen und denen wir uns verbunden fühlen.

Mit dem Partner / der Partnerin oder einem guten Freund / einer guten Freundin, der / die uns liebt / mag und gut kennt, ist es möglich, offen Gedanken auszusprechen und authentisch Gefühle auszudrücken. Wir müssen keine Rolle spielen, können ganz wir selbst sein, fühlen uns angenommen. Unser Selbstvertrauen wird gestärkt und unser Selbstwertgefühl stabilisiert.

Bedeutsam ist auch die positive Wirkung von angenehmem Körperkontakt in Verbindung mit emotionaler Nähe. Umarmungen, Streicheln, Kuscheln, Sex schaffen Glücksgefühle. Körperliche Stressreaktionen werden durch Körperkontakt gemindert, Anspannungen lösen sich. Übrigens: Auch das Streicheln eines Haustiers baut Stress ab.

Darum zu wissen, dass wir durch gute Beziehungen in der Partnerschaft, in der Familie, im Freundeskreis und im Kolleg:innenkreis über ein verlässliches soziales Netz verfügen und dass es Menschen gibt, die uns bei Bedarf beistehen, beruhigt uns und federt Stress ab.

Erst recht stressreduzierend ist es, mit einem nahestehenden Menschen über das zu reden, was uns belastet. Auch wenn nicht alle Ratschläge, die wir bekommen, für uns passen, gewinnen wir durch die Gespräche doch oft nützliche neue Perspektiven. Unser Wohlbefinden wird besonders dadurch gehoben, wenn wir Menschen, mit denen wir freundschaftlich verbunden sind, persönlich treffen und nicht nur mit ihnen telefonieren oder chatten (obwohl beides eine wichtige Rolle beim Kontakthalten spielt).

Andererseits tut es manchmal auch einfach gut, nicht über Probleme zu sprechen, wenn die schon hinlänglich diskutiert worden sind. So kann zum Beispiel ein Abend im Freundeskreis uns wunderbar ablenken und zerstreuen. Wichtig ist, dass wir nicht allein zu Hause sitzen und vor uns hin grübeln. Wir kommen auf andere Gedanken und in eine andere Stimmung, wenn wir gemeinsam ins Kino gehen oder gemütlich beim Essen zusammensitzen, uns entspannt unterhalten und miteinander lachen. Lachen wirkt in hohem Maße stresslösend. (Erfahrungsgemäß wird übrigens mehr gelacht, wenn man zu mehreren ist.) Geselligkeit lässt sich auch gut mit körperlicher Aktivität kombinieren, zum Beispiel bei einer gemeinsamen Wanderung oder einer Radtour. Dann nutzen wir mehrere stressreduzierende Maßnahmen auf einmal.

Gute Beziehungen wirken sich definitiv positiv auf unser Wohlbefinden, unsere Gesundheit und unsere Widerstandsfähigkeit aus. Auch kurze Alltagsbegegnungen tragen zu unserer Zufriedenheit bei. Wo immer wir Menschen treffen – im Job, beim Einkaufen oder im Bus – können wir uns aufmerksam, respektvoll und wertschätzend verhalten. Die meisten werden die Freundlichkeit, die wir ihnen entgegenbringen, erwidern, was uns dann wiederum erfreut und aufheitert.

Ich bin der festen Überzeugung, dass es sich lohnt, sich eingehend mit dem Themenkomplex Beziehungen und Kommunikation zu beschäftigen. Beziehungen gelingen nicht einfach so, wir müssen uns darum kümmern und uns bemühen. Das beginnt mit der inneren Haltung und endet mit ganz praktischem Kommunikations-Know-how.

Buchempfehlungen:

Gewaltfreie Kommunikation – Eine Sprache des Lebens von Marshall B. Rosenberg, Junfermann Verlag, 2012.

Gute Beziehungen – Wie sie entstehen und stärker werden von Thomas Gordon, Klett-Cotta Verlag, 2013.

Kommunikation als Lebenskunst – Philosophie und Praxis des Miteinander-Redens von Bernhard Pörksen und Friedemann Schulz von Thun, Carl-Auer Verlag, 2014.

Und nicht zuletzt: Wir sollten auch eine gute Beziehung zu uns selbst haben, sozusagen die Selbstfreundschaft pflegen, einfühlsam, liebenswürdig und wohlwollend mit uns umgehen.

5.4 Arbeitgeber in der Verantwortung

Nun habe ich so viele Ansatzpunkte geliefert, wie der / die Einzelne sich gegen Stress wappnen kann. Was ich zumindest noch angesprochen haben möchte: Eigentlich sollte es nicht allein den Arbeitnehmenden überlassen sein, Stress zu mindern und Burn-out vorzubeugen. Auf jeden Fall sind die Arbeitgeber ebenfalls in der Pflicht, für die Erhaltung der Gesundheit der Arbeitnehmenden Sorge zu tragen, ernsthaft betriebliches Gesundheitsmanagement zu betreiben und schützende strukturelle Vorkehrungen zu treffen. Und es wäre auch Sache der Führungskräfte, chronischen Stress und Burn-out-Gefährdung bei ihren Mitarbeitenden zu erkennen und der Gefahr entgegenzuwirken. Da und dort gibt es Ansätze, die in diese Richtung gehen, aber größtenteils ist das leider (noch) Wunschdenken.

Im Morning-Briefing von *Der Spiegel* vom 30. September 2023 heißt es: „[…] Unternehmen machen sich die Wohlfühlwelle zunutze. Gestressten Mitarbeiterinnen und Mitarbeitern werden Achtsamkeitstrainings angeboten, statt die Arbeitsbelastung zu reduzieren. Es sei einfacher, das Individuum zu optimieren, als ein falsches System zu ändern, sagt der Berliner Psychologieprofessor Simon Schindler“ (Koch, Kullmann & Neumann, 2023).

„Wenn alles zu viel wird – Arbeiten bis zum Umfallen?“ lautet der Titel der *Spiegel*-Ausgabe vom 14. Mai 2022. Der Artikel (Endres et al., 2022) wird wie folgt eingeleitet: „Zu viel, zu lang, zu hektisch – Burn-out, Herzinfarkte, Schmerzen – in der agilen neuen Berufswelt schuften sich viele kaputt. Moderne Technik sollte die Arbeit erleichtern und bewirkt doch oft das Gegenteil.“ Eine Aussage im Artikel ist, dass es nicht ausreiche, sich damit zu beschäftigen, was den Einzelnen hilft, man müsse ans System. Man dürfe keine Menschen verschleißen. Interessant finde ich auch das Ergebnis einer Umfrage unter jungen Menschen im Alter zwischen 16 und 29 Jahren. Mehr als die Hälfte hätten angegeben, dass ihnen das Privatlaben das Wichtigste im Leben sei. „Ob diese Jüngeren das Arbeitsleben verändern werden oder das Arbeitsleben diese Jüngeren, weiß man noch nicht. Aber man weiß: Die Firmen brauchen sie dringend. Also müssen sie Rücksicht nehmen. Zum Beispiel, indem sie Arbeit auf mehr Schultern verteilen und vermitteln, dass eine lange Arbeitszeit nichts mehr ist, worauf man stolz sein kann.“ Ich meine: Das wäre eine begrüßenswerte Entwicklung!

HSP berichten ... zum Thema „Stress und Burn-out"

Veronika (selbstständige Textredakteurin)

Die größten Stressfaktoren im Rahmen der Arbeit sind für mich schlechte Stimmung im Umgang miteinander und Zeitdruck. Zeitdruck macht mir weniger aus, wenn eine Atmosphäre des Wohlwollens herrscht – und wenn ich Teile meiner Arbeit in Ruhe allein bewältigen kann.

Zu Beginn meiner Berufstätigkeit gab es eine Situation, in der ich nahe am Burn-out war. Ihr bin ich entkommen, indem ich diese Arbeitsstelle verlassen und gekündigt habe, nachdem mir klar geworden war, dass sich die Situation für mich dort auf absehbare Zeit nicht bessern würde. Ich hätte gut verdient, aber auf Dauer mit einem Zuviel an Aufgaben und einem Zuwenig an verfügbarer Zeit zurechtkommen müssen, das wollte ich nicht.

Für mich persönlich bin ich zu dem Schluss gekommen, dass ich bewusst lieber weniger Verdienst in Kauf nehme, wenn ich dafür nicht regelmäßig am Rand meiner Kräfte arbeiten muss. Manchmal wünsche ich mir zwar, dass der Verdienst näher an dem läge, was heutzutage als angemessenes Lohnniveau gilt – aber wenn ich dafür krank werden muss, hat keiner was davon. Dann lieber weniger verdienen und dafür gesund bleiben.

Es erscheint mir besser, selbst nicht zu hohe Ansprüche zu stellen und die Ansprüche anderer nicht zu schnell ungefiltert zu übernehmen. Seitdem ich hier Abstriche mache und deutlicher meine Bedürfnisse zum Ausdruck bringe, habe ich tatsächlich seit ungefähr zehn Jahren keine großen Probleme mehr mit Stress.

Madeleine (Software-Betreuerin)

Bei mir fallen die Stressfaktoren rund um die Arbeit immer dann ins Gewicht, wenn sie auf Stress auch im Privaten treffen. Das wird dann einfach zu viel. Ich musste lernen, dass ich am besten sofort eine Pause mache, wenn ich denke „dies noch erledigen, dann das, dann das, und dann mach ich Pause". Sonst erstreckt sich der „To-do-Marathon" über mehrere Tage und ich bin am Ende vollends erledigt. Ich hatte dadurch auch schon einen kleinen Nervenzusammenbruch, von dem mir ein Tinnitus geblieben ist.

Wenn im Privaten alles „aufgeräumt" ist, kann ich stressige Zeiten auf der Arbeit besser wegstecken. Im Privaten stressen mich eine unaufgeräumte Wohnung und die ganzen notwendigen Alltagserledigungen. Mich stresst, wenn ich es nicht schaffe, Zeit für mich einzuplanen. Je stressiger es auf der Arbeit wird, desto nötiger ist die Selbstfürsorge. Aber oft bleibt genau die auf der Strecke.

Ich habe früh verstanden, dass es für mich besser ist, mir eine Arbeit zu suchen, bei der ich mich wohlfühle und die Arbeitslast überschaubar ist, sodass ich nach Feierabend abschalten kann. Das ist nämlich ein Stressfaktor, den ich zu vermeiden versuche: die Arbeit gedanklich mit nach Hause zu nehmen.

Was mich auf der Arbeit regelmäßig unter Druck setzt, sind Zielvorgaben oder Anforderungen des Vorgesetzten, die einfach nicht einzuhalten sind, auch wenn diese nur auf Papier stehen.

Was mir hilft, sind regelmäßige Regenerationszeiten. Die Mittagspause verbringe ich meist allein und mache einen großen Spaziergang in der Natur. Oft ziehe ich mich auch aus dem Großraumbüro zurück und versuche, für stille Arbeit einen Besprechungsraum zu ergattern. Leider helfen Noise-Cancelling-Kopfhörer nicht, um das Geplapper der Kollegen auszuschalten, für alles andere sind sie eine gute Wahl. Auch kurze Einheiten von autogenem Training oder ein paar Gymnastikübungen helfen mir. Ich finde es schade, wenn es dazu oft keine Räumlichkeiten gibt und man diese Zeiten auf der Toilette zubringen muss. Daher ist für mich am besten, aus dem Homeoffice zu arbeiten. Hier kann ich mir das meiste einteilen, wie ich es brauche, und ich bin fernab vom Wahnsinn eines Großraumbüros.

Ella (kaufmännische Angestellte)

Die größten Stressfaktoren sind für mich ständige Unterbrechungen, sei es durch Telefon oder Kollegen. Wenn ich mich einer Aufgabe nicht in Ruhe widmen kann, verliere ich den Faden und muss immer wieder neu anfangen, das kostet mich sehr viel Kraft.

Mir hilft es, die eigenen Grenzen gut zu kennen und klar zu benennen, was mich stresst und was zu viel ist. Menschen, die sehr viel meiner Aufmerksamkeit fordern und meine Grenzen überschreiten, zu meiden oder den Kontakt auf ein Minimum zu reduzieren. Nur so viele Stunden zu arbeiten, wie ich es auch schaffe (soweit das finanziell machbar ist) und wie es auch mit meinen Anforderungen als Mutter zu Hause zu vereinbaren ist.

Das Allerwichtigste ist Me-time! Auszeiten, auch die ganz kleinen, nehmen. Zeit alleine, Schlafen, Lesen, Sport, Spaß mit Freunden und was komplett anderes sehen und machen. Das liest sich jetzt so einfach, ist aber im Alltag natürlich nicht immer so leicht. Ich neige dazu, meine Grenzen leider doch noch zu oft zu ignorieren. Das nicht mehr zu tun, daran arbeite ich täglich, und es gelingt mir immer besser.

Ich habe bisher in Jobs gearbeitet, in denen ich nicht selbstbestimmt arbeiten konnte, und habe die Flut an Aufgaben, unklare Anweisungen und die häufige Änderung der Prioritäten als extrem stressig empfunden.

Aktuell mache ich eine Weiterbildung zur Personalfachkauffrau und verspreche mir davon, in dem Bereich eigenverantwortlicher und selbstbestimmter arbeiten zu können, als dies bisher der Fall war.

Luise (Sozialpädagogin)

Relevante Stressfaktoren sind meine eigenen Erwartungen an mich und an andere und an die Qualität des Arbeitsergebnisses. Mein Stresslevel steigt, wenn ich unter Zeitdruck gerate, wenn der Berg an Arbeit größer ist als das Zeitfenster, das ich zur Erledigung zur Verfügung habe, und wenn dann noch unerwartete Störfaktoren auftauchen. Stress kommt für mich auch durch Unfrieden oder Ungerechtigkeiten im Team.

Beim Umgang mit dem Stress hilft mir, immer wieder innezuhalten, sobald ich merke, ich gleite in totale Überlastung ab. Achtsamkeitspraxis ist ein wichtiger Schlüssel für mich, meine Resilienz zu stärken. Mit anderen sprechen zu können über mein Stressempfinden hilft auch sehr, mich selber zu regulieren. Immer wieder selbstfürsorgliche Maßnahmen treffen: einen Gleittag einlegen, Treffen mit lieben Freunden nach der Arbeit, Bewegung an der frischen Luft.

Ich war gefühlt mehrfach mit einem Bein im Burn-out, habe mich aber immer wieder erholt, unter anderem über eine Krankschreibung für zwei bis drei Wochen, während der ich mich ausruhen konnte. Mit Entspannungsübungen, leichter Bewegung, Meditation war ich dann zum Glück bald wieder in meiner Mitte und gestärkt und arbeitsfähig. In einer sehr starken Erschöpfungsphase habe ich ein Sabbatjahr eingelegt und danach die Arbeitsstelle, die zur Erschöpfung führte, verlassen.

Matilda (Verwaltungsleiterin)

Ein großer Stressfaktor ist für mich die Fremdbestimmung im Hinblick darauf, was ich wann, wie und wo erledige. Wenn ich beispielsweise weitere Aufgaben übertragen bekomme und meine eigene Prioritätensetzung hiervon durcheinandergebracht wird. Ein weiterer Stressfaktor sind Störungen und/oder Unterbrechungen bei der Arbeit, die effizientes Arbeiten erschweren und meine Konzentrationsfähigkeit stark beeinflussen.

In meinem früheren Job kam zudem eine Vielzahl von Terminen hinzu, die wenig Raum ließen, die Themen abarbeiten zu können, da ich unentwegt an Terminen teilnahm und dazwischen nur kurze Pausen hatte, bei denen es sich kaum lohnte, ein umfangreicheres Thema zu beginnen.

Hilfreich für mich ist eine eigenverantwortliche Gestaltung meines Arbeitstages. Wenn ein (absehbar) stressiger Tag ansteht, z. B. möglichst keine privaten Termine zu haben, um zum Ende des Arbeitstages Themen nicht überstürzt abgeben zu müssen, sondern die Aufgabe in Ruhe beenden zu können. Zudem eine gute Planung, die auch einen Puffer für Unvorhergesehenes vorsieht. Auch Pausen nach einzelnen abgeschlossenen Aufgaben (vielleicht einen Kaffee trinken) helfen mir, kurz durchzuatmen und ein bisschen erholter die nächste Aufgabe zu beginnen.

Meiner Meinung nach ist es schwer, den Punkt zu erkennen, an dem man am Ende seiner Kräfte ist. Erste Tendenzen einer dauerhaften Überbelastung hatte ich bereits mit Mitte 20, dennoch dauerte es bis zum ersten krankheitsbedingten Ausfall neun Jahre. Damals war ich acht Wochen zu Hause und musste dann wieder arbeiten, weil die Entgeltfortzahlung ausgelaufen ist und ich das Geld brauchte. Seitdem habe ich immer gegen neue Burn-out-Tendenzen gekämpft, mal ging es mir besser, mal schlechter. Nach einer längeren Phase, in der es mir schlechter ging, hat mir meine Hausärztin dringend einen Reha-Antrag ans Herz gelegt. Aus der dann auf Anhieb bewilligten Reha wurde ich als arbeitsunfähig entlassen und war im Anschluss ein Jahr zu Hause.

Beim Rückblick auf beide Burn-out-Phasen war der Grund nicht ausschließlich in der Arbeit zu finden, sondern hinzu kamen einschneidende traurige private Erlebnisse. Mit „nur" viel Arbeit konnte ich all die Jahre immer irgendwie umgehen, solange in meinem Privatleben alles in Ordnung war. Kommen hier aber weitere belastende Themen hinzu, wird es mir schnell zu viel. Mir hilft es dann, achtsam mit mir umzugehen und mit Dingen gegenzusteuern, die mir guttun. Mittlerweile habe ich meine Arbeitszeit reduziert und arbeite nur noch 50 Prozent. Damit gelingt es mir besser, alles unter einen Hut zu bekommen.

Smilla (Schulsekretärin)

Mich stresst am meisten Lärm im Büro. Es ist ja eine Schule, in der ich arbeite, leise ist es dort sehr selten. Ich merke Stress, wenn ich nicht mehr klar denken kann und ständig nach Wörtern suchen muss. Keinen Satz mehr flüssig sagen kann. Viele Menschen um mich herum, die auch noch durcheinanderreden, nerven. Dabei sind es selten die Schüler:innen, die da sind, eher die Kolleg:innen. Wenn ich dann auch selbst noch mit jemanden reden oder telefonieren muss und mein eigenes Wort nicht mehr verstehe, werde ich latent aggressiv. Ich habe deswegen schon öfter darum gebeten, doch draußen weiterzureden. Den meisten ist das nicht bewusst, dass sie mit ihrem Verhalten stören, und sie werden erst dadurch darauf aufmerksam.

In meiner Freizeit höre ich kein Radio. Wenn mir zu Hause oder im Auto nach Musik ist, höre ich welche, die ich mir nach meinem Geschmack auf meinen iPod gezogen habe. Ich kompensiere den Lärm im Beruf mit Stille im Privatleben bzw. Vogelzwitschern, Katzenschnurren, Wind in Bäumen, Geräusche der Natur. Das tut mir gut.

6. Berufliche Selbstständigkeit

In vielen Bereichen der modernen Arbeitswelt wird es für HSP tendenziell immer schwieriger, einen Arbeitsplatz in der Festanstellung zu finden, der gut mit ihrer Wesensart zu vereinbaren ist. Die Informationsflut wächst an, Technisierung und Tempo nehmen zu, ebenso Arbeitsverdichtung und Arbeitslast, die Leistungsanforderungen steigen. HSP fühlen sich einerseits überfordert und sind andererseits frustriert darüber, dass ihre hochsensiblen Stärken wenig zum Tragen kommen.

Einen Ausweg sehen manche HSP darin, sich aus der Festanstellung zu lösen und in eine Selbstständigkeit zu gehen, in der Hoffnung, dort besser zurechtzukommen und endlich aufblühen zu können. Für sie ist die Aussicht reizvoll, unabhängig zu sein, ihre besonderen Potenziale ausleben zu können, Anerkennung zu bekommen für ihre Art, die Dinge anzugehen, und Sinn in der Arbeit zu finden.

So sehr ich die Selbstständigkeit generell für eine erwägenswerte Option halte, so weit bin ich davon entfernt, sie als Patentlösung für HSP zu sehen und zu propagieren. Der Schritt in die Selbstständigkeit sollte meines Erachtens mindestens so sehr eine überzeugte Entscheidung für das (Klein-)Unternehmertum sein wie eine Flucht aus einem ungeliebten oder unerträglichen Angestelltenverhältnis.

6.1 Vor- und Nachteile

Die Vorteile der Selbstständigkeit liegen klar auf der Hand: Man ist sein eigener Boss, muss sich nicht in eine Hierarchie einfügen, kann eigenen Vorstellungen und Werten folgen, sich in hohem Maße mit seiner Arbeit identifizieren. Man kann Umgebungs- und Arbeitsbedingungen weitgehend selbst bestimmen. Allein schon die Freiheit in der Gestaltung des Arbeitsplatzes ist für HSP Gold wert, sie können ihn sich schön einrichten, Störquellen minimieren. Man kann Eigeninitiative entwickeln und seine Kreativität ausleben, die Arbeit nach eigenem Gutdünken ausführen (solange es Kunden gibt, die das okay oder sogar gut finden). Man kann sich leichter abgrenzen, sich die Menschen, mit denen man zu tun hat, bis zu einem gewissen Grad aussuchen (solange man nicht aus finanzieller Notwendigkeit auch Kunden annimmt, die einem weniger guttun), sich von unangenehmen Kunden auch wieder trennen. Wenn die Tätigkeit passend gewählt und organisiert ist, kann man sich die Zeit selbst einteilen und zwischendurch für ausreichend Erholungsphasen (von Pausen bis hin zu Urlauben) sorgen. Ein großer Pluspunkt liegt in der Flexibilität, die Selbstständigkeit immer wieder den Bedürfnissen anzupassen, sie gegebenenfalls zu erweitern oder einzugrenzen, neue Schwerpunkte zu setzen, aus Erfahrungen zu lernen, Neues auszuprobieren.

Die Liste der Nachteile wird angeführt von finanziellen Aspekten. Es gibt eine Reihe von Unwägbarkeiten. Auch bei noch so viel Einsatz ist der Erfolg nicht garantiert, man kann nicht sicher sein, dass das Business gut anläuft und Bestand hat. Die Auftragslage ist Schwankungen unterworfen – ebenso das Einkommen. Sehr oft ist der Schritt in die Selbstständigkeit mit Einkommenseinbußen verbunden. Ob das zu verkraften ist, hängt davon ab, welches finanzielle Polster man hat und wie viel Rückhalt man in der Partnerschaft und in der Familie erfährt. Kein geregeltes Einkommen zu haben und nicht mehr automatisch sozialversichert zu sein macht HSP, die meist ein hohes Sicherheitsbedürfnis haben, leicht nervös. In Krisenzeiten (man denke an die Corona-Pandemie) kann die Zuversicht auf eine harte Probe gestellt werden. Überhaupt können die Angst vor Geldnot und der damit verbundene Druck, wirtschaftlich erfolgreich sein zu müssen, die Freude an der Freiheit und an einer eigentlich geliebten Tätigkeit erheblich trüben. Eine schwankende Auslastung bedingt auch eine schwankende Arbeitsmenge und das ist gerade für Einzelselbstständige nicht immer leicht aufzufangen. Schwierig ist oft auch, dass es keinen offiziellen Dienstschluss gibt. Arbeit und Privatleben können sich unübersichtlich vermischen, unbeschwerte und entspannte Freizeit rar werden. Im Endeffekt kann Selbstständigkeit – entsprechend der Redensart – bedeuten, selbst und ständig zu arbeiten. Das wäre dann alles andere als günstig.

Eine Gewichtung von Vor- und Nachteilen und die Abschätzung der Erfolgsaussichten kann nur jede:r Einzelne für sich vornehmen, am besten mithilfe professioneller Beratung.

6.2 Voraussetzungen für eine erfolgreiche Selbstständigkeit

Im Folgenden möchte ich eine Reihe von Faktoren besprechen, die in meinen Augen zu einer gelingenden Selbstständigkeit beitragen. In den ersten Jahren meiner eigenen Selbstständigkeit (seit 1999 als Lektorin und Textcoach) war ich sehr aktiv in Netzwerken für Selbstständige, habe mich viel mit anderen Selbstständigen ausgetauscht und für einen Verband für Freelancer auch einige Zeit monatliche Treffen für Selbstständige und Freelancer in Stuttgart organisiert. Daraus ist ein Fundus an Empfehlungen, die vor allem für Selbstständige im Dienstleistungsbereich passen, hervorgegangen. Ich füge jeweils an, welche Pluspunkte und Lernfelder ich bei HSP sehe.

6.2.1 Überlegte Entscheidung

Vor dem Schritt in die Selbstständigkeit unbedingt die Vor- und Nachteile sehr sorgfältig gegeneinander abwägen und prüfen, ob man sich in der Selbstständigkeit sieht. Es braucht mehr als die anfängliche Motivation. Man sollte Hürden überwinden und Flauten verkraften können, finanziell und mental, und über eine gute Portion Beharrlichkeit und unerschütterliche Zuversicht verfügen.

Gerade den Introvertierten unter den Hochsensiblen mag es schwerfallen, sich zu zeigen und zu vermarkten, selbstbewusst immer wieder auf sich aufmerksam zu machen, auf potenzielle Kunden aktiv zuzugehen, couragiert Entscheidungen zu treffen, sich Auseinandersetzungen mit Kund:innen und Geschäftspartner:innen zu stellen, erforderlichenfalls extravertiert zu handeln und energisch aufzutreten.

Das Plus von HSP: Sie stürzen sich nicht kopflos in Abenteuer. Sie denken vorausschauend, nehmen sich Zeit für Entscheidungen und wägen Vor- und Nachteile sorgfältig ab.

Ihr Lernfeld: Gewohntes Terrain verlassen, gewisse Risiken eingehen, etwas wagen, Mut aufbringen, ins Handeln kommen.

6.2.2 Planvolles Vorgehen

Am Anfang steht eine tragfähige Geschäftsidee. Dann sollte man sich genug Zeit nehmen, vernünftig und planvoll vorzugehen. Entsprechende Informationsveranstaltungen (z. B. Gründermessen) und einschlägige Vorbereitungskurse (z. B. VHS, IHK) besuchen, fachkundige unterstützende Dienstleister (z. B. Steuerberater) in Anspruch nehmen, möglicherweise auch eine Gründungsberatung. Zudem überlegen, welche zusätzlichen Ausbildungen und Qualifizierungen erforderlich sind.

Das Plus von HSP: Ihre Weitsicht und Umsicht, dass sie gut den Überblick behalten können, ihr Organisationstalent, ihre Lernfreude.

Ihr Lernfeld: Es dann auch irgendwann gut sein lassen mit den Vorbereitungen und Weiterbildungen. Dann: Learning by doing.

6.2.3 *Passende Alleinstellung*

Damit die Selbstständigkeit erfolgreich werden kann, muss nicht nur ein Leistungsangebot gefunden werden, das zur eigenen Person passt (beruflicher Werdegang, Persönlichkeit, Interessen, Vorlieben, Kompetenzen, Fähigkeiten …), sondern für das Kund:innen auch bereit sind, entsprechend Geld auszugeben. Die geeignete Fokussierung betreffend Tätigkeitsprofil und Zielgruppe dient dazu, sich durch Differenzierung von der Konkurrenz deutlich abzuheben und so einem frustrierenden Preiskampf zu entgehen. Wer seine Dienstleistung billig anbietet, gewinnt unter Umständen Kund:innen, muss aber viel zu viele Stunden arbeiten, um genug zu verdienen.

Das Plus von HSP: Ein hohes Maß an Selbstreflexion. Ihr Bestreben, authentisch und einzigartig zu sein.

Ihr Lernfeld: Nicht alles Mögliche anbieten wollen. Die Tätigkeit sinnvoll eingrenzen. Sich in seiner Einzigartigkeit zeigen.

6.2.4 *Unternehmerischer Drive*

Ich erinnere mich noch, dass der Dozent in einem Vorbereitungskurs zu meiner Gründung sagte, das Wichtigste überhaupt sei der „unternehmerische Drive". Der wird gebraucht, um die Geschäftsidee zu entwickeln und voranzutreiben, immer wieder aufs Neue Initiative aufzubringen, Konzepte zu entwerfen und umzusetzen, auch Konzepte zu ändern, die nicht funktionieren. Ohne Durchhaltevermögen und Hartnäckigkeit geht es nicht. Selbst wenn es gut läuft, dauert es ungefähr zwei Jahre, bis man Fuß gefasst und sich Bekanntheit, einen guten Ruf und einen Kundenstamm aufgebaut hat.

Das Plus von HSP: Sie engagieren sich leidenschaftlich, wenn sie hinter einer Sache voll und ganz stehen. Der anhaltende Antrieb kann sich aus ihrer Mission ergeben.

Ihr Lernfeld: Sich durch Misserfolge nicht entmutigen lassen. Widrigkeiten trotzen. Den Glauben an sich bewahren.

6.2.5 Unternehmerisches Know-how

In der Selbstständigkeit reicht die Fachkompetenz für die Kernleistung nicht aus. Man muss sich um Marketing und Verkauf bzw. Akquise kümmern und alle rechtlichen und steuerlichen Erfordernisse kennen. Dabei ist es klug, nicht alles selbst machen zu wollen, sondern auch entsprechende Fachleute heranzuziehen. Zwar kommt man im Dienstleistungsbereich oft ohne allzu große Investitionen aus, auf solide Füße gestellt werden sollte das Business aber schon. Dazu gehört ein überzeugendes Corporate Image. Dies umfasst Namensgebung, Grafikdesign (Logo, Visitenkarten, Briefpapier), Fotos, Texte, Slogans, Webpräsenz auf professionellem Niveau.

Das Plus von HSP: Ihre Auffassungsgabe, ihr Perfektionsstreben und ihr Sinn für Ästhetik.

Ihr Lernfeld: Auch unliebsame Aufgaben erledigen bzw. vernünftig delegieren.

6.2.6 Bestreben, Experte / Expertin zu werden

Für potenzielle Kund:innen zählt nicht, was man alles kann, sondern wie viel Kompetenz sichtbar wird. Es gilt zu vermitteln, inwiefern man zentrale Kundenprobleme besser zu lösen vermag als andere. Experte oder Expertin ist man nicht von Anfang an. Man beginnt als Einsteiger:in, wendet vorhandenes Wissen und Know-how an, sammelt Praxiserfahrung, lernt ständig weiter dazu, bringt neue Erkenntnisse wiederum zur Anwendung, wird immer mehr zum Könner bzw. zur Könnerin und schließlich zum Experten bzw. zur Expertin. Bekannt wird die Expertenpositionierung darüber, dass man sich mit seinem Thema auf der eigenen Website und auf Social-Media-Kanälen präsentiert, Vorträge hält, Seminare oder Workshops gibt (heute geht vieles davon auch online), vielleicht Blogbeiträge, Artikel oder sogar ein Buch schreibt.

Das Plus von HSP: Sie sind interessiert, aufgeschlossen, wissensdurstig, lernfreudig, gehen gern in die Tiefe.

Ihr Lernfeld: Das eigene Expertenthema finden (und sei es der Generalismus auf einem bestimmten Gebiet). Die Komfortzone verlassen, sich zeigen, die Scheu vor dem öffentlichen Auftritt überwinden.

6.2.7 Bereitschaft, sich weiterzuentwickeln

Wie heißt es so schön: Nichts ist beständiger als der Wandel. Man ist gefordert, mit der Zeit zu gehen, neuen Trends Rechnung zu tragen, flexibel zu bleiben, lebenslang dazuzulernen. In der Ausübung seiner Tätigkeit gewinnt man immer wieder neue Erkenntnisse über sich selbst, die Kundenwünsche, den Markt. Anpassungen im Geschäftsmodell sind demnach nur folgerichtig. Eine Weiterentwicklung kann in verschiedene Richtungen gehen, einen Schwenk bedeuten oder auch nur einen neuen Schwerpunkt oder eine Erweiterung des bisherigen Angebots.

Das Plus von HSP: Ihre geistige Wendigkeit, ihr Wunsch nach Abwechslung.

Ihr Lernfeld: Experimentierfreude kultivieren. Erforderliche Veränderungen als Chancen sehen.

6.2.8 Bereitschaft, auf Kunden einzugehen

„Der Kunde ist König" ist ein Satz, den man immer wieder hört. Ich meine, niemand muss sich unterwerfen. Dennoch leben Selbstständige natürlich von den Kund:innen und sollten deren Bedürfnisse ernst und wichtig nehmen. Durch Beständigkeit in der Kundenorientierung können gute und langfristige Kundenbeziehungen hergestellt werden. Dabei gilt: Man muss Menschen mögen, wenn man erfolgreich für / mit Menschen arbeiten möchte. Deshalb ist es so wichtig, sich die wirklich passende Zielgruppe und Tätigkeit auszusuchen und das Business so zu gestalten, dass auch die Menge an Kundenkontakt im Wohlfühlrahmen bleibt.

Das Plus von HSP: Mit ihrem Gespür für Menschen und ihrem Einfühlungsvermögen sind HSP prädestiniert dafür, auf (potenzielle) Kund:innen individuell einzugehen und ihr Vertrauen zu gewinnen.

Ihr Lernfeld: Nicht jeden Auftrag um jeden Preis annehmen. Sich nicht verbiegen. Sich nicht alles gefallen lassen, sich gegebenenfalls auch selbstbewusst abgrenzen.

6.2.9 Entschlossenheit, Qualität zu liefern

Um wirklich erfolgreich zu sein, genügt es nicht, die Kund:innen zufriedenzustellen. Die Kundenerwartungen sollten nicht nur erfüllt, sondern ein Stück übertroffen werden. Was den Unterschied macht, ist das Überraschende, das Außergewöhnliche, das kleine Extra, die persönliche Note. Begeisterte Kund:innen werden Stammkund:innen und Empfehlungsgeber:innen.

Zugleich gilt: Fehler können passieren! Die Art, zu ihnen zu stehen und sie auszubügeln, ist sogar ein guter Weg zur Kundenbindung. Aber man kann es nicht jedem Kunden bzw. jeder Kundin recht machen. Manche von ihnen haben einfach andere Vorstellungen. Ist das so, dürfen diese sich auch verabschieden bzw. abgewiesen werden.

Das Plus von HSP: Ihr Qualitätsbewusstsein, ihre Liebe zum Detail, ihr Einfallsreichtum und ihr Faible für das Besondere.

Ihr Lernfeld: Nicht dem Perfektionismus anheimfallen. Fehlertoleranz üben. Souveränität im Umgang mit Reklamationen gewinnen.

6.2.10 Aufgeschlossenheit fürs Netzwerken

Den Erfolgsfaktor Netzwerken gab es im Geschäftsleben schon immer: Nutzen stiften und Nutzen ziehen aus dem Austausch und aus gegenseitiger Inspiration, Ermutigung und Unterstützung. Netzwerke geben ein Gefühl von Zugehörigkeit, Netzwerkkontakte treten an die Stelle von Kontakten zu Arbeitskolleg:innen. Gerade als Einzelselbstständige:r kann man sich sonst schon sehr einsam fühlen. Netzwerden eröffnet auch die Möglichkeiten zu fruchtbaren Kooperationen.

Netzwerken funktioniert allerdings nicht einfach so nebenbei, es kostet viel Zeit. Dennoch: Der Aufwand lohnt sich!

Heute geschieht Vernetzung zu einem großen Teil über soziale Netzwerke im Internet, sei es zum Pflegen und Vertiefen von bestehenden Kontakten oder zum Hinzugewinnen von neuen. Die Möglichkeiten sind grenzenlos und müssen mit Bedacht ausgewählt werden. Es gilt, die Kreise zu finden, die einem einen angenehmen menschlichen wie fachlichen Austausch bieten. Aber auch reale Treffen (auf ausgewählten Veranstaltungen) behalten ihren Wert. In der persönlichen Kommunikation können persönliche Ausstrahlung und Anziehungskraft am besten wirken und Beziehungen aufgebaut werden.

Das Plus von HSP: Ihr Interesse für Menschen und menschliche Belange.

Ihr Lernfeld: Den Wert von Small Talk anerkennen. Die Reizfülle auf Veranstaltungen aushalten. Danach einen ruhigeren Tag einplanen.

6.2.11 Selbstsicherheit bei der Preisgestaltung

Grundsätzlich darf man nicht vergessen, dass der Sinn einer Unternehmung darin liegt, Gewinn zu erwirtschaften. Selbstständige können ihre unternehmerische Zukunft nur dann sicherstellen, wenn sie gut verdienen. Anziehungskraft schafft man, wenn man sich authentisch zeigt, mit Selbstbewusstsein seine Position vertritt, den Kund:innen entgegenkommt, ihnen aber nicht hinterherläuft, sich nicht verbiegt, auch nicht in Bezug auf den Preis.

Marianne Skarics weiß um den wunden Punkt bei Hochsensiblen. Im Buch *Sensibel kompetent – zart besaitet und erfolgreich im Beruf* (2017) schreibt sie: „Ein Hochsensibler, der seiner Berufung folgt […], ist oft so glücklich, tun zu können, was ihm etwas bedeutet, dass er dafür kaum Geld nimmt. Es kann auch sein, dass die Selbstachtung zu gering ist, der eigene Wert und damit der Wert eigener Leistungen als zu gering eingeschätzt wird. Preisverhandlungen sind ihnen meist ein Gräuel. Sie tendieren dazu, das absolute Minimum zu verlangen, denn sie wollen sich Konflikte wie das Feilschen um ein höheres Honorar ersparen. […] Diese falsche Bescheidenheit kann für selbstständige HSP zu einer großen Hürde werden" (S. 205).

Das Plus von HSP: Ihre Fairness, ihre Integrität, ihre Worttreue, ihre Kundenfreundlichkeit. Das alles werden die richtigen Kund:innen auch zu würdigen wissen.

Ihr Lernfeld: Eine gewisse Frustrationstoleranz entwickeln. Nicht jedes Angebot führt zu einem Auftrag, schon deshalb nicht, weil nicht jeder potenzielle Kunde und nicht jede potenzielle Kundin zu einem passt.

6.2.12 Selbstfürsorge

Selbstfürsorge ist für HSP so ungeheuer wichtig, um ihre Arbeitsfreude, ihre Leistungsfähigkeit und Gesundheit zu erhalten, dass ich daraus einen extra Punkt mache, auch wenn etliche Aspekte schon zuvor angesprochen worden sind. Ein großer Vorteil in der Selbstständigkeit ist der beträchtliche Freiraum für eigenständige Entscheidungen und selbstbestimmtes Handeln. Nur muss man diesen Freiraum eben auch konsequent zum eigenen Wohl nutzen. Zunächst einmal heißt das: Klarheit gewinnen über die eigenen Leistungsgrenzen und die eigenen Bedürfnisse. Dann diese ernst nehmen, sich selbst wichtig nehmen, entschlossen für die Erfüllung der eigenen Bedürfnisse eintreten, das Passende tun, das Unpassende lassen bzw. abstellen. Da HSP in vieler Hinsicht einen so engen Wohlfühlbereich haben und alles so intensiv auf sie wirkt, bedeutet es einigen Aufwand, sich immer gut um sich zu kümmern, aber es ist die Mühe wert.

Es gilt, die Arbeitsbedingungen insgesamt so zu gestalten, dass ein angenehmes, konzentriertes Arbeiten möglich ist. Den Arbeitsraum so zu wählen, dass er ruhig, hell, geräumig und gut belüftet ist. Es sollte einen Schutz gegen blendendes Sonnenlicht geben. Schön ist ein freier Blick in den Himmel und ins Grüne, auch Zimmerpflanzen schaffen eine wohltuende Atmosphäre. Dazu gehört auch, den Raum behaglich und ästhetisch einzurichten und auszustatten, mit bequemen Sitzmöbeln und einer indirekten Beleuchtung (warmes Licht). Und sich mit ausreichend gesundem Essen und Trinken zu versorgen.

Der Arbeit eine geeignete Struktur geben, dem Wunsch nach Abwechslung und Vielseitigkeit nachgehen, ohne sich zu verzetteln. Keine zu langen Arbeitstage, nicht zu viele Termine kurz nacheinander, Zeiten mit hoher Arbeitsintensität durch Zeiten mit weniger Arbeit bzw. ruhigem Vor-sich-hin-Arbeiten ausgleichen, Pausen und Feierabende einhalten, freie Tage und Urlaube für die Erholung nicht vergessen. Freizeitbeschäftigungen finden, die Spaß machen und ein echtes Abschalten ermöglichen.

Das individuell richtige Maß an Kontakt mit Menschen finden und nach Bedarf auch wieder verändern. Kund:innen und Geschäftspartner:innen wählen, mit denen ein harmonisches und fruchtbares Miteinander möglich ist. Wer viel mit Menschen arbeitet und damit schon eigentlich genug Ansprache hat, sollte dennoch seine privaten sozialen Kontakte nicht vernachlässigen.

HSP berichten ... über ihre Selbstständigkeit

Miriam, seit über 25 Jahren selbstständig als Sozialpädagogin in der Familienbildung

> Der Wechsel zwischen dem Arbeiten zu Hause und der Tätigkeit in den diversen Seminarhäusern und Familienbildungsstätten ist abwechslungsreich und vielseitig. Ich mag es, wenn nicht jeder Tag gleich abläuft, ich dabei aber möglichst viel Einfluss auf Zeitgestaltung und Strukturen habe.
>
> In Tagungshäusern / im Seminarkontext brauche ich: Schöne räumliche Bedingungen für mein Seminarangebot. Gute Planung, Vorabklärung aller wichtiger organisatorischen Fragen, rechtzeitige Anreise mit Zeitpuffer (evtl. am Vortag!). Ein gutes Timing bei der Seminargestaltung. Bei Ganztagsveranstaltungen und mehrtägigen Seminaren unbedingt einen guten Ort zum Rückzug in Pausen. Ich liebe die Begegnung mit Menschen, möchte dabei aber Zeit, Intensität, Nähe und Distanz mit beeinflussen können.
>
> Wichtig für die Arbeit zu Hause ist mir: ein ruhiges, eigenes, selbst gestaltetes Büro, in dem ich mich wohlfühle. Möglichst selbstbestimmte und flexible Arbeits- und Pausen-

gestaltung, nicht mehr als vier bis fünf Stunden Schreibtischarbeit am Tag. Genug Zeit und Freiraum zum kreativen Denken, Recherchieren und Formulieren. Immer etwas zu trinken in der Nähe (wenn ich nicht genug trinke, bekomme ich Kopfschmerzen).

Meine Stärken als HSP, die meiner Tätigkeit zugutekommen: Achtsames Hinschauen bei der Begleitung von Gruppen, Wahrnehmen von Dynamiken und Befindlichkeiten, intuitiv richtiges Einschätzen von Gruppensituationen, auch wenn sie sehr komplex sind, und adäquates Reagieren.

Meine Tipps für (angehende) Selbstständige: Sei wirklich begeistert und überzeugt von dem, was du tust! Suche so lange, bis du wirklich so arbeiten kannst, wie es für dich stimmt, auch wenn es dafür einen Umweg braucht! Dann machst du deine Sache gut und hältst auch mal Durststrecken aus. Sorge gut für dich selbst, achte auf deine Ressourcen und nimm auch mal Unterstützung an!

Ute, seit acht Jahren selbstständig als Sprachexpertin für mehrsprachige und multikulturelle Familien und als Interkulturelle Kommunikationsexpertin

Die Vorteile: Ich bestimme, wann was wo getan wird, und ich kann sehr flexibel sein in der Ausführung. Der Schwerpunkt liegt bei mir auf Dingen, in die ich gerne Zeit und Energie investiere.

Was ich an der Selbstständigkeit am meisten schätze, ist, dass ich Pausen dann einlegen kann, wenn ich sie brauche, und dass ich mir bei Bedarf auch einen freien (halben) Tag nehmen kann.

Nachteilig ist das nicht sichere und nicht regelmäßige Einkommen. Ich verdiene nicht so viel wie früher als Angestellte, und das stört mich immer noch. Manche nennen den geringeren Kontakt mit Mitarbeitern als einen Nachteil, aber ich arbeite gut alleine, und da ich auch für meine Familie da sein möchte, liegen meine Prioritäten anders.

Meine Hochsensibilität ist sehr nützlich im Umgang mit Menschen, Familien, Kindern. Ich kann mich sehr gut in die jeweiligen Situationen hineinversetzen und sehe oft sehr schnell, wo das Problem liegt.

Meine Tipps für (angehende) Selbstständige: Finde heraus, was dir guttut und was nicht, und versuche, alles nach deinen Bedürfnissen einzurichten (die Ausrichtung deiner Arbeit, die Angebote, die Arbeitsbedingungen usw.). Bleib dir selbst treu und höre nicht auf andere. Es kann sehr „laut" werden, wenn man all den Ratschlägen und Tipps denkt folgen zu müssen. Das kann verunsichern, ablenken und einen auslaugen, bevor man überhaupt begonnen hat.

Tanja, bis vor zwei Jahren ca. zehn Jahre lang ganz und zurzeit teilweise selbstständig als Designerin

Der große Vorteil in der Selbstständigkeit ist, dass ich auf meinen Körper hören kann. Ihm Ruhe und Natur gebe, wenn der Kopf schwirrt. Nicht auf die Uhr schaue, wenn ich im Flow bin. Dass ich mir die Abwechslung in meinen beruflichen wie freizeitlichen Tätigkeiten so geben kann, wie ich es möchte.

Nachteil ist die Unsicherheit eines nicht regelmäßigen Einkommens, die Krankenkassenbeiträge ganz selbst zahlen und für das Alter selbst vorsorgen zu müssen. Dadurch verspüre ich einen immensen Druck.

Ich bin nun seit zwei Jahren wieder im Angestelltenverhältnis und halte es kaum aus, sodass ich gerade wieder in der Planung bin für eine Rückkehr in die Selbstständigkeit. Das, womit ich in der Welt wirksam werden möchte, ist ein synergetischer Dreiklang aus Wald / Natur, Kulinarik / Genuss und Keramik. Ich würde auch weiter Grafikprojekte betreuen wollen, weil hier zugegeben der Stundensatz schon etwas höher ist als bei den Tätigkeiten, die mein Herz erfüllen.

Den ausgeprägten Sinn für Ästhetik, der allem anhaftet, was ich tue, sehe ich als Stärke der Hochsensibilität, die ich für mich selbstverständlich im Beruf (angestellt und auch selbstständig) einsetze.

Gerhard, seit fast 30 Jahren selbstständig als Unternehmensberater in der Hotellerie, im Tourismus und in der Gastronomie

Ich ging in die Selbstständigkeit, als ich nach einem Jobverlust mit Anfang 40 keine neue einigermaßen befriedigende und adäquate Anstellung mehr fand. Daraufhin habe ich überlegt: Was kann ich besonders gut? Und: Wer kann das brauchen und ist bereit, dafür zu bezahlen? Es war ein schwieriger Anfang, aber im Rückblick eindeutig das Richtige. Ich liebe neue Umgebungen und Herausforderungen, ich brauche unbedingt Abwechslung im Berufsleben.

Die Vorteile sind für mich, dass ich mein Arbeitsumfeld und die Arbeitszeiten weitgehend selbst gestalte, nicht in starre Strukturen eingebunden bin.

Der Hauptnachteil ist für mich das ständig wechselnde und manchmal nicht planbare Arbeitsvolumen, verbunden mit erheblichen Einkommensschwankungen. Da hilft dann nur das Motto meiner Oma: „Spare in der Zeit, dann hast du in der Not.“ Eine solide Finanzplanung ist unerlässlich, und nicht übermütig werden, wenn man mal viel Geld auf dem Konto hat. Bezüglich der Unsicherheit eines Selbstständigen habe ich mir gesagt: Angestellten geht es oft auch nicht besser. Die Firmen, bei denen ich in den 80er- und frühen 90er-Jahren angestellt war, gibt es oft (oder in dieser Konstellation) nicht mehr. Sicherheit ist in der heutigen Zeit sehr trügerisch.

Meine Tipps für (angehende) Selbstständige: Solide Planung und die Flexibilität, diese ggf. zu verändern. Ständige Überprüfung des Geschäftsmodells, Rat von außen und Erfahrungsaustausch mit anderen suchen (andere Selbstständige, Berater:innen, Berufsverbände …). Den eigenen optimalen Weg finden. Alleinstellungsmerkmale herausarbeiten, ggf. mithilfe von Coaching.

Kirsten, seit 20 Jahren selbstständig als Physiotherapeutin und seit sechs Jahren zusätzlich als Heilpraktikerin für Psychotherapie

Seit 2021 verabschiede ich mich mehr und mehr von der Physiotherapie, gebe nur ab und zu noch Massagen. Ich würde mich heute auch wieder für eine Selbständigkeit entscheiden, jedoch nie wieder für eine Physio-Praxis mit Kassenzulassung. Das Korsett ist mir viel zu eng.

Vorteile der Selbstständigkeit: Ich kann selbst für mich entscheiden, wie viel ich wann arbeiten möchte, und mir kurze Arbeitstage oder freie Zeiten einplanen. Ich kann meiner Arbeit in meinem Rhythmus nachgehen. Ich kann meiner Kreativität freien Lauf lassen, indem ich Seminare ausarbeite und umsetze.

Schwierig war es für mich anfangs, mich in der Öffentlichkeit zu zeigen und zu sagen/schreiben, was ich gut kann und warum Klienten unbedingt zu mir kommen sollten. Da brauchte ich eine gute Portion Mut, das umzusetzen. Wenn es dann klappt, wirkt es wie ein Booster fürs Selbstwertgefühl!

Außerdem habe ich einen recht hohen Anspruch an mich selbst, was mir ab und zu im Weg stehen kann.

Lösungen: Ich habe gelernt (nicht zuletzt durch Erschöpfung, Burn-out und körperliche Symptome), zu mir und meiner Hochsensibilität zu stehen und meine Bedürfnisse und Werte zu achten, mir rechtzeitig Auszeiten zu nehmen. Dazu braucht es Klarheit (mein Lieblingswort) über die eigenen Bedürfnisse, Werte, Glaubenssätze & Co. Und es braucht die Bereitschaft, sich und sein Sosein anzunehmen und Selbstempathie zu etablieren.

Ich halte mich streng an meine Arbeitszeiten und mache keine faulen Kompromisse mehr. Ich gebe zu Hause Aufgaben ab und habe nicht mehr den Anspruch, alles alleine schaffen zu müssen. Ich plane auch mal ein langes Wochenende ein, mache alle drei Monate mindestens eine Woche Urlaub, im Sommer sogar drei Wochen.

Die Räumlichkeiten meiner Praxis müssen hell und ruhig gelegen sein und ein Blick ins Grüne bzw. in den Himmel muss möglich sein. Außerdem lege ich Wert auf eine gewisse Ordnung, nicht pedantisch, aber ästhetisch und beruhigend fürs Auge.

Als Therapeutin kann ich meine hochsensiblen Stärken super einsetzen. Meine Empathie und das Spüren von dem, was im Raum noch so ist, aber (noch) nicht ausgesprochen wurde, sind dabei sehr unterstützend.

Mein Tipp für (angehende) Selbstständige: Mut für stetige Veränderungen und Entwicklung. Ich finde, eine Selbständigkeit ist durchaus eine erwägenswerte Alternative zur angestellten Tätigkeit. Sowohl in Vollzeit als auch in Teilzeit, so wie ich momentan wieder mal seit Beginn der Corona-Pandemie.

Katrin, Buchhändlerin, seit 16 Jahren Inhaberin einer kleinen Buchhandlung

Ich trat damals in meinem Ausbildungsbetrieb die Nachfolge der Inhaber an, die in Ruhestand gingen. Mein Mann gab seinen gut bezahlten Job auf, um als Quereinsteiger mit im Betrieb zu arbeiten. Dafür bin ich ihm jeden Tag aufs Neue dankbar. Ohne ihn an meiner Seite hätte ich es wohl nicht gewagt. Und meine Eltern haben finanzielle Starthilfe geleistet.

Vorteile: Ich kann den Buchladen gestalten, wie ich es für richtig halte, mir die Arbeitszeit einteilen. Ich kann entscheiden, ob und was wir an Veranstaltungen machen, was und wie viel an Ware eingekauft und wie es präsentiert wird. Ich kann anziehen, was ich will. Ich lege allgemein die Regeln und Standards für den Betrieb fest. Bei mir darf jederzeit gelacht werden, mir ist es wichtig, dass eine gute Stimmung herrscht. Die Arbeit soll Spaß machen. Ich gehe da (meistens) mit gutem Beispiel voran.

Nachteile: Hoher Zeitaufwand. Es wäre kein Problem, rund um die Uhr zu arbeiten, d. h., es bleibt wenig Zeit für Kreativität, Hobbys, Sport und Entspannung. Hohe körperliche Belastung, gerade wenn man dann älter wird. Ich stehe fast den ganzen Tag. Und man muss als Chefin natürlich auch Arbeiten verrichten, die keinen Spaß machen. Alles, was mich überreizt oder überfordert und was ich nicht im Vorfeld abmildern kann, kann ich nur in der Freizeit wieder ausgleichen.

Lösungen: Bei schwierigen Kunden oder wenn es Probleme mit den Mitarbeitern gibt, hilft mir ganz besonders mein Mann, mit dem ich über alles sprechen und Lösungen suchen kann. Falls es finanziell schwierig wird, habe ich noch meine Eltern, die hinter mir stehen und aushelfen können. Ich habe außerdem das Glück, eine ebenfalls hochsensible Mitarbeiterin und eine hochsensible Freundin zu haben, mit denen ich über alles reden kann.

Ich versuche, oft in der Natur zu sein. Ich meditiere abends oder mache Atemtraining, zumindest kurz. Da komme ich dann wieder zur Ruhe. Und wir haben zwei Hunde. Sie sind mit im Büro, ich kann sie jederzeit mal streicheln. Wenn wir einmal in der Woche auf den Hundeplatz fahren, ist das für mich wie ein Kurzurlaub.

Meine hochsensiblen Stärken kann ich auf jeden Fall in der Kundenberatung einsetzen. Das funktioniert gerade bei Büchern wunderbar. Ich versuche einfühlsam, die Wünsche des Kunden herauszufinden und ihm dann – mit meinem Hintergrundwissen – das passende Buch zu empfehlen. Positive Rückmeldungen von den Kunden bestärken mich in meinem Tun.

Mein Tipp an (angehende) Selbstständige: Nur Mut! Es ist ein tolles und befriedigendes Gefühl, seine eigenen Ideen umzusetzen und zu sehen, wie sich das eigene Unternehmen entwickelt.

Andreas, Übersetzer auf Honorarbasis für eine Online-Zeitung

Die Selbstständigkeit ist für mich eine notwendige Konsequenz meiner Hochsensibilität. Sie macht mich nur begrenzt „teamfähig". Zum anderen habe ich das Bedürfnis nach Gestaltungsfreiheit und Kreativität. Beides war mir als Angestelltem nicht gewährt. Meist wurde verlangt, dass ich wie ein Roboter funktioniere und wenn möglich keine Eigeninitiative zeige.

Ich brauche die Ungestörtheit, um konzentriert arbeiten zu können. Im Homeoffice sind Störquellen (z. B. durch Kolleg:innen, Gerüche, Licht- und Lärmquellen) quasi nicht vorhanden bzw. können durch Schließen des Fensters o. Ä. selbst beeinflusst werden.

Da ich meistens ausreichend Zeit für die Fertigstellung bis zum Abgabetermin habe, kann ich in meinem persönlichen Tempo arbeiten und Pausen machen, wann ich es für wichtig und richtig halte. Mich kurz mal hinlegen zu können, wenn es mir nicht so gut geht, oder zwischendurch etwas essen – das sind kostbare Freiheiten.

Nachteile: Die Arbeitsdisziplin und -strukturierung muss immer wieder von mir aufgebracht werden. Es kann schon mal passieren, dass ich mich durch nebenbei erledigte Haushaltsarbeiten zu lange in Beschlag nehmen lasse. Auch wenn ich das Alleinarbeiten gewohnt bin, fehlt mir manchmal der Austausch mit anderen, die Möglichkeit, mich an jemanden zu wenden.

Mein Tipp für (angehende) Selbstständige: Immer bei sich bleiben und an sich glauben. Gleichmut, Gelassenheit, Geduld und vor allem bedingungslose Selbstakzeptanz üben!

Sabine, seit zehn Jahren selbstständig als Resilienz-Trainerin und Selbstfürsorge-Coach

Der Impuls, mich selbstständig zu machen, kam während meiner Mediationsausbildung. Als Angestellte war ich oft gelangweilt und frustriert. Ich hatte den Wunsch, das zu tun, was ich richtig gerne mache.

Vorteile: Ich brauche eine ruhige Umgebung, Pausen, regelmäßiges Essen. Dafür kann ich sorgen. Es gelingt mir meist recht gut, die Arbeitsmenge zu steuern, bei Erschöpfungsanzeichen aufzuhören. Wenn ich weiß, dass ich Phasen habe, in denen ich weniger auf meine Bedürfnisse aufpassen kann, sehe ich zu, mir hinterher Erholungszeit einzuplanen.

Etwas schwierig ist für mich das Auf und Ab der Nachfrage, da mein Sicherheitsbedürfnis dann stark spürbar wird. Da übe ich mich noch in mehr Gelassenheit.

Meine hochsensiblen Stärken kann ich in meiner Arbeit sehr gut einsetzen. Beim Coaching nutze ich meine Empathiefähigkeit, kann vieles gut nachempfinden, weil viele meiner Kund:innen HSP sind. Auch gutes Zuhören-Können und tiefes Durchdenken gehören zu den Stärken, die ich nutzen kann. Mein vielfältiges Wissen hilft mir, neue Perspektiven aufzuzeigen und die richtigen Fragen zu stellen.

Mein Tipp für (angehende) Selbstständige: Sich ein gutes Netzwerk schaffen zum Austausch und für Motivation und Inspiration. Sehr gut auf die eigenen Leistungsgrenzen achtgeben und ausreichend Pausen und Erholungszeiten einplanen (Selbstfürsorge!). Ein gutes Bewusstsein für die eigenen Bedürfnisse entwickeln und sie erfüllen, um leistungsfähig bleiben zu können.

Amina, ganz neu selbstständig als Persönlichkeitscoach und Farb- und Stilberaterin

In meinem Angestelltenverhältnis als Bankkauffrau im Back Office habe ich mich emotional und körperlich sehr erschöpft. Als ich zum zweiten Mal über einen längeren Zeitraum arbeitsunfähig war, hatte ich viel Zeit, über meine Herzenswünsche den Beruf betreffend nachzudenken. Ich bin zu dem Entschluss gekommen, etwas Eigenes zu kreieren, wo ich meine hochsensiblen Gaben einbringen kann.

Lange Zeit war ich sehr auf die vermeintliche (finanzielle) Sicherheit, die mir das Angestelltenverhältnis bot, fixiert. Inzwischen führe ich mir immer wieder vor Augen, was ich für einen großen persönlichen Gewinn durch die Selbstständigkeit habe und wie schlimm es für mich wäre, wenn ich wieder in einem Angestelltenverhältnis arbeiten müsste.

Die Vorteile, die ich in der Selbstständigkeit sehe: Ich bin mein eigener Chef. Ich muss keine für mein Verständnis unsinnigen Anweisungen „von oben" mehr befolgen. Ich bin nicht mehr den Entscheidungen der Vorgesetzten und Kollegen ausgeliefert. Ich kann mich kreativ voll austoben und mein Potenzial entfalten. Bestmögliche Umgebungsbedingungen; ruhige, helle, wohlriechende und ästhetische Räume sind mir sehr wichtig. Ich habe mir eine Wohlfühlumgebung geschaffen – mein Coaching- und Stil-Atelier ganz nach meinem Empfinden und Geschmack eingerichtet. Ich kann meine Arbeitszeiten, Pausen und Urlaube unabhängig gestalten. Termine mit meinen Kunden vereinbare ich zu Zeiten, die für mich am besten sind. Die Arbeit mit Menschen macht mir großen Spaß, ich habe aber auch ein sehr starkes Ruhebedürfnis. Diese Balance zwischen Arbeit mit Menschen und nötigen Erholungsphasen, in denen ich z. B. Spaziergänge in der Natur mache, ist sehr wichtig für mein hochsensibles Wohlbefinden.

Schluss

Wie ich schon am Ende des Kapitels „Stress und Burn-out“ (Kapitel 5) geschrieben habe, richtet sich aus ethischen wie aus wirtschaftlichen Gründen der Appell an die Leitungsebenen in Unternehmen und Organisationen sowie an Führungskräfte, verstärkt für Gesundheit und Wohlbefinden aller Mitarbeitenden Sorge zu tragen und sich um die Erhaltung von deren Arbeitskraft zu kümmern. Gesundheitsmanagement sollte mehr als ein attraktives Schlagwort sein, tatsächlich ernst genommen werden und praktische Umsetzung erfahren.

Vielversprechende Entwicklungen

Abschließend möchte ich noch mit Ihnen auf relevante Trends und Entwicklungen in der Gesellschaft und in der Arbeitswelt schauen, die in meinen Augen das Potenzial haben, Verbesserungen gerade auch für HSP zu bringen. Vielleicht finden Sie darin auch eine Inspiration für Sie persönlich und für Gespräche, die Sie im beruflichen Bereich führen.

New Work

Globalisierung und Digitalisierung revolutionieren die Arbeitswelt auf den Ebenen der Organisation, der Prozesse und der Technologien. Im Zuge dessen verändern sich die Anforderungen an die Mitarbeitenden ebenso wie umgekehrt die Erwartungen der Mitarbeitenden. Sinn- und Wertefragen rund um die Arbeit befinden sich im Wandel. Im Zusammenhang mit dem Transformationsprozess ist viel von „New Work“ die Rede, einem neuen Verständnis von Arbeit. New Work umfasst alle Arbeitskonzepte, die den Mitarbeitenden eine flexiblere Lebens- und Arbeitsgestaltung ermöglichen und das Arbeiten freier, selbstverantwortlicher, kooperativer, sinnhaltiger und lebenswerter machen. Dazu gehören Gleitzeit, Teilzeit, Sabbaticals, Fernanwesenheit (mobiles Arbeiten, Homeoffice), Coworking-Spaces, gemischte Arbeitsgruppen, virtuelle Teams …

Managementexpertin Anne Schüller schreibt auf xing.com in einem Artikel mit der Überschrift „In 7 Punkten: Was New Work heute bedeutet“: „New Work ist in aller Munde. Und der Begriff hat viele Facetten. Dies betrifft sowohl die Arbeitsumgebung als auch das Führungsverhalten, die Organisationsstrukturen und die Unternehmenskultur." Ich möchte aus diesem Artikel vier Passagen zitieren, die nach meiner Einschätzung besonders gut den Vorstellungen von HSP entsprechen dürften, wenngleich sie durchaus auch anspruchsvoll in der Realisierung sind.

„In unserer neuen Businesswelt hat das Kommandieren-Kontrollieren-Prinzip alten Stils ausgedient. Agile Netzwerk-Organisationen sind das favorisierte Zukunftsmodell, weil sie den rasch aufkommenden und zunehmend unvorhersehbaren Anforderungen besser gewachsen sind. Hierbei folgen die Mitarbeiter gemeinsam definierten flexiblen Zielen und verantworten die erarbeiteten Ergebnisse. (…)

Ganz andere Führungsstile rücken nach vorn: Möglichmacher und Katalysatoren werden von nun an gebraucht. Und für Führungskarrieren kommen ausschließlich Menschenexperten infrage. (…)

In florierenden, zukunftsfähigen Unternehmen wird sehr viel Wert auf ein Wohlfühlklima gelegt. Denn Arbeit muss Spaß machen, um gut zu werden. Dabei ist es zuvorderst die Angst, und speziell auch die Angst vor Fehlern beim Tun, die aus den Unternehmen verschwinden muss. Denn Angst ist der größte Leistungskiller. Hierarchien werden deshalb zurückgedrängt. Augenhöhe statt Autorität ist das Thema. (…)

Erfolgreiche Unternehmen haben längst verstanden: Nähe sorgt für Verbundenheit. Wer oft miteinander zu tun hat, sollte nicht nur im gleichen Gebäude, sondern möglichst auch im gleichen Stockwerk arbeiten. Wir brauchen Freiraum um uns herum, gute Luft, helles Licht, sinnvolle Laufwege, Kommunikationsinseln, Versammlungseinheiten, Rückzugs- und Erholungsorte, bunte Kuschelecken – und Zeit für Plauschpausen."

Anne Schüller schließt ihren Artikel mit der Aussage, dass am Ende die Rahmenbedingungen zum jeweiligen Individuum passen müssten, damit Gutes gelingt. Dem kann ich nur zustimmen!

Neurodiversität

„Neurodiversität" ist ein Fachbegriff aus einem sozialwissenschaftlichen Konzept, in dem neurobiologische Unterschiede als ebenso natürliche Formen der menschlichen Diversität gesehen werden wie andere Formen der Diversität. Der Blick ist auf die gesellschaftliche Dynamik gerichtet. Eine defizitäre, pathologische Betrachtung von neurologischen Variationen wird abgelehnt. Vielfalt gilt als wertvolle Bereicherung. Menschen jeglicher neurologischer Disposition sollen Respekt, Akzeptanz und Integration erfahren. Angestrebt wird ein einfühlsamer, bedürfnisorientierter Umgang mit Neuro-Minderheiten (= Minderheiten, die nicht neurotypisch sind). Unter den Begriff Neurodiversität fallen unter anderem Autismus-Spektrum-Störungen, die Aufmerksamkeitsdefizit- / Hyperaktivitätsstörung (ADHS), Dyskalkulie, Legasthenie, Synästhesie, Hochbegabung und mitunter auch Hochsensibilität.

Auch die Hochsensibilität dem Begriff Neurodiversität zuzuordnen bietet Vorteile: HSP profitieren von der Anerkennung und Wertschätzung neurologischer Verschiedenheit und von dem positiven Blick auf Abweichungen von der Norm. HSP können sich als Angehörige einer Neuro-Minderheit begreifen und sich mit den vielen Menschen, die unter diese Begrifflichkeit fallen, verbunden fühlen. Die Aufklärung über das Phänomen Hochsensibilität im Rahmen der Diskussion um Neurodiversität kann das Verständnis für die hochsensible Erlebniswelt und hochsensiblen Bedürfnisse erhöhen – sowohl für HSP selbst als auch für ihre Mitmenschen.

Diversity Management

Diversity Management ist im Bereich des Personalwesens angesiedelt und hat zum Ziel, die in einem Unternehmen oder einer anderen Organisation anzutreffende menschliche Vielfalt anzuerkennen und konstruktiv für den Unternehmenserfolg zu nutzen. Der Gedanke dabei ist, dass individuelle Verschiedenheit nicht nur toleriert, sondern begrüßt wird. Diversity Management folgt dabei auch dem Gedanken von Chancengleichheit und sozialer Gerechtigkeit.

Ein gelebtes Diversity Management kann auch HSP als Minderheit vor Diskriminierung und Fehlanforderungen schützen und zudem Wege finden, wie Unternehmen von hochsensiblen Stärken und Qualitäten profitieren. Wichtig scheint mir, dass in der Umsetzung darauf geachtet wird, dass bestimmte Maßnahmen (z. B. zeitweilige Nutzung eines Einzelbüros) ausreichend transparent und nachvollziehbar gestaltet werden, damit sie nicht wie ungerechtfertigte Sonderrechte daherkommen, die den Unmut von Kolleg:innen hervorrufen. Im Ansatz des Diversity Managements liegt für HSP die Chance auf eine angemessene Würdigung ihrer Wesensart.

Sich mit seiner Hochsensibilität zeigen?

Am Ende von Kapitel 1 habe ich schon ausführlich über das Thema „Über die eigene Hochsensibilität sprechen" geschrieben. Hier am Schluss möchte ich noch einmal kurz darauf eingehen.

Trotz zunehmender gesellschaftlicher Liberalität und Akzeptanz gegenüber Minderheiten möchte ich keine generelle Empfehlung geben, sich im beruflichen Umfeld ausdrücklich als hochsensibel zu erkennen zu geben. Nur im Einzelfall lässt sich entscheiden, ob das gut möglich ist. Wenn es schlecht läuft, kommt man nicht gegen Vorurteile und Schubladendenken an und fühlt sich noch mehr als vorher als Außenseiter:in. Wenn es gut läuft, können in der Folge hochsensible Verhaltensweisen und Reaktionen als Teil der Wesensart Hochsensibilität von anderen besser eingeordnet und geäußerte Bedürfnisse nachvollziehbarer werden. Und es kann leichter werden, einzelne Probleme im Arbeitsalltag offen anzusprechen und gute einvernehmliche Lösungen dafür zu finden.

Ganz unabhängig davon aber, ob man der eigenen Wesensart in der Kommunikation die Benennung Hochsensibilität gibt, steht für mich fest, dass es auf Dauer keine taugliche Option ist, sich zu verbiegen und zu verstellen und die Rolle einer robusten Person zu spielen, die man gar nicht ist. Ich meine, es sollte auch im Beruf möglich sein, sich weitgehend authentisch zu zeigen und im Einklang mit seinem natürlichen Naturell zu leben.

Literatur

Aron, E. (1996): *Are You Highly Sensitive?*. Selbsttest unter ↗ https://hsperson.com/test/highly-sensitive-test/ (letzter Aufruf am 10.05.2024).

Aron, E. N. (2015): *Sind Sie hochsensibel? Wie Sie Ihre Empfindsamkeit erkennen, verstehen und nutzen* (10. Auflage). München: mvg.

Brockhaus, S. (2020): Intuition: Woher das Unbewusste kommt und wieso es wichtig ist. *Utopia*. Einzusehen unter: ↗ https://utopia.de/ratgeber/intuition-woher-das-unbewusste-kommt-und-wieso-es-wichtig-ist/ (letzter Aufruf am 10.05.2024).

Brown, B. (2017): *Verletzlichkeit macht stark. Wie wir unsere Schutzmechanismen aufgeben und innerlich reich werden*. München: Goldmann.

Burnett, B. & Evans, D. (2020): *Mach, was Du willst. Design Thinking fürs Leben. Ein Manifest für nichtlineare Lebensläufe* (5. Auflage). Berlin: Econ.

Deus, R. (2022): Überlastung: Das passiert bei einem Burn-out. *Quarks*. Einzusehen unter: ↗ https://www.quarks.de/gesellschaft/psychologie/darum-ist-burnout-keine-krankheit/ (letzter Aufruf am 10.05.2024).

Dobelli, R. (2017): Wir Zauderer. *Neue Züricher Zeitung*, 22.04.2017. Einzusehen unter: ↗ https://www.nzz.ch/feuilleton/die-kunst-des-guten-lebens/die-kunst-des-guten-lebens-wir-zauderer-ld.1288111 (letzter Aufruf am 10.05.2024).

Dobelli, R. (2022): *Die Kunst des guten Lebens. 52 überraschende Wege zum Glück*, (7. Auflage). München: Piper.

Endres, H., Falenczyk, T., Grossekemper, T., Gontek, F., Haug, K., Hoffmann, M., Olbrisch, M., Quecke, F. & Supp, B. (2023): Überstunden, Überlastung, Überforderung: Arbeiten bis zum Umfallen. *Spiegel Job & Karriere*. Einzusehen unter: ↗ https://www.spiegel.de/karriere/arbeiten-bis-zum-umfallen-und-ueberlastung-mit-diesen-methoden-machen-sie-es-besser-a-ca8cbf99-7e6c-4755-882d-4789519dace9 (letzter Aufruf am 10.05.2024).

Ernst, G., Franke, A. & Franzkowiak, P. (2022). *Stress und Stressbewältigung*. Bundeszentrale für gesundheitliche Aufklärung (BZgA) (Hrsg.). Leitbegriffe der Gesundheitsförderung und Prävention. Glossar zu Konzepten, Strategien und Methoden. Einzusehen unter: ↗ https://leitbegriffe.bzga.de/alphabetisches-verzeichnis/stress-und-stressbewaeltigung (letzter Aufruf am 10.05.2024).

Fahrenbach, Chr. (2023): Positives Fazit nach britischem Pilotprojekt zur Vier-Tage-Woche. *Krautreporter-Newsletter „Morgenpost“* (22.02.2023).

Falkenstein, T. (2017): *Hochsensible Männer. Mit Feingefühl zur eigenen Stärke*. Paderborn: Junfermann.

Geier, T (o. J.): Job Crafting – die Arbeit proaktiv gestalten. *ZEIT Akademie*. Einzusehen unter: ↗ https://www.zeitakademie.de/e-learning/blog/job-crafting (letzter Aufruf am 10.05.2024).

gesund.bund.de (2021): Krankheiten: Burn-out-Syndrom. Einzusehen unter: ↗ https://gesund.bund.de/burn-out-syndrom (letzter Aufruf am 10.05.2024).

Gordon, T (2013): *Gute Beziehungen. Wie sie entstehen und stärker werden* (3. Auflage). Stuttgart: Klett-Cotta.

Greven, C. (2023): *The highly sensitive person: An introduction based on scientific research*. Vortrag im Rahmen einer Online-Veranstaltung der Forschungsgruppe rund um Prof. Michael Pluess, Queen Mary University of London, 15. März 2023.

Hensel, U. (2015): *Hochsensible Menschen im Coaching. Was sie ausmacht, was sie brauchen und was sie bewegt.* Paderborn: Junfermann.

Hensel, U. (2018a): *Hochsensibilität verstehen und wertschätzen. Mit ausführlichem Fragebogen „Bin ich hochsensibel?"* (2. Auflage). Paderborn: Junfermann.

Hensel, U. (2018b): *Hochsensible Mitmenschen besser verstehen. Unterstützung für Partner, Familienangehörige, Freunde, Kollegen und Vorgesetzte.* Paderborn: Junfermann.

Hensel, U. (2023): *Hochsensibel sein. 22 Impulse für einen guten Umgang mit der eigenen Hochsensibilität.* Paderborn: Junfermann.

Informations- und Forschungsverbund Hochsensibilität e.V. (2015): *Regelmäßig gestellte Fragen.* Einzusehen unter: ↗ https://www.hochsensibel.org/startseite/regelmaessig-gestellte-fragen.php (letzter Aufruf am 10.05.2024).

Jack, M. (2014): Hochbegabt und hochsensibel? *Intensity* – Mitgliedermagazin des Informations- und Forschungsverbundes Hochsensibilität e.V.

Jetten, J. (2023): Burn-on-Syndrom – immer kurz vor dem Zusammenbruch. *Barmer.* Einzusehen unter: ↗ https://www.barmer.de/gesundheit-verstehen/psyche/psychische-erkrankungen/burn-on-1127152 (letzter Aufruf am 10.05.2024).

Kaufmann, M. (2023): Einmal Teilzeit, immer Teilzeit. *Spiegel* Nr. 33/12.08.2023. Ist auch online einzusehen unter der Überschrift „Umfrage unter Erwerbstätigen: Warum die meisten Fachkräfte in Teilzeit bleiben wollen": ↗ https://www.spiegel.de/wirtschaft/teilzeit-fachkraefte-drei-viertel-wollen-nicht-wieder-vollzeit-a-29f19165-fc5a-4e4d-b8b5-9814489064d2 (letzter Aufruf am 10.05.2024).

Kleines linguistisches Wörterbuch (2024): Eintrag „False friends". *Mediensprache.* Einzusehen unter: ↗ https://www.mediensprache.net/de/basix/lexikon/index.aspx?qu=False%20friends (letzter Aufruf am 10.05.2024).

Kleinschmidt, C. (2023): „Wir brauchen eine Erholungsrevolution". *Spiegel Psychologie.* Einzusehen unter: ↗ https://www.spiegel.de/psychologie/wer-denkt-urlaub-sei-erholung-der-irrt-a-a49738ec-1c86-4d86-a5f8-5db2639a5d12 (letzter Aufruf am 10.05.2024).

Koch, J., Kullmann, K. & Neumann, T. (2023): Dunkle Seite des Achtsamkeitstrends: Die Risiken und Nebenwirkungen von Meditation und Yoga. *Spiegel Wissenschaft.* Einzusehen unter: ↗ https://www.spiegel.de/wissenschaft/achtsamkeitstrend-was-sind-die-risiken-von-meditation-und-yoga-a-ba00dd0c-0fbd-4fb0-839e-1274476040c8 (letzter Aufruf am 10.05.2024).

Kullmann, K. (2023): Lob der Arbeit. *Spiegel* Nr. 12/18.03.23. Auch online einzusehen unter der Überschrift „Weniger arbeiten ist auch keine Lösung": ↗ https://www.spiegel.de/wissenschaft/mensch/work-life-balance-weniger-arbeiten-ist-auch-keine-loesung-a-a79aeeae-97c0-44a3-86f4-977345f5f58e (letzter Aufruf am 29.05.2024).

Li, Q. (2018): *Die wertvolle Medizin des Waldes. Wie die Natur Körper und Geist stärkt.* Reinbek bei Hamburg: Rowohlt.

Lotter, W. (2015): Die Chefsache. *brand eins.* Einzusehen unter: ↗ https://www.brandeins.de/magazine/brand-eins-wirtschaftsmagazin/2015/fuehrung/die-chefsache (letzter Aufruf am 10.05.2024).

Mai, J. (2024): Mindset: Was ist das und wie erfolgreich macht es? *karrierebibel.de.* Einzusehen unter ↗ https://karrierebibel.de/mindset/ (letzter Aufruf am 10.05.2024).

Marx, E. (2023): „Warum wir geeignete Räume zum Denken brauchen". *Neue Narrative – Das Magazin für Neues Arbeiten*, Instagram-Eintrag vom 05.01.2023. Einzusehen unter: ↗ https://www.neuenarrative.de/magazin/warum-wir-geeignete-raeume-zum-denken-und-arbeiten-brauchen (letzter Aufruf am 10.05.2024).

NEUBAUER, A. (2018): *Mach, was du kannst. Warum wir unseren Begabungen folgen sollten – und nicht nur unseren Interessen* (3. Auflage). München: Deutsche Verlags-Anstalt.

PLUESS, M. (2021): Menschen fallen in verschiedene Empfindlichkeitsgruppen: Orchideen, Tulpen und Löwenzahn. *Sensitivity Research*. Einzusehen unter: ↗ https://sensitivityresearch.com/de/menschen-fallen-in-verschiedene-empfindlichkeitsgruppen-orchideen-tulpen-und-loewenzahn/ (letzter Aufruf am 10.05.2024).

PLUESS, M. (2021): Vantage Sensitivity Theory: Sensible Menschen profitieren mehr von positiven Erlebnissen. *Sensitivity Research*. Einzusehen unter: ↗ https://sensitivityresearch.com/de/vantage-sensitivity-theorie-sensible-menschen-profitieren-mehr-von-positiven-erfahrungen/ (letzter Aufruf am 10.05.2024).

PÖRKSEN, B. & SCHULZ VON THUN, F. (2014): *Kommunikation als Lebenskunst. Philosophie und Praxis des Miteinander-Redens*. Heidelberg: Carl-Auer.

PROBOL, B. (2023): Gesunde Ernährung kann vorbeugen und heilen. *ARD gesund*. Einzusehen unter: ↗ https://www.ndr.de/ratgeber/gesundheit/Warum-gesunde-Ernaehrung-so-wichtig-ist,ernaehrungsmedizin100.html (letzter Aufruf am 10.05.2024).

RIEDL, M. (2022): Gute Ernährung kann helfen, Depression zu lindern. *ARD gesund*. Einzusehen unter: ↗ https://www.ndr.de/ratgeber/gesundheit/Gute-Ernaehrung-kann-helfen-Depression-zu-lindern,depression254.html (letzter Aufruf am 10.05.2024).

ROSA, H. (2023): Zeit, unsere kostbarste Ressource. *Sternstunde Philosophie* (SRF) vom 08.01.23. Einzusehen unter: ↗ https://www.srf.ch/play/tv/sternstunde-philosophie/video/zeit-unsere-kostbarste-ressource (letzter Aufruf am 10.05.2024).

ROSENBERG, M. B. (2012*): Gewaltfreie Kommunikation. Eine Sprache des Lebens.* (10. Auflage). Paderborn: Junfermann.

SCHÜLLER, A. M. (2017): In 7 Punkten: Was New Work heute bedeutet. *xing.com*. Einzusehen unter: ↗ https://www.xing.com/news/insiders/articles/in-7-punkten-was-new-work-heute-bedeutet-896576 (letzter Aufruf am 10.05.2024).

SCHULZ VON THUN, F. (2014): *Miteinander reden*, Band 1–4. Reinbek bei Hamburg: Rowohlt Taschenbuch.

SEIFERT, J. (2023): „Survivorship Bias: Warum wir die Erfolglosen nicht vergessen dürfen". *Spiegel Job & Karriere*. Einzusehen unter: ↗ https://www.spiegel.de/karriere/erfolg-wie-sie-lernen-ihre-chancen-realistisch-einzuschaetzen-a-d29a3b7a-8e8c-49c9-9c96-ccfa-7caff7d7 (letzter Aufruf am 10.05.2024).

SHER, B. (2011): *Ich könnte alles tun, wenn ich nur wüsste, was ich will.* München: Deutscher Taschenbuch Verlag.

SHER, BARBARA (2012): *Du musst dich nicht entscheiden, wenn du tausend Träume hast.* München: Deutscher Taschenbuch Verlag.

SKARICS, M. (2007): *Sensibel kompetent. Zart besaitet und erfolgreich im Beruf.* Wien, Festland.

TE WILDT, B. & SCHIELE, T. (2021): *Burn On: Immer kurz vorm Burn Out: Das unerkannte Leiden und was dagegen hilft*. München: Droemer.

WALDINGER, R. (2023): *The Good Life ... und wie es gelingen kann: Erkenntnisse aus der weltweit längsten Studie über ein erfülltes Leben*. München: Kösel.

ZDF HEUTE (2023): Beschäftigte im Homeoffice sind zufriedener und nach eigener Aussage produktiver. *Instagram*-Eintrag (22.06.2023).

Weiterführende Ressourcen (Auswahl)

Informations- und Forschungsverbund Hochsensibilität e.V.:
↗ https://hochsensibel.org/

Liste wissenschaftlicher Arbeiten von Elaine Aron und anderen:
↗ http://hsperson.com/research

Website der Forschungsgruppe von Prof. Michael Pluess von der Queen Mary University of London in deutscher Sprache: ↗ https://sensitivityresearch.com/de/

Website von Elaine Aron: ↗ http://hsperson.com/research

Selbsttest „Are You Highly Sensitive?" in englischer Sprache auf Elaine Arons Website:
↗ http://hsperson.com/test/highly-sensitive-test

Test auf Hochsensibilität für Erwachsene (18+):
↗ https://sensitivityresearch.com/de/selbsttests/erwachsenen-selbsttest/

Website von Friedemann Schulz von Thun:
↗ https://www.schulz-von-thun.de/die-modelle/das-werte-und-entwicklungsquadrat

Website von Ulrike Hensel: ↗ https://coaching-fuer-hochsensible.de/

Übersicht über verschiedene Artikel von Ulrike Hensel mit Verlinkungen:
↗ https://coaching-fuer-hochsensible.de/gastartikel/

Fragenkatalog „Bin ich hochsensibel?":
↗ https://coaching-fuer-hochsensible.de/fragenkatalog/